民政部低收入家庭认定指导中心
Center for Monitoring and Verification of Low Income Families

U0828711

精准救助 核对先行
全国核对工作发展报告
（2013-2018）

QUANGUO HEDUI GONGZUO FAZHAN BAOGAO

民政部低收入家庭认定指导中心 主编

中国社会出版社
国家一级出版社·全国百佳图书出版单位

图书在版编目（CIP）数据

精准救助　核对先行：全国核对工作发展报告：2013－2018／民政部低收入家庭认定指导中心主编．—北京：中国社会出版社，2019.7

ISBN 978－7－5087－6197－8

Ⅰ.①精…　Ⅱ.①民…　Ⅲ.①居民收入－收入分配－核对－研究报告－中国－2013－2018　Ⅳ.①F126.2

中国版本图书馆CIP数据核字（2019）第142410号

书　　名：精准救助　核对先行：全国核对工作发展报告：2013－2018
主　　编：民政部低收入家庭认定指导中心

出 版 人：浦善新
终 审 人：王　前
责任编辑：邢幼弢　孙　研　刘延庆

出版发行：中国社会出版社　　**邮政编码**：100032
通联方式：北京市西城区二龙路甲33号
电　　话：编辑部：（010）58124831
邮购部：（010）58124848
销售部：（010）58124845
传　真：（010）58124856
网　　址：www.shcbs.com.cn
shcbs.mca.gov.cn
经　　销：全国各地新华书店

中国社会出版社天猫旗舰店

印刷装订：中国电影出版社印刷厂
开　　本：170mm×240mm　1/16
印　　张：16.75
字　　数：260千字
版　　次：2019年8月第1版
印　　次：2019年8月第1次印刷
定　　价：50.00元

中国社会出版社微信公众号

目　录

综述篇

创新篇

大 事 记

综述篇

统筹规划，开放共享，推动全国核对工作有序开展

民政部低收入家庭认定指导中心

党的十八大以来，党中央、国务院出台了一系列民生保障政策，相继完善了最低生活保障、特困人员救助供养、受灾人员救助、医疗救助、教育救助、住房救助、就业救助和临时救助制度，动员全党全国全社会力量坚决打赢脱贫攻坚战，针对困难人群的救助帮扶政策越来越多。落实民生保障政策和救助帮扶举措，就必须解决精准认定救助对象的难题。

长期以来，在社会救助工作中主要采取入户调查、邻里访问、信函索证、社区评议等办法核查救助申请人的收入、财产等经济状况。随着我国城镇化步伐加快，人口流动性增强，就业选择多样化，城乡居民收入来源日益多元化、隐性化以及财产构成的复杂化，传统核查手段很难调查到真实准确的信息，骗保、错保、漏保等问题日益突出，不仅影响了救助政策的公正实施，而且影响了党和政府的公信力，甚至造成了一些社会不稳定因素。

尽快建立居民家庭经济状况核对机制，运用信息化手段实现救助对象精准认定，成为做好社会救助工作的当务之急。2012 年 9 月，国务院《关于进一步加强和改进最低生活保障工作的意见》（国发〔2012〕45 号）明确要求，“加快建立跨部门、多层次、信息共享的救助申请家庭经济状况核对机制，健全完善工作机构和信息核对平台，确保最低生活保障等社会救助对象准确、高效、公正认定”。“到‘十二五’末，全国要基本建立救助申请家庭经济状况核对机制”。为更好地推动全国居民家庭经济状况核对机制建设，2012 年 10 月，中编办批准成立了民政部低收入家庭认定指导中心（以下简称部收入认定中心）。

一、近年来核对工作取得的主要成就

部收入认定中心自成立以来，根据党中央、国务院和部党组有关决策部署，积极推进社会救助家庭经济状况核对机制建设，提高基层甄别核实救助申请对象家庭经济状况的能力，引领和推动全国社会救助家庭经济状况核对机制建设快速发展。

（一）加快推动核对机构建设

部收入认定中心于2012年10月经中央编办批复成立，为民政部直属事业单位，内设综合部、信息核对部、咨询指导部和研究合作部，主要职责是负责全国低收入家庭经济状况信息数据库的建立和维护、经济状况信息查询与核对、低收入家庭政策研究、宣传交流培训等工作。部收入认定中心核定财政补助事业编制20名，现有编制内人员15名，其中：党员12名（含预备党员1名）；获得博士学位4名，硕士学位8名，学士学位3名。

部收入认定中心成立之后，积极督促各地加快推动核对机构建设，从成立核对机构、落实人员编制、加强能力建设等方面给予指导和支持，目前基本形成了从部到省、市、县的多层级、广覆盖的全国核对机构网络。截至2018年12月底，全国31个省份均已建立核对机构（不含新疆生产建设兵团），地级市建立核对机构326个，县（市、区）建立核对机构2270个，分别占全国地级市和县（市、区）的97.6%、79.3%。地方各级核对工作人员已达13243人，其中省级机构341人、地市级机构2424人、县级机构10478人。机构的健全完善，为核对工作的开展提供了有力的组织保障。

（二）逐步健全核对政策规定

为加快核对信息系统建设，2014年部收入认定中心起草并下发了《民政部关于居民家庭经济状况核对信息系统建设的指导意见》（民发〔2014〕83号），明确了信息系统建设的基本原则、建设目标、重点任务和保障措施等，对全国核对机制建设进行了统筹规划和总体布局。为进一步规范核对信息系统建设，部收入认定中心制定了居民家庭经济状况核对相关的10项内部标准，其中《居民家庭经济状况核对总则》《居民家庭经济状况核对数据元》

《居民家庭经济状况核对数据接口》《居民家庭经济状况核对档案管理》《居民家庭经济状况核对信息安全管理》5 项标准已成为民政部行业标准，分别从工作流程、人员保障、工作职责、信息安全管理建设等方面作出了明确规定。《敏感数据安全监管规范》已被列入民政部行业标准编制计划，为下一步细化和完善数据管理、应用和保护创造了条件。为做好居民家庭经济状况部省联网查询工作，部收入认定中心在总结现有经验和做法基础上，起草并下发了《居民家庭经济状况信息部省联网查询办法（试行）》（民办发〔2018〕32 号，以下简称《查询办法》）。同时，还制定了《入网技术规范》《入网检测规范》等配套措施，对部与省之间、跨省之间查询工作的职责分工、查询程序、保障措施等进行规范。

部收入认定中心积极指导、督促各地加快推进核对机制规范化建设。截至 2018 年年底，全国 29 个省（自治区、直辖市）均从省级层面出台了核对办法，规定了核对工作的基本原则、工作机制、部门职责等；北京、天津、内蒙古、辽宁、江西、湖北、广西、西藏、宁夏、新疆等 10 个省（自治区、直辖市）还制定了具体的操作规程。

（三）有序推进部门之间信息共享

近年来，民政部积极沟通，先后与多个部门建立信息共享机制。2014 年 7 月，民政部办公厅印发《公安部民政部关于信息共享快速查询的合作协议》（民办函〔2014〕311 号）；2015 年 3 月，民政部与中国银监会联合印发《关于银行业金融机构协助开展社会救助家庭存款等金融资产信息查询工作的通知》（民发〔2015〕61 号）；2016 年 1 月，民政部与中国证券监督管理委员会联合印发《社会救助家庭成员证券财产信息查询办法》（民发〔2016〕3 号）；2016 年 12 月，民政部与国家工商行政管理总局联合印发《社会救助家庭成员工商登记信息核对办法》（民发〔2016〕220 号）；2016 年 12 月，民政部与住房和城乡建设部联合印发《关于做好社会救助家庭住房公积金、住房保障、住房买卖等信息核对工作的通知》（民发〔2016〕238 号）；2017 年 11 月，民政部与中华全国总工会联合印发《关于加强工会组织与民政部门困难职工家庭数据比对和信息共享工作的通知》（总工发〔2017〕19 号）；2017 年 12 月，民政部与国土资源部联合印发《关于做好社会救助家庭不动产登记信息查询核对工作的通知》（民发〔2017〕188号）；2017年12月，民政部与国务院扶贫办联合印发《关于扶贫开发和农村低保数据交换的合作协议》。部收入认定中心据此与这些部门建立居民家庭经济状况信息查询机制，进行数据比对。证券财产信息方面，2017年5月，通过互联网查询模式与中国证券登记结算有限公司（以下简称中国结算）实现信息共享，2018年12月不仅实现与中国结算专线查询，而且在现有账户托管券商信息和沪深A、B股持有总市值的基础上，增加了新三板持股总股本数及总估值、基金总市值和债券总面值三个汇总信息。2018年，部收入认定中心委托中国结算为957万余人次查询证券财产信息，较2017年增长154%。人口基础信息方面，2016年11月底实现手动查询婚姻登记、殡葬信息，自动查询身份证信息。工商登记信息方面，2017年6月与国家工商行政管理总局"中央部门协同监管平台"实现对接，可自行查询企业法定代表人、企业投资人、个体经营者等信息。户籍、车辆和出入境信息方面，不断与公安部科技信息化局和信息中心推动户籍、车辆、出入境信息专线查询，目前已完成部级核对平台公安信息查询接口开发工作，2018年11月采用离线刻盘形式为地方提供身份证、车辆和出入境信息核查服务。扶贫信息方面，2018年，部收入认定中心与国务院扶贫办、国家卫生健康委、残联等部门共完成了19次比对工作，比对了13.8亿条记录，其中与扶贫数据比对12次，主要是低保、特困人员与建档立卡贫困人员的重合情况。

同时，部收入认定中心依据上述协议指导各地与相关部门进行信息比对。截至2018年年底，全国共有21个省份与银行、22个省份与税务、28个省份与工商、27个省份与公安、24个省份与民政，就查询银行存款、税务登记、个体经营者、户籍和车辆、婚姻登记等实现了信息比对。

（四）自主研发基础平台软件

核对信息化是核对工作的方向，近年来部收入认定中心致力于推动全国核对信息化建设。为了既能满足标准、安全等统一性要求，又能够通过本地化开发快速实现地方个性化需求，部收入认定中心在没有财政专项经费支持的情况下，充分借鉴其他部委和国外先进经验，组织多家软件公司、科研院所及地方核对机构，在北京、河北等地多次集中开会讨论，进行技术攻关，150 名工作人员累计耗时近 20 个月，先后研发了能够承载标准、具备基本业务功能、安全可控的核对基础平台软件 1.0 版和 2.0 版，且完成了计算机软件著作权登记。核对基础平台软件的研发使用，促进了各地核对信息系统的高效建立与成熟应用。全国已有 30 个省份、343 个地级市、1932 个县（市、区）正在使用或建设核对信息系统；其中，16 个省（自治区、直辖市）采用基础平台建设核对信息系统。

（五）搭建部级核对实验平台

在没有财政专项经费支持的情况下，作为全国核对网络的最高节点，部收入认定中心以核对基础平台软件为支撑，与国家信息中心、软件企业合作，搭建了以核对业务平台、数据交换平台和大数据分析平台为核心，以标准规范体系和网络安全保障体系为基础的部级核对实验平台。该平台经过第三方测试、等保定级备案等程序，已于 2016 年 7 月通过部省联动测试后上线试运行。2016 年 11 月底，为山东省 5968 人次查询婚姻殡葬信息，开启了部省联网查询的篇章。目前，该平台已能够查询证券资产、工商登记、婚姻、殡葬等多类信息，并与北京、河北、山西、内蒙古、江苏、安徽、山东、重庆、云南、甘肃等 10 个省（自治区、直辖市）实现部省核对信息系统对接，2018 年全年完成了超过 1400 万条数据的查询反馈，起到了中心枢纽的作用。此外，在部收入认定中心的积极推动下，部级核对信息系统建设已纳入“金民工程”一期。

（六）为地方提供技术咨询服务

为加强中心技术力量，更好地为地方提供咨询服务，部收入认定中心筹划组建了“居民家庭经济状况核对实验室”。经过公司报名、专家评审、协议签订等环节，目前有 5 家公司正式成为合作伙伴，为部收入认定中心提供了更多的技术力量。部收入认定中心依托该实验室，为地方提供建设规划、方案设计、标准起草、业务流程制定、数据建模分析、人员培训等咨询服务，以及核对基础平台软件本地化开发、核对系统间联网、核对与低保系统对接、系统安全评估等技术保障。目前，实验室已为北京、内蒙古、江苏、河北、重庆等省（自治区、直辖市）以及部一零一研究所提供了技术定制服务。

（七）搭建社会救助研究交流平台

近年来，部收入认定中心借助国内著名研究机构和高校的研究力量，搭建了社会救助研究交流平台，先后与中国社会科学院、中国人民大学、北京师范大学、上海交通大学、武汉大学、中民社会救助研究院、广州市居民家庭经济状况核对中心等机构合作，对低保、低收入标准相关课题进行系列研究，研究题目包括：中国城市低收入人口瞄准机制、临时救助的对象界定、精准扶贫背景下农户收入核算问题研究、支出型贫困家庭救助研究、贫困人口基础数据库研究、城乡低保标准的制定和调整研究、社会救助兜底脱贫政策研究等。自 2015 年起，选取东北、东南、西北和西南的吉林省、上海市、甘肃省和云南省，开展社会救助监测研究项目，了解低收入家庭生活状况和它们的基本需求以及变化趋势，编制低收入家庭贫困指数和发展指数，衡量家庭贫困程度和社会政策效果。2016 年，调查地区增加了山西省和江苏省，扩大至 6 省份。此外，受住房和城乡建设部委托，对 2700 万危房农户的家庭经济状况进行抽样核查，为制订“十三五”危房改造规划提供了基础数据支撑。承担了国家卫生健康委员会“医疗救助与基本医疗保险、大病医疗保险衔接机制研究”项目，为制定相关政策提供支撑和借鉴。此外，部收入认定中心 2013—2014 年连续两年举办核对机制建设论坛暨年会，每届论坛都邀请相关部门领导和国际组织代表、社会救助研究领域专家学者和核对战线的各位同人，一起为核对工作和社会救助事业美好的未来建言献策。会同社会救助司连续举办 2016 年度、2017 年度、2018 年度社会救助领域创新实践活动，评选出理论、机制、政策、管理等方面的年度最佳实践并进行推广。

（八）不断拓展国际交流与合作

部收入认定中心先后与世界银行、联合国儿童基金会、比尔·盖茨基金会等多个国际组织建立了交流合作机制，在社会救助对象瞄准、医疗救助、贫困儿童保护等方面开展项目合作。2015 年 7 月，部收入认定中心与财政部、世界银行签署了 TCC6 子项目“社会救助瞄准与居民家庭经济状况核对体系研究”执行协议，该项目系统梳理了社会救助对象瞄准的国际经验形成了项目研究成果汇编，并在甘肃省、湖南省和山东省进行了核对信息化建设试点。借助该项目建立起的合作关系，部收入认定中心成功推动世界银行2015年“第六届南南学习论坛”在北京的举办。该论坛由民政部、财政部和世界银行共同举办，主题是“城镇化进程中社会救助体系的建设与完善”，来自75个国家的约250位政策制定者齐聚北京，国务委员王勇和世界银行副行长基思·汉森出席开幕式并致辞。该论坛加强了中国和低收入与中等收入国家之间社会救助领域的知识交流与合作。2016年6月，部收入认定中心成功申请了中国卫计委—盖茨基金会项目三期子项目“结核病患者医疗救助可持续发展策略研究”，进一步优化医疗救助政策流程，推进项目省推广“一站式”医疗救助结算，开展低收入人群和因病致贫家庭重病患者医疗救助政策研究。

（九）开展核对培训、宣传与推广

核对机构新，核对业务政策性强、保密要求高，加上核对工作人员大多是从其他部门抽调的人员或招聘的应届毕业生，不经过专门训练很难适应岗位需要。针对这样的现状，部收入认定中心研究制订了针对核对机构负责人和业务骨干特别是针对核对信息系统开发、运维、使用人员的培训计划，并努力争取民政部本级福彩公益金的支持，于2014—2016年连续三年举办了共23期培训班。培训对象覆盖31个省（自治区、直辖市）及5个计划单列市的核对机构工作人员，培训人员超过4200人次。培训内容涉及政策文件解读、政务信息化建设理论与实践、信息核对业务实操演示、国际反贫困理论与经验等。培训班的举办有效提升各地核对工作人员的能力素质，特别是为全国核对信息系统建设培养了一支业务知识精通、专业技术过硬、安全意识强烈、运维应急技能熟练的人才队伍。

部收入认定中心高度重视宣传推广工作，注重通过传统媒体和新媒体的融合互补进行多渠道多形式的宣传。2014年，部收入认定中心官方网站开设，设置要闻资讯、中心工作、地方工作、调查研究、信息公开、互动交流等栏目，搭建了一个集政策宣传、成果展示、数据发布、经验交流、咨询互动于一体的平台。为积极适应新媒体快速发展的形势，进一步创新宣传工作载体，部收入认定中心微信公众号于2017年正式上线，向公众全面介绍全国核对工作的最新动态和研究成果。为传播低收入家庭经济状况核对工作理念，进一步提升社会的知名度和认同感，扩大核对工作的社会影响，部收入认定中心于2016年开展了居民家庭经济状况核对主题徽标征集活动。经过初评、网络投票、专家评审、集体研究、公示等程序，历时8个月最终确定了采用作品。该作品整体为圆形，采用蓝色为主色调，以等边三角形为主要元素，组合抽象呈现鹰的形象。徽标象征了核对工作对居民家庭经济状况相关的收入、财产信息的汇集与整合，突出了核对工作对困难群体的快速、精准识别。整个徽标主题突出，内涵丰富，结构简洁。随后，该徽标在2017年7月举办的全国居民家庭经济状况核对信息系统建设推进会上通过宣传短片的形式进行了发布和推广，各地反响积极，因为具有较强的识别度、感染力和适用性，目前已在核对系统内广泛使用。

部收入认定中心还联合民政部相关司局、国家发改委、人力资源和社会保障部、住房和城乡建设部、卫计委等社会救助相关部委的同志，地方民政系统从事社会救助管理的人员，以及多个科研机构的专家学者，共同编撰了《中国社会救助发展报告（2013）》和《中国社会救助发展报告（2014）》。组织编写了《社会救助理论与实践》《核对与社会救助政策文件汇编》和《社会救助与核对研究成果汇编》等系列书籍，加强社会救助政策宣传，分享社会救助改革与发展的创新性成果和先进经验。

居民家庭经济状况核对工作已成为我国社会救助管理服务方式的重大创新，是确保社会救助制度公平公正和健康运行的重要支撑，是贯彻落实党中央、国务院重要决策部署实现精准救助的重要手段。经过几年来的发展，核对工作已经取得了显著成效。一是提高了社会救助对象认定的准确性。2018年全国共开展各类受托核对1.48亿人次，同比增长27.97%。其中：低保1.27亿人次；住房保障类204万人次；其他受托核对1840万人次。全国各类受托核对检出率为8.58%，其中：低保类检出率8.66%；住房保障类检出率14.46%。二是节约了大量财政资金。据初步估算，2018年全年，低保类检出1102万人次，住房保障类检出30万人次，大大节约了财政资金。三是提高了社会救助的工作效率。社会救助部门可以通过信息化核对快速地从相关部门、机构获取真实、权威的数据，为基层核查工作节省了大量的人力和时间。四是减少了动态管理中的纠纷和争议。核对结果可以帮助政府部门及时清退不符合条件的救助对象，不仅容易获得当事人的认可，避免产生不必要的矛盾，也在一定程度上防止了基层民政干部失职、渎职。五是提升了政府公信力。核对机制的建立，向社会传递出政府部门具备查询申请人家庭经济状况信息的能力，社会救助申请人开始主动诚实地申报自己的收入和财产。六是核对工作已被社会各界广泛接受和认可。各级党政领导越来越重视核对工作特别是核对信息化建设，相关部门也非常关注和认可这项工作，凡申请社会救助的家庭，都要经过经济状况核对已成为社会各界的广泛共识。

二、核对工作当前面临的新形势

党的十九大是在全面建成小康社会决胜阶段、中国特色社会主义进入新时代的关键时期召开的一次十分重要的大会，十九大报告提出了中国发展新的历史方位——中国特色社会主义进入了新时代。进入新时代，党中央对打赢脱贫攻坚战、全面建成小康社会进行了全面部署，对加强民生保障、统筹完善社会救助体系建设提出了新的要求，这为我们进一步做好居民家庭经济状况核对工作，编密织牢民生保障网，推动新时代社会救助工作创新发展提供了基本遵循。

第一，新时代赋予核对工作新的历史使命。伴随着新时代的到来，社会救助事业进入新的发展阶段，肩负的兜底民生保障责任更加重大和艰巨。党的十九大明确提出：“按照兜底线、织密网、建机制的要求，全面建成覆盖全民、城乡统筹、权责清晰、保障适度、可持续的多层次社会保障体系。”所谓“兜底线”，就是要做好兜底性民生保障，确保底线公平；所谓“织密网”，就是要建立健全民生保障安全网，使困难群众求助有门、受助及时，确保不发生冲击社会道德和心理底线的事件；所谓“建机制”，就是要从制度机制上为民生保障提供保证。做好核对工作，不仅仅是为了精准识别低保对象，而是要在兜底民生保障的制度、机制建设中发挥更大的作用，真正为精准识贫，编密织牢困难群众基本生活保障安全网发挥作用。

第二，社会主要矛盾的转变为核对工作提出了新要求。党的十九大报告指出："中国特色社会主义进入新时代，我国社会主要矛盾已经转化为人民日益增长的美好生活需要和不平衡不充分的发展之间的矛盾。"将这一重大论断作指导，新时代社会救助领域的主要矛盾，是困难群众多样化、多层次、多方面的救助需求与社会救助发展不平衡不充分之间的矛盾。面对新的社会主要矛盾，社会救助作为维护社会公平、增进民生福祉的兜底性制度安排，既要起到社会运行"稳定器"的作用，也要作为打赢脱贫攻坚战的有力保障。这就要求我们在谋划和推进社会救助与核对工作时，必须紧紧围绕主要矛盾，坚持目标导向和问题导向，从党中央国务院兜底民生保障工作的要求和困难群众的救助需求出发，不断丰富和拓展"兜底保障"的内涵，让困难群众有更多的获得感。核对工作也要适应这一要求，更加突出精准，更加注重质量，确保高质量打赢脱贫攻坚战，"不让小康路上任何一个困难群众掉队"。

第三，打赢脱贫攻坚战要求核对工作必须有新作为。党的十八大以来，党中央高瞻远瞩，深谋远虑，将脱贫工作提升到治国理政的新高度，作出一系列重大决策部署，以前所未有的力度推进精准扶贫、精准脱贫。这些重大决策部署中的一项重要内容，就是要切实加强扶贫领域腐败和作风问题的专项治理。2017 年 10 月以来，习近平总书记多次作出指示批示，要求严肃治理扶贫领域腐败和作风问题。民政部会同驻部纪检监察组制订了农村低保专项治理方案，作出专门部署，同时也通报了一批违法违纪典型案例。从曝光的典型案例看，各地在社会救助工作确实存在骗取扶贫资金、截留低保款、吃拿卡要、优亲厚友、弄虚作假、失职失责等行为。那么，如何才能建立有效的监督机制？我们要用习近平新时代中国特色社会主义思想武装头脑、指导实践，充分发挥核对工作的精准识别的基础性作用，进一步加强居民家庭经济状况核对机制建设，不断拓展核对的广度和深度，提高社会救助对象认定精准性，坚决防止扶贫领域腐败问题发生。

对照新形势、新要求，当前核对工作还面临着一些突出问题，一是部门间信息共享还存在障碍，一些地方能够实现信息共享的部门还较少，数据交换的不多，特别是银行存款信息缺失，严重影响了核对结果的准确性；二是核对工作发展不平衡，无论从机构性质、编制落实、资金投入、系统建设的进度，还是信息共享范围、核对业务开展等方面来看，各地发展不平衡的问题都很突出，城乡和区域差别较大；三是信息孤岛问题比较突出，包括民政部内部还没有实现信息完全共享，部分地方各自为政，自成体系，资源分散，形成彼此隔离的“孤岛”信息。

三、核对工作下一步的发展思路

今后一个时期，部收入认定中心将继续认真学习领会习近平新时代中国特色社会主义思想和党的十九大精神，深入贯彻落实中共中央、国务院《关于打赢脱贫攻坚战三年行动的指导意见》和民政部《贯彻落实〈中共中央 国务院关于打赢脱贫攻坚战三年行动的指导意见〉行动方案》文件精神，以部“金民工程”建设为契机，聚焦重点，立足主业，加快推动核对信息系统建设，探索建立低收入家庭数据库，健全完善全国核对管理平台，有序推进部门之间信息共享，不断提高信息安全保障水平，形成上下联动、互联互通的核对模式，为编密织牢民生保障安全网提供有力支撑。

第一，加快推动部省联网查询工作。部收入认定中心是核对工作的最高节点，是“数据向上集中”的最高层级，可查询的每一项数据都是最全面的。部收入认定中心开发建设核对基础平台，除用于指导地方建设核对系统外，最主要的功能还是在国家层面上与相关部门建立查询机制，为地方提供查询服务。因此，“部省联网查询”是今后一个时期的一项重点工作。部收入认定中心将指导各地认真学习领会《查询办法》及其配套政策，结合工作实际，研究制定具体的实施细则，同时加快建设或者升级改造本省核对信息系统，为部省联网查询提供条件和基础。

第二，探索建立低收入家庭数据库。随着信息化的发展，各级民政部门逐渐推进社会救助数据库的建立，但是，数据库收集的数据仅限于救助对象，没有涵盖低收入家庭等潜在困难群体，而且，数据分布碎片化，没有形成合力，难以为社会救助政策创制提供有力的数据支撑。尽快建立低收入家庭数据库，通过对沉淀的核对数据进行挖掘和提炼，更好地服务于社会救助政策的制定和落实，成为大势所趋。2018 年，部收入认定中心已经启动低收入家庭数据库基础研究，取得了初步成果。下一步，计划选择一些领导重视、信息化基础好的县（市、区）开展试点，就数据库的对象范围、信息收集途径、与现有社会救助数据库的整合与衔接、数据库功能的挖掘与使用等进行探索，形成可复制、可推广的经验和模式，为在全国范围内全面建立低收入家庭数据库奠定基础。

第三，健全完善全国核对机构工作统计平台。全国核对机构工作统计平台是一个全国性的管理服务系统，通过信息收集、跟踪调查、互动交流、知识统筹、数据分析，及时、全面掌握居民家庭经济状况核对信息系统运行情况，为开展各项核对工作提供有力的服务支撑。下一步，部收入认定中心将进一步健全完善统计平台，通过调整统计指标、建立快速响应机制、加强服务管理等，切实增强核对机构数据统计的及时性和准确性。

第四，继续有序推进部门之间信息共享。稳步有序地推进各个部门之间的信息共享，是实现互联互通、上下联动、业务协同的重要环节，也是实现精准救助、精准扶贫的关键。部收入认定中心应在现有基础上，会同社会救助司，继续加强与相关部委的沟通、合作，不断扩大居民家庭经济状况信息共享的范围。根据部门之间信息共享情况和各省级核对机构主动上报的可供查询的信息，建立居民家庭经济状况信息部省联网资源目录，为实现全国联网查询提供条件和依据。

第五，加快推动“居民家庭经济状况核对实验室”建设。部收入认定中心应在现有工作基础上，进一步推动实验室建设。一是从地方核对机构、科研院所、高校、软件企业中吸收更多的技术力量，加入实验室中，加强队伍建设，提高团队能力。二是在核对信息系统建设方面，为地方提供方案设计、与相关救助系统衔接、信息安全管理等技术咨询服务，指导地方建设好、使用好、维护好本地核对信息系统，为做好部省联网查询工作奠定基础。三是在大数据、网络安全、移动应用等方面开展新技术的理论研究，为全国核对机制建设提供理论指导和技术支持。核对实验室将立足互联互通、信息安全、规范运行，努力为地方提供更多的技术咨询服务，更好地服务于地方的核对信息系统建设。

第六，进一步提升核对信息系统安全保障水平。习近平总书记在 2018 年的“全国网络安全和信息化工作会议”上强调指出，没有网络安全就没有国家安全，就没有经济社会稳定运行，广大人民群众利益也难以得到保障。我们在加快推进核对信息化的同时，也要不断深化落实网络安全等级保护工作，加快完善网络安全应急响应体系，全面强化信息系统安全防护能力，加强信息网络监测、管控能力建设，提高风险隐患发现、监测预警和突发事件处理能力，以保障核对工作的健康发展。

综上，全国居民家庭经济状况核对机制建设已取得显著成效，可喜可贺。但这只是开端，核对事业还有很长的路要走，任重道远。当前，我国已经进入打赢脱贫攻坚战的决胜期，我们要加快推进核对机制建设，提高社会救助瞄准的准确性，充分发挥社会救助的兜底保障作用，为脱贫攻坚保驾护航。

扎实推进　助力精准
全面构建首都核对工作体系

北京市居民经济状况核对中心

近年来，北京市核对工作在民政部的精心指导和市委、市政府的坚强领导下，按照“打基础、强规范、定思路、谋发展”的指导思想，扎实推进核对体制机制建设，构建首都核对工作体系，助力社会救助、社会福利领域精准认定。核对工作开展以来，共核对 77 万余人次，预警 4 万余人次，检出率 5%，节省财政资金 2000 余万元。

一、建机构、搭平台、打基础

北京市于 2014 年建成市、区、街道（乡镇）三级核对管理体制，明确具体从事核对工作部门及工作职责。同年 7 月，建设开发了北京市居民经济状况核对信息平台，平台集信息采集、数据发送、核对管理、报告生成、救助复审等综合管理功能于一体。目前核对系统与 10 个部门对接可核对 14 大类数据，分别为民政局、工商局、地税局、人力社保局、住建委、公积金管理中心、公安局、残联、银行、证券 10 个部门，工商、个人所得税、社保、医保、就业、房屋、公积金、户籍人口、车辆、死亡、婚姻、残疾、存款、证券 14 类数据。

通过现代信息技术，整合政府部门及金融机构数据信息，实现自动化核对、评估申请或享受社会保障居民的经济状况必然是实施科学、精准社会救助的发展方向。2014 年，核对系统刚上线时，只对接 5 个部门，生成核对报告需要近一个月。数据来源少、核对速度慢严重影响了基层社会救助审批准确性及效率，成为核对工作亟须解决的一项任务。全市在加大与相关委办局沟通协调，不断拓展信息来源的基础上，对核对系统不断进行升级，利用信息化手段加快数据传输频次。截至2018年，在数据来源不断扩大的同时，核对周期缩短至10个工作日，得到基层社会救助工作人员的充分肯定，核对报告成为基层社会救助审批部门的重要依据。

金融信息核对是核对工作的一个难点，事关核对结果准确完整。为有效推动金融信息资产查询，通过市级社会救助联席会议，协调相关部门或单位进一步完善核对机制建设。一是联合北京银监局印发《关于做好本市申请社会保障居民存款等金融资产信息核对工作的通知》，同时选取知名度高、在京人民币业务较大的银行先期开展银行对接试点，在取得成功经验基础上再逐步向全市推开，截至目前，全市已经成功与中国银行、工商银行、农业银行、建设银行、北京银行等16家银行实现了数据交换查询。二是依托部低收入家庭认定指导中心，与中国证券登记结算有限责任公司签订证券财产信息委托查询协议，实现了核对平台与证券数据的交换核查功能。三是积极贯彻落实民政部等12部委《关于进一步加强基层社会救助部门协同的意见》，会同北京保监局下发《关于做好本市社会救助家庭保险信息核对工作的通知》，探索开展保险信息查询核对，为进一步拓展金融资金信息查询，精准认定救助对象，精准实施社会救助，促进社会公平正义提供强大动力。

二、建制度、明职责、强规范

2011年，经市政府批准，印发《北京市社会救助家庭经济状况核对办法》和《北京市社会救助家庭经济状况认定指导意见》，首次以政府规范性文件形式赋予民政部门承担在社会救助工作中开展信息查询核对的工作职责，并明确了有关部门和机构的配合协助义务。同时建立起由32个部门单位组成的社会救助联席会议制度，形成了“政府主导、民政牵头、部门协作”的分类别、跨部门、多层次的居民家庭经济状况核对工作机制，明确部门职责和工作制度，为推进数据联通、查询比对，以及各项社会政策有效落实提供了制度保障和机制保障。

目前全市核对队伍不断壮大，市、区两级均成立了居民经济状况核对机构，街道（乡镇）普遍增设了核对工作岗位，目前，全市共有1000余人从事核对工作，按照不同层级管理权限的要求，对每名核对工作人员的数字证书，进行了层级配置，确保核对工作权责清晰。此外，北京市还先后印发《北京市居民经济状况核对工作规程》《关于进一步明确本市居民经济状况核对信息交换工作场所安全管理标准的通知》等政策文件，在核对范围、核对内容、核对方式、核对程序以及平台建设标准和信息交换场地安全等方面提出具体要求，确保核对查询有章可循、有据可依、规范开展。建立核对信息隐私保护和纠错机制，统一制作《申请社会救助家庭经济状况登记表及声明授权书》，印发《关于规范核对授权有关问题的通知》，进一步明确了“先授权、后核对”的指导思想和工作流程，有效防止了因核对授权不规范、核对结果不准确引发的法律风险。

三、惠民生、促共赢、定思路

作为破解救助对象认定难题的重要举措，居民家庭经济状况核对成为审核认定社会保障对象的依据。目前在开展最低生活保障、低收入家庭认定、特困人员供养，以及因病致贫、临时救助等传统的社会救助经济状况核对的同时，积极拓展其他领域核对业务。一是经市政府批准，将申请住房保障家庭纳入居民经济状况核对范围，与市住房和城乡建设委员会签订《北京市申请保障性住房资格认定委托核对协议》。二是按照《北京市困难残疾人生活补贴和重度残疾人护理补贴制度实施办法》有关要求，全面开展残疾人“两项补贴”经济状况核对工作，将核对结果作为审批决定的重要依据，推动了残疾人专项福利制度精准实施。三是与市农村工作委员会联合印发《关于开展未纳入社会救助范围低收入农户摸底排查工作的通知》，市、区两级民政部门和农委建立定期会商机制，在数据共享、人员台账比对、救助和帮扶政策衔接等方面加强协作，通过查询核对申请救助家庭经济状况，为精准救助低收入农户提供依据。四是落实《关于加强工会组织与民政部门困难职工家庭数据比对和信息共享工作的通知》，探索与市总工会开展困难职工信息共享，协助开展困难职工家庭基本信息核查。

四、求共商，谋共建，得共享

在民政部具体指导和天津、河北同人们的共同努力下，北京、天津、河北三地以创新社会治理和完善社会服务为指导，以践行共商共建和互利共赢为理念，探索建立跨区域救助对象经济状况核对信息共享机制，合力破解异地核查难题。目前三地已经签订《京津冀救助对象经济状况核对信息共享协议》，并就核对授权、数据交换、核对内容及数据端口开发等问题进行初步协商，实现了跨省市、跨地域信访举报查询核对，为三地精准认定救助对象、精准实施社会救助提供了重要保障。

北京市将按照十九大报告提出的全面建成小康社会和坚决打赢脱贫攻坚战的战略部署，站位新时代，立足新要求，牢固树立以人民为中心的发展思想，按照“兜底线、织密网、建机制”的基本原则，聚焦核对工作中发展不平衡、不充分问题，加强顶层设计完善制度建设，提高核对效率，强化规范管理，勇于创新、锐意进取，强力推进核对工作精准化、精细化发展，全面推进核对工作再上新台阶。

立足高标定位　务求高效落实
全力推进居民家庭经济状况核对机制建设

天津市低收入家庭经济状况核对中心

近年来，天津市民政局在民政部和市委、市政府的高度重视和正确领导下，围绕“顶层设计是关键、能力素质是基础、建章立制是保证、系统建设是重点、信息共享是核心”五大核对发展理念，以精益求精的工作标准和求真务实的工作作风，全力推进居民家庭经济状况核对机制建设，形成了政府主导、民政牵头、部门协作的新格局，为天津社会救助工作提供了强有力的服务和保障。截至目前，共接受低保、低收入、特困供养、价补联动、临时救助、医疗救助、因病支出型、慈善等核对委托10036次，对23.9万户62.9万名申请和已享受社会救助对象进行了信息核对。

一、抓顶层设计，促工作快速推进

天津市委、市政府高度重视核对机制建设，将其作为打赢精准扶贫攻坚战和贯彻落实习近平总书记“三个着力”重要要求的具体行动。2016年5月，在市政府颁布的《天津市社会救助实施办法》（政府令第25号）中，明确规定要建立社会救助家庭经济状况信息核对平台，为审核、认定社会救助对象提供重要依据。为加快推动全市社会救助对象金融资产信息查询工作，2018年3月，分管副市长康义同志亲自主持召开了市金融局、人民银行天津分行、天津银监局、天津证监局、天津保监局及驻津中外各银行业金融机构参加的工作推动会，要求2018年年底前实现全市银行业金融资产信息联网查询，2019年上半年完成与证券资产信息实时对接。为强化各区核对机制建设考评，市民政局连续三年将“设立核对办公场所、配备核对工作人员、落实核对业务经费”纳入全市社会救助工作绩效考核指标。

二、抓能力素质，促工作专业发展

国务院《关于进一步加强和改进最低生活保障工作的意见》（国发〔2012〕45号）出台后，天津市各级民政部门认真落实文件要求。在市级层面，市低收入家庭经济状况核对中心于2013年7月经市编办批准设立，系市民政局直属正处级全额拨款事业单位，核定编制10名，实有9名，2015年9月完成组建，内设综合办公室、信息核对部、技术指导部。在区级层面，16个区均建立起核对中心，其中事业单位8个，隶属社救科管理8个，采取增加编制、内部调剂、政府购买服务等方式落实工作人员82名。在街道乡镇层面，246个街道乡镇依托为民服务大厅、行政办事大厅设立了核对经办窗口，配备了专兼职工作人员，三级工作网络全面形成。为提高核对工作人员的业务水平，2014年以来，先后11次安排50余名市、区核对工作人员参加民政部认定指导中心培训，采取集中授课、专题讲座、个别指导等形式累计组织市级培训班10余期，赴外省市学习交流8次，深入基层现场指导20余次，核对工作队伍的整体素质得到了全面提高。

三、抓建章立制，促工作规范管理

2016年7月，《天津市社会救助家庭经济状况核对办法》（以下简称《办法》）以市政府办公厅名义印发各区和相关单位，《办法》充分体现了核对工作在大救助环境下“依法、多元、协同、规范、安全”的特点。为落实《办法》提出的有关要求，市民政局以实现核对工作“双规范（业务和系统）”为着眼点，建立健全了各方面调查核实和安全管理制度。业务方面：先后出台了《核对工作规程》《关于进一步明确核对工作有关问题的通知》《特殊业务规程》《核对工作人员岗位职责》《核对情况定期告知制度》等规定，制定了工作流程、业务表格填写范例等宣传挂图和手册，充实到基层社会救助服务窗口，方便了困难群众，提高了政策知晓度。系统方面：相继制定了《数据填写规范》《安全管理制度》《关于进一步加强核对系统安全管理的通知》《关于进一步加强核对系统用户管理的通知》《运维管理制度》《应急处置预案》等制度，要求608名区、街乡镇核对工作人员签订了《核对信息保密协议》，与各区民政局签订了《核对信息保密承诺书》，保障系统的安全运行、数据信息的安全使用。

四、抓系统建设，促工作科学高效

2015年4月，市民政局开始居民家庭经济状况核对系统建设项目，2017年1月投入使用。该系统包括业务管理、家庭诚信、电子档案、部门协同、统计分析、安全监控、通知公告、预警信息、项目配置、数据交换十大功能模块，最大限度地满足了核对工作需求。为减轻基层工作人员信息采集压力，实现数据资源同步使用，2017年10月，市民政局打通了低保与核对系统的网络通道，两系统实现无缝对接后，其特点是能将核对后符合经济条件的申请人员基础信息推送到低保系统，也能将低保系统中在保人员基础信息反推到核对系统进行核对，极大地缩短了低保审批和动态管理的时间。同时两系统还增加了监督检查功能，市、区两级救助管理部门可通过低保系统随时将疑似违规在保人员的信息推送到核对系统进行核对，有效配合了纪检、审计部门开展扶贫助困领域专项治理工作。

五、抓信息共享，促工作全面精准

在核对系统建设过程中，市民政局将侧重点放在了网络搭建和信息共享两个方面。首先是积极争取市电子政务中心、天津银监局和局信息中心的技术支持，将核对系统成功接入政务外网、金融城域网和民政内网，实现了横向与相关部门机构的信息共享，纵向与区、街乡镇业务联动。其次是在打通数据传输通道的基础上，按照“先易后难，分步实施”的宗旨，先后与市场委、财税局、人社局、房管局、公安局、公积金中心及57家有个人储蓄业务的驻津银行业金融机构签订信息共享协议，实时获取到了市场主体、投资情况、企业和个人所得税、车船税、房产、户籍人口与注销、机动车辆、公积金、社保缴存和使用、婚姻、殡葬11类政务信息，以及中国、农业、工商、建设、交通、农商、邮储、滨海农商、天津、中信、华夏、招商、中德、平安14家银行提供的存款余额、重大支出、理财产品等金融资产信息，基本实现了社会救助家庭经济状况的精准核对。此外，与北京、河北两地核对中心签署了《京津冀社会救助对象经济状况核对信息共享协议》，建立了跨区域家计核查机制。

随着核对机制建设的日臻完善，市民政局要以党的十九大和习近平新时代中国特色社会主义思想为指导，用发展的眼光、创新的思维、务实的脚步探索一条信息核对全新之路，更好地服务于社会救助工作。一是积极扩大部门协作领域。本着“合作、共享、双赢”的工作理念，在完成金融、证券、保险等金融资产信息查询的基础上，将覆盖面逐步拓宽到水、电、燃气、通信、医疗和教育支出等公共服务领域。建立健全京津冀核对工作协同发展机制，努力实现跨区域救助对象家庭经济状况信息核对，切实提高核对工作精准率。二是健全完善居民家庭经济状况核对系统，深度挖掘和研究核对系统中各类数据信息的规律和属性，为探索建立居民家庭经济状况大数据管理平台，为政府制定政策以及领导决策提供支持和保障。

稳步推进核对事业发展
砥砺前行促进工作落实

河北省低保家庭经济状况核查认定中心

近五年来，在河北省民政厅党组的高度重视下，在民政部低收入认定中心的大力帮助下，河北省核查认定中心积极适应形势发展，紧密结合救助工作需要，坚持稳中求进、积极作为的工作思路，全力推进机构建设，着力加强核对系统建设，注重加强核对政策制定，高度重视核对人员培训，不断拓宽数据比对范围，用心用情用力发展核对事业，全心全意服务救助工作，2017 年实现省级核对平台正式运行，使全省经济状况核查比对进入新阶段，开创了全省核对工作新局面。

一、核对机构建设和工作力量保障不断加强

2012 年，省编办批复成立河北省低保家庭经济状况核查认定中心，财政全额保障处级事业单位，编制 6 人。主要职责是承担着全省城乡低保家庭经济状况信息平台建设、数据库的建立和维护，跨省、市、县城乡低保家庭经济状况信息的查询与核对，对市、县（市、区）低保核查认定中心进行业务指导。2014 年 1 月正式组建，配齐了工作人员，配备了办公设施和办公用房。自 2013 年起，省级财政每年列补助地方低保核查专项工作经费 600 万元，目前省级补助工作经费已增加至 800 万元。2017 年省核对系统正式启用后，我们专门建设了省级核对工作室，配合了相关办公设施和安全设备。

省编办批准成立机构当年，省民政厅边准备组建省级机构，边采取多种办法推进市、县机构的建立，厅领导逐市、县与当地党政领导沟通，对成立机构的县（区）奖补 10 万工作经费，定期通报机构成立进度，全力推动市、

县机构建设。在省民政厅的有力指导下，各地市、县民政部门积极争取当地党委、政府的重视，在成立工作机构、落实人员编制、保障工作经费等方面取得了进展。据不完全统计，截至目前，全省 11 个设区市级成立核对机构 10 个，占地级市单位总数的 91%；市级机构编制总数 66 人，实际在岗人数 50 人（其中在编人数 32 人，非在编人数 18 人）。已建成县级核对机构 160 个，占全省县级总数的 95%，县级机构编制总数 852 人，实际在岗人数 817 人（其中在编人数 501 人，非在编人数 316 人）。近年不少县级民政部门在工作中，采取政府购买社会救助核查服务的方式，增加核查力量，改进核查方式和日常经济状况监测。以上种种举措，为全省核对工作的开展提供了有力工作保障。

二、核对政策规定日趋健全

（一）加强了经济状况核对的整体制度设计

近年来，省民政厅相继下发了《河北省城乡居民最低生活保障家庭经济状况核算与评估办法》（冀民〔2013〕44 号）、《关于进一步加强农村最低生活保障申请家庭经济状况核查工作的意见》（冀民〔2015〕26 号）等文件，下发全省统一制式的《经济状况核查表》和《经济状况查询授权书》，推动各地依规开展核对业务。

（二）制定了与相关部门开展核对查询的政策依据

省民政厅与省银监局下发了《河北省社会救助家庭存款等金融资产信息查询操作规程》（冀民〔2018〕81 号），与省国土资源厅联合下发了《关于扎实推进社会救助家庭不动产登记信息查询核对工作的通知》（冀民〔2018〕20 号），与省物价局联合下发了《关于做好最低生活保障家庭收入和财产价格认定工作的通知》（冀价认字〔2013〕10 号），与省住房和城乡建设厅联合下发了《关于进一步做好城市低收入家庭认定工作的通知》（冀民〔2014〕4 号）等政策文件，畅通了数据共享查询渠道，提供了开展相关工作的政策支撑。

（三）规范了核对平台运作规程

省核对系统启用后，省民政厅与市县核对机构和核对员分别签订了《保密承诺书》和《保密协议》，并专门下发全面启用核对系统的政策文件，进一步规范核对时间节点、委托授权、内部管理制度以及核对结果应用，按照“逢进必核、复查必核”的要求，提升省核对系统的使用实效。

三、核对信息系统建设全面提升

（一）高标准建设省级核对系统

2014 年 10 月，河北省开始建设全省统一集中的居民家庭经济状况核对信息系统，该系统以民政部研发的居民家庭经济状况核对信息基础平台 1.0 为基础，结合全省工作需求进行了本地化改进和优化，主要包括救助申请对象的失信行为和救助申请对象电子档案管理，并在全国率先实现省级全国低保系统与省核对系统无缝对接。市县级不再部署，全省各级核对机构通过电子政务外网或 VPN 访问省核对信息系统。2016 年 4 月，省居民家庭经济状况核对系统开发完成。

（二）高起点实现部省核对平台对接

2016 年 8 月，民政部确定河北省为部省数据对接试点省份；2016 年 11 月，省核查中心与民政部低收入家庭认定指导中心签署了数据对接试点协议；2017 年 6 月，民政部低收入家庭认定指导中心对我省核对机制建设情况进行了调研，并商定由部低收入家庭认定指导中心帮助我省完成部省对接的系统升级改造工作；7 月底完成部省核对平台对接方案制订工作；9 月河北省核查中心与部低收入家庭认定指导中心签订《技术服务对接协议》；11 月完成系统开发和数据比对结果反馈，签订了《部省联网查询协议》，实现了省部核对平台的对接，畅通了全国范围内的证券、婚姻登记、殡葬、工商信息的电子查询渠道，当年就实现了数百万条数据的查询反馈。

（三）高频率开展县区核对员业务培训

省核查中心组建后，除组织市县参加了 6 期部低收入家庭认定指导中心组织的核对业务专题培训班外，从 2015 年至 2018 年，省核查中心还单独或联合民政厅救助处连续 4 年举办了专题核对系统培训班或低保信息系统与核对信息系统培训班，培训县区每次至少一人参加，2017 年和 2018 年又扩大了参训范围，要求每县来两人，对基层核对员进行核对理论、核对办法、系统操作等方面的培训，使基层核对人员热爱本职工作，熟悉相关政策。四年间，省核查中心共直接培训市、县核对人员1240多人次，有效提升了基层核对员的业务能力和系统操作水平。

四、信息共享查询范围和工作成效不断拓展

（一）信息查询范围不断扩大

省核对系统建成后，先后与省工商局、省国税局、省地税局、省公安厅、省卫计委签订信息共享查询协议，规范委托授权，开展实时或定期数据查询。截至目前，省级已实现8方面数据［省级工商注册、车辆登记、户籍注销、是否在户籍地提出申请、个人（法人）纳税申报、车辆购置税、死亡监测信息、人员火化信息］的共享查询；并实现了与民政部核对数据平台的对接，目前已实现了证券信息的查询。年内还计划实现全省不动产登记、社会保险和部分银行金融机构存款的信息查询。

（二）京津冀跨省核对合作迈出新步伐

2017年开始，京津冀三地核对中心多次开会协商，建立了京津冀社会救助家庭经济状况核对工作会商制度，签署了《京津冀社会救助对象经济状况核对信息共享协议》，加强了京津冀核对业务的协同配合和交流，推动了《京津冀合作协议》跨省救助对象经济状况信息核查工作的落实。下步拟适时推动京津冀核对平台互联互通建设。

（三）核对工作效果初步显现

省核查中心成立后，每年省民政厅都与救助处联合开展全省年度低保对象集中核查工作，充分发挥政策指导和实地督促作用。2017年实现部省联网和省直相关单位信息查询后，当年从已享受低保待遇的对象中发现23.9万疑似不合规人员信息，发现41万条低保对象的纳税信息，分三批次下发核查通知，将名单和查询信息下发市县进行入户再核实，要求各地综合研判。2018年按照“逢进必核、复查必核”的要求，全面启动县（区）网上查询核对，上半年我们已对5.2万新申请人员和155万已保对象进行了经济状况核对，提高了救助对象认定准确率和工作效率，减轻了基层工作人员“错保”的压力，使依法核对、精准认定工作落到实处。

搭建全层级精准核对体系，织密扎牢民生安全保障网

山西省民政厅低收入家庭认定指导中心

山西省地处黄河流域中部，下辖11个地市，119个县（市、区）。2017年年底，全省常住人口3702万人，其中城乡低保对象157.2万余人，特困人员救助供养对象14.7万人，在民生保障任务较重的条件下，如何更加精准地救助困难对象成为当前民生保障的迫切需要。

自山西省阳泉市2012年列为全国社会救助家庭经济状况核对工作试点以来，山西省民政厅始终坚持“民政为民，民政爱民”的工作宗旨，逐渐在三晋大地走出了一条“试点探索、整体推进、规范提升”的核对工作实践之路，“公正、精准、高效”服务民生核对工作理念日益成为推动精准扶贫和民生保障事业健康发展的重要动力。

一、争取政策支持，建机制

随着阳泉核对试点工作的启动和国务院《关于进一步加强和改进最低生活保障工作的意见》（国发〔2012〕45号）围绕核对工作的安排部署，山西省民政厅积极推动省政府出台《关于切实加强和改进最低生活保障工作的意见》（晋政发〔2013〕37号），推进全省核对机制建设。2013年9月，省编办批准成立山西省民政厅低收入家庭认定指导中心（以下简称省认定中心），以省级为推动，各地纷纷建立核对机构，推动山西核对机制快速、协调、健康发展。

（一）建立社会救助联席会议统筹协调机制

省市县三级均成立了城乡社会救助管理领导组，并积极发挥社会救助专

题领导组联席会议协调保障作用，持续推动各级核对系统信息共享、业务协同工作。

（二）强化全省核对工作能力建设

一是加强队伍建设。省市两级实现了机构 100% 全覆盖，43 个县（区）建立了专职核对机构，省、市、县三级专职核对工作人员已达到 330 余人。二是制度先行。山西省人民政府办公厅下发了《山西省低收入家庭认定办法和山西省低收入家庭经济状况核对办法的通知》（晋政办发〔2013〕101 号），全省 11 个市均出台并落实了核对工作“两个办法”。三是强化资金保障。省、市两级财政均将核对系统建设、运维等保及培训等专项经费纳入了同级财政预算。四是加大专业能力提升。自 2015 年以来，山西省各级核对工作人员参加部级培训 16 期，省级培训 10 期，部省两级累计授训 650 余人次；市级按照每年不少于 1 次标准组织培训，覆盖市、县、乡镇核对从业人员，多层级培训的开展，大大提升了山西核对工作队伍的专业能力。五是加强宣传交流。2016 年，省认定中心结合核对工作特点，提出了“公正、精准、高效”服务民生工作理念；创办了“山西核对”微信公众号，及时发布山西核对工作动态。2017 年，省认定中心制作了《山西省救助家庭经济状况核对工作宣传册》和《宣传片》，充分展示了山西核对政策体系和系统建设成果，并明确了当前核对工作目标任务。2017—2018 年，重庆、内蒙古、陕西、河北等地核对同行先后来山西考察参观省本级及太原市核对系统，进一步拓展了山西与兄弟省市的交流。

（三）突出重点，形成合力

省认定中心于 2014 年开始组建。自 2015 年开始，山西省形成每年都要召开全省核对工作会议惯例，统筹推进全省核对工作规范健康发展。全省先后以“建设系统—实践应用—提质行动”为年度工作目标任务，省民政厅专门印发《关于加快全省救助申请家庭经济状况核对系统建设的通知》（晋民发〔2015〕16 号）、《关于进一步推进和规范全省救助家庭核对信息系统建设的通知》（晋民发〔2017〕45 号）等一系列文件，有针对性地解决全省核对体系建设中的问题。同时，省民政厅先后同省公安厅、省住房公积金中心、省残联、省住建厅、省工商局、省国土厅、省银监局联合发文或签署协议，积极推动信息共享。

二、加强全省统筹，搭平台

规范统一、有机协调地建设全省各级核对系统是开展核对工作的根本。山西省按照全省“一张网、一盘棋”的思路，遵循“规划统一、标准统一、平台统一”原则，全省“统一架构、上下联通、覆盖全面”的核对信息网络已经建成。

（一）统一平台建设

山西省各级核对系统建设在坚持“三统一”的基础上，按照“统筹规划、分级管理、整体推进”和“数据向上集中、服务向下延伸”的原则开展系统建设。明确要求全省必须使用民政部核对基础平台，必须部署在电子政务外网环境，必须对核对系统进行三级等保测评。目前，省市两级核对系统全部进入实践应用阶段，并按照“搭建—应用—升级”思路不断优化完善系统。

（二）统一部署部省、省市联网

部省联网率先完成。省级核对系统严格按照民政部制定的《省级居民家庭经济状况核对信息系统入网技术规范》《部省对接数据规范》等文件要求，在2017年通过部级核对系统的入网检测，成为率先实现部省无缝对接、业务协同的5个省份之一。

省市联网全面实现。按照省民政厅的统一部署，全省11市核对系统分两批完成省市对接。截至2017年年底，全省核对系统一张网正式形成。

（三）统一推进全层级上下联动核对模式

部省市三级核对网络的贯通，实现了使用部、省、市全量信息进行全层级核对，有效弥补了单一层级数据有限的局限，大大提升了精准识别救助对象的准确性。

目前，山西省各市实现使用本级共享信息核对的基础上，可使用部级国家人口库中的身份证信息、婚姻登记、殡葬、全国证券以及省公安厅全省的户籍、车辆、出入境，省工商局全省投资人、企业法人、个体工商户，省公积金，省残联全量数据，省民政厅的低保等多项数据进行全层级核对，“全域、全网、全量”精准核对成为新的工作目标和方向。

太原市核对系统建设工作在市委、市政府的高度重视和直接推动下，截至目前可利用16个部门30项信息进行核对。核对内容覆盖城乡低保、公租房、危房改造、精准扶贫、医疗救助、五保供养，2017年在全国大数据产业峰会上荣获了“政务大数据应用优秀案例奖”。

三、强化实践应用，提效能

建机制、搭平台只是万里长征的第一步，实践应用才是关键。围绕实践应用，省认定中心打出“专题部署+考核评估”组合拳。一是聚焦重点，专题部署。2017年以来，省认定中心先后组织3次全省核对会议专题部署核对系统实践应用，提出了“新申请对象凡进必核”“逢救必核”“全域、全网、全量核对”等一系列工作目标，并配套出台了一系列文件，加大核对系统实践应用力度。二是从严考核，注重实效。2016年，全省核对系统建设被纳入全省民政重点工作考核目标。2017年，全省进一步细化核对工作目标责任考核制度，对11市核对工作完成情况统一量化考核评级，并在全省民政部门通报考核结果，营造争优创先工作氛围。

全省核对工作网络运行以来，已为城乡低保、住房救助、临时救助、特困救助、医疗救助、精准扶贫提供查询服务；截至目前，开展各类核对业务207.4万人次，预警信息30.9万人次，综合预警率14.8%，为科学研判全省救助政策，加强救助对象动态管理，有效节约财政资金发挥了重要作用。

四、推动标准建设，促创新

创新领路，标准先行。核对系统的实践应用离不开创新和标准化建设，一方面，山西省民政厅和山西省质量技术监督局联合下发《关于开展民政标准化试点工作的通知》，将《跨区域居民家庭经济状况核对规范》纳入地方标准，目前省认定中心已基本完成内容编制，并通过了专家组初审验收，即将完成终评验收，为全省核对领域进一步创新提供宝贵经验；另一方面，山西省加大理论研究力度。2016—2017年，全省抢抓全国低收入家庭监测入户调查项目试点机遇，配合民政部有关专家加强全省低收入家庭跟踪调查。2018年，省中心专门下发《山西省开展核对机制理论创新课题研究》的通知，积极鼓励各市在核对机制实践创新方面实现新突破。

几年来，在民政部大力支持和山西省民政厅党组的正确领导下，山西全省核对工作实现了健康有序发展。特别是在使用全国统一核对基础平台，实现部省对接联网方面，得到部认定中心充分肯定。山西省还在2014年全国救助对象瞄准机制和核对机制建设论坛及2017年全国核对系统政策法规网络知识竞赛中，荣获组织奖。

下一步，山西省将继续对照民政部要求，对标服务民生工作需要，对标核对工作先进省市典型经验，在补短板、强弱项上狠下功夫，继续为全省民生领域保障和精准扶贫事业作出更大的贡献。

创新核对工作机制
构建精准救助和精准扶贫大格局

内蒙古自治区民政厅

为全面贯彻党的十九大精神和习近平新时代中国特色社会主义思想，贯彻落实习总书记“加强社会救助体系建设”和“坚决打赢脱贫攻坚战”重要论述，以统筹救助资源、强化部门协同、推进信息共享、创新服务体制为重点，坚持“放管结合”的服务要求，运用“大数据”思维积极探索和实践，从建章立制、完善平台、数据共享等方面下功夫，努力做到“精准救助、精准扶贫、精准脱贫”，不断创新社会救助家庭经济状况核对工作模式，自治区社会救助家庭经济状况核对工作取得明显成效。

一、完善机构建设，为核对工作提供组织保障

社会救助家庭经济状况核对工作涉及面广、技术性强、工作量大，这就要求各级需配备网络管理、数据处理方面的专业核对人才。自治区创新用人机制，两手抓人才队伍建设，提升核对工作经办能力。

一是编制内核对工作队伍建设。根据《内蒙古自治区社会救助家庭经济状况核对办法》要求盟（市）、旗（县、市、区）落实核对工作人员和经费。截至目前，自治区12个盟（市）和103个旗（县、市、区）全部成立了社会救助家庭经济状况核对机构，并配备社会救助家庭经济状况核对工作人员316人。

二是向社会力量购买社会救助家庭经济状况核对服务。自治区民政厅积极协调，将购买社会救助家庭经济状况核对服务工作列入年度预算，从2016年开始每年安排80万元预算向社会力量购买社会救助家庭经济状况核对服务

工作。目前，自治区本级从事此项工作的专职人员有10人，解决了核对力量不足的问题，极大提升了核对经办能力，优化了核对服务水平。自治区社会救助对象家庭经济状况核对项目连续两年被确定为自治区本级政府购买服务试点项目。此外，呼和浩特市、通辽市、锡林郭勒盟、鄂尔多斯市、乌海市、满洲里市等地积极探索开展本地区购买服务工作，有效充实了核对人员队伍，核对工作经办能力显著增强。

二、制定出台政策，为核对工作提供制度保障

坚持制度先行，自治区民政厅先后印发了《内蒙古自治区社会救助家庭经济状况核对办法》（内政办发〔2012〕73号）、《关于加快推进内蒙古社会救助家庭经济状况核对机制建设的通知》（内民政社救〔2016〕6号）、《关于印发〈内蒙古自治区社会救助家庭经济状况核对操作规程（试行）〉的通知》（内民政社救〔2016〕18号）等政策文件，对加快推进社会救助家庭经济状况核对机制建设提出明确要求，进一步细化完善核对工作流程，明确核对对象，对开展核对委托需要提供的材料、核对内容和范围、核对方式、核对报告的出具等进行了规范，统一了《核对委托书》《核对授权书》文书标准，同时明确了与相关部门数据查询的接口类型、数据项以及数据使用、核对、反馈机制等内容。建立了重点监测数据处置流程，制定处置周期，并对处置结果进行分析，为依法依规开展核对工作提供制度保障。

三、完善核对平台，提供技术保障

为推进社会救助对象和建档立卡贫困对象精准认定，有效提升社会救助管理服务水平，自治区民政厅立足实际，依据核对领域民政行业标准建设科学实用、安全高效、互联互通的三级核对信息系统。2017年部低收入家庭认定指导中心先后多次来自治区进行技术指导，为我们安装并调试了数据交换平台、加密卡、安全网关，不仅打通了数据传输通道，而且也为数据安全交换提供了数字签名、数据加密、链路加密等技术保障，并与自治区签订了《全国居民家庭经济状况信息部省联网查询协议》。目前，自治区民政厅已经与民政部正式开展证券信息核对，累计核对162万人次。

近年来自治区自治厅每年召开系统部署会议，并组织对区内外调研学习，对基层提出的意见建议进行梳理归纳，进一步完善了系统。自治区民政厅部署了重点监测数据下发和反馈、数据项查询统计分析、网络监控提醒、“黑白名单”人员管理等功能，并重点就“新申请”“在享”和“自定义”社会救助对象核对全流程进行了开发。2017 年，自治区已完成低保信息系统与家庭经济状况核对系统数据对接工作，实现系统间数据全面对接，新申请低保救助对象在旗（县、市、区）审核审批工作前通过低保信息系统自动向核对系统发出核对请求开展核对。系统的完善降低了基层工作成本，大大提升了核对工作效率和准确率，有效为社会救助提供技术保障。同时为提升核对工作人员业务能力和系统操作水平，自治区每年组织全区核对工作人员进行核对业务及操作系统培训。

四、加强部门联网，构建“大数据”格局

一直以来，部门信息壁垒和沟通不畅是制约我区核对工作顺利开展的“中梗阻”。习近平总书记在深度贫困地区脱贫攻坚座谈会上强调：“精准识贫、精准扶贫要讲究科学、讲究方法、讲究效率，把各方面信息集中起来，建立信息库，实现信息资源共享。”自治区民政厅围绕习总书记讲话精神，紧紧抓住“自治区社会救助部门联席会议”这一“牛鼻子”，解决重点难点问题。2017 年 4 月在自治区党委、政府的正确领导下，自治区召开社会救助部门联席会议，专题研究社会救助家庭经济状况核对工作。会议重点就推动银行存款、监狱服刑和戒毒、金融理财产品、人员编制信息、不动产登记信息共享方面进行了部署。并要求各有关部门积极配合民政部门，开展社会救助家庭经济状况核对相关数据的实时共享。目前，自治区已建成专线横纵互联、数据实时共享的核对“大数据”格局。纵向上，与民政部核对平台通过专线实时对接，在全国范围内首先实现了“部、省、市、县”的网络贯通，形成社会救助家庭经济状况核对业务的上下协同，有效破解救助对象及其家庭成员跨地域信息核对难的难题，防止信息不互通导致的骗保行为；横向上，自治区民政厅已建成与公安厅、财政厅、人社厅等 17 个部门车辆、户籍、财政供养、退休信息等 37 项数据信息 312 个数据元共享的核对“大数据”格局。

五、创新工作机制，核对工作成效凸显

自治区民政厅紧紧围绕党的十九大工作报告“兜底线、织密网、建机制”重要精神，抓住保障和改善民生方面最直接、最核心的问题，创立全新核对工作模式，有效助力社会救助对象和建档立卡贫困对象精准认定。

一是探索建立“3+1”多维度立体核对工作模式。即“新申请社会救助对象核对、在享社会救助对象核对、自定义社会救助对象核对”+“部门信息反馈联动工作机制”核对工作模式，既满足了基层部门多样化的核对业务需求，又反向推动各部门政务数据精准，有效提高了政府综合治理能力和数据决策的科学性、精准性。自治区在开始在享低保对象信息核对前，正式发函告知相关部门再进行核对。经系统核对后，自治区民政厅将核对报告反馈基层民政部门进一步核实。经基层核对后，再将相关结果反馈涉及部门。其中数据源有误信息的反馈也有助于提高各部门业务数据质量，确保形成有效的社会治理、良好的社会秩序。

二是开展建档立卡贫困对象核对工作，为精准扶贫“添薪助力”。目前，我国正处在全面建成小康社会的决胜阶段，能否精准认定社会救助对象和建档立卡贫困对象，不仅成为当下我国的一个极具紧迫性的社会命题，而且也是编密织牢民生保障安全网的关键所在。为贯彻落实《中共中央　国务院关于打赢脱贫攻坚战的决定》，自治区民政厅与扶贫办联合出台《内蒙古自治区建档立卡贫困人口信息核对办法》，明确为建档立卡贫困对象开展核对。截至目前，受扶贫部门委托核对建档立卡贫困对象114.29万人次，核出疑似有问题数据47551条，努力实现精准扶贫。

六、完善核对保密制度，建立长效管理机制

为确保家庭经济状况核对工作规范开展，自治区民政厅建立健全核对工作安全保密的长效机制。一是强化保密意识。定期组织学习相关保密知识，加强密件、数据存档的管理。二是严肃保密纪律。与各数据共享单位签订了数据共享保密协议，与核对工作人员签订了保密承诺书，确保工作人员自觉遵守保密法规制度，承担相应的保密义务和法律责任。三是规范保密管理。

将核对专用办公电脑和上网电脑独立开来，设立专门涉密机房并设有门禁及监控系统，专人使用和管理，进出机房实行登记制度。四是加强保密检查。不定期地对计算机、数据使用开展保密检查，逐渐扩大检查范围，切实提高核对工作人员的保密自觉性。

目前全球信息化发展呈现出应用深化、集成融合、智能创新的趋势。习近平总书记在网络安全和信息化工作座谈会上提出："加快推进电子政务，鼓励各级政府部门打破信息壁垒、提升服务效率，让百姓少跑腿、信息多跑路，解决办事难、办事慢、办事繁的问题。"自治区民政厅将借助信息化，乘势而上，融入时代发展的潮流，实现核对系统向"大数据平台"升级，在核对系统信息化应用水平上下功夫，大胆地先试先行、探索前行，为核对工作的长远发展注入不竭的动力；为保障和改善民生工作尽心尽责，严格把握党的十九大为新时代民生保障确立的"兜底线、织密网、建机制"的基本原则，不断提高自治区社会救助家庭经济状况核对工作规范的管理水平，为社会救助和贫困对象精准识别提供更有利的数据支撑，完成社会救助兜底保障任务。

辽宁省居民家庭经济状况核对中心五年核对工作回顾

辽宁省居民家庭经济状况核对中心

辽宁省居民家庭经济状况核对中心（以下简称省核对中心）成立于2012年12月，是全额拨款的县处级事业单位，编制18人；下设综合协调部、信息核对部、统计分析部3个正科级部门。其主要职能：负责对申请城乡低保、保障性住房等政府救助的城乡居民家庭收入和财产情况进行信息核对；负责全省居民家庭经济状况核对信息系统的研发、管理和维护等工作。

一、全省核对机制建设情况

2014年，辽宁省14个市、100个县（市、区）全部建立核对机构。截至目前，全省成立120个居民家庭经济状况核对中心（5个经济开发区）；全省核定编制591人，其中市级114人、县区级477人；实有人数566人，其中市级142人、县区级424人。

二、全省信息平台建设情况

经过反复研讨、磨合与实践，在通过省电子信息产品监督检验院第三方检测后，完善了省级居民家庭经济状况核对信息系统软件开发；针对全省跨区域协查核对工作，开发了核对信息系统协查模块，为进一步实现信息共享、精准救助做好准备；搜集并整理了各相关委办局的业务需求与共享信息，完成了与省工商局、省民政厅救助处、省民政厅交换平台等部门系统对接，目前省核对系统能够提供省工商、省公安、省低保、省殡葬、孤儿、社会组织、彩票代售点等数据，保证了各市核对部门的需求，为精准认定救助对象提供了依据。

三、全省核对工作开展情况

一是开展省级核查，接受省民政厅救助处委托核查工商信息 12860 人次，接受各单位委托为锦州核查工商信息 47 人次、丹东核查工商信息 20418 人次，鞍山核查公安车辆、死亡信息 68904 人次，省总工会死亡信息 91933 人次核查请求，并及时反馈相关信息。二是开展省内跨市协查，接受锦州省内跨市（向沈阳、大连、本溪、辽阳、阜新、朝阳、盘锦、葫芦岛等地）协查 47 人次、丹东省内跨市（向大连、本溪、鞍山等地）协查 4 人次、本溪省内跨市（向沈阳）协查 1 人次、营口省内跨市（向本溪、盘锦等地）协查 2 人次的协查请求，并及时反馈相关信息。三是开展了跨省协查，接受营口跨省（内蒙古、安徽）2 人次的协查请求，并及时反馈相关信息。四是全省实现除民政的低保、特困、临时救助、残疾人“两项补贴”核对外，已逐渐开展住房救助、教育救助、工会困难职工等社会救助信息核对工作。五年来，省核对中心接受省厅救助处、住建部门、省总工会、省审计局、各地市等部门省级核查、跨省、跨市协查等核对业务共计约 562.6 万人次。

四、全省核对业务统计情况

一是充分发挥各级核对机构的统计服务作用，召开了全省统计业务培训会议，提高市、县人员使用核对统计平台能力，建立核对工作月报制、季报制，核对统计工作更加精细化；二是协助民政部门开展城乡低保、临时救助、物价联动机制、社会救助协调机制等常规性统计工作，编制农村低保专项治理简报；三是根据工作需要，开展社会救助工作人员备案及享受低保特困供养核查、贫困归侨人员贫困状况甄别、“一门受理、协同办理”落实情况、城乡低保对象和农村建档立卡贫困对象集中核查统计。五年来，全省累计核对 1500 余万人次，其中低保 1200 万人次、特困供养 75 万人次、住房 100 万人次、其他 100 余万人次，累计预警 150 万人次。

五、核对工作政策法规不断完善

完成了《辽宁省居民家庭经济状况信息核对办法》《辽宁省最低生活保障

居民家庭经济状况核对操作规范（草案）》《辽宁省居民家庭经济状况信息核对工作业务流程》《居民家庭经济状况信息核对平台建设可研报告》《居民家庭经济状况信息核对平台建设立项申请》《辽宁省居民家庭经济状况核对信息平台建设规划设计方案》《居民家庭经济状况核对信息系统硬件配置方案》《居民家庭经济状况核对信息系统软件设计方案》《居民家庭经济状况核对信息系统招标需求》《辽宁省居民家庭经济状况核对数据元标准》《辽宁省居民家庭经济状况核对报告》《授权书》《委托书》《辽宁省居民家庭经济状况跨区域协查规范》《省市核对平台对接规范》《辽宁省居民家庭经济状况核对信息系统用户权限管理办法》《保密协议》《辽宁省居民家庭经济状况信息省市联网查询暂行办法》《辽宁省居民家庭经济状况核对信息系统迁移方案》。

起草了省政府办公厅下发《辽宁省居民家庭经济状况核对办法》（辽政办发〔2014〕42号），下发《关于进一步加强社会救助家庭经济状况核对工作的通知》（辽民助函〔2017〕103号），制发《关于进一步加强和改进核对统计工作的意见》（辽核发〔2018〕1号），起草《辽宁省社会救助实施办法》《全省农村低保专项治理实施方案》《关于进一步加强和改进最低生活保障工作的意见》《关于进一步加强部门协同的实施意见》《关于积极推行政府购买服务加强基层社会救助经办服务能力建设的实施意见》《关于开展因病致贫家庭救助工作的意见》《关于加强全省特困人员救助供养工作的意见》《辽宁省特困人员认定实施办法》等大量的政策法规文件，累计10余万字。

六、加强课题项目研究

一是组织实施全省特困人员救助供养课题项目，争取课题经费3万元，撰写的研究报告获民政部课题评选三等奖。二是组织开展慈善信托监察人研究课题，获民政部立项，争取课题经费0.5万元，与辽宁大学法学院密切合作，共同完成研究报告。三是承担慈善事业创新和发展理论研究部级课题，并顺利结题。四是获批省社会科学基金项目，争取立项资金1万元，撰写了《以“互联网+”思维推动政务服务创新研究》。五是配合部指导中心开展低保制度绩效评估项目，组织有关市填报低保制度绩效评估指标体系建构、特困人员救助制度绩效指标体系建构、医疗救助制度绩效评估指标体系建构等调查问卷。六是承担并完成了辽宁扶贫攻坚中因病致贫家庭救助问题研究课题。七是撰写了《全省核对工作发展需求报告》《核对工作发展需求研究》《抽样调查法在统计分析中的应用》《精准扶贫视域下的社会救助》《辽宁省城市低收入人口瞄准机制研究》等十余篇研究论文。

聚焦“四个一”总体工作要求
不断提升吉林省信息核对工作管理水平

吉林省社会救助事业局

吉林省社会救助家庭经济状况核对工作在省委、省政府和省民政厅党组的坚强领导、大力支持、有力推动下，按照民政部“一个机制、一个办法、一个机构、一个平台”的总体要求，自上而下建立了民政主导、部门配合、制度健全、程序规范的社会救助家庭经济状况核对工作体系，并逐步推进核对工作的规范化和标准化建设，有效提高了我省社会救助对象认定的准确率。

一、全面建立了社会救助家庭经济状况核对工作机制

2010 年 7 月，吉林省政府办公厅转发了省民政厅等部门制定的《关于建立低收入居民家庭经济状况核对制度的指导意见》(吉政办发〔2010〕21 号)要求各地积极开展低收入家庭经济状况核对工作，在全省建立核对机制。2013 年 7 月，吉林省政府下发了《关于进一步加强和改进最低生活保障工作的实施意见》(吉政发〔2013〕18 号)，强调要全面建立信息核对机制，明确了相关信息共享部门的工作职责，基本上建成了覆盖全省的核对工作机制。但经过几年的努力，各县（市、区）仍存在发展不平衡的问题，核对周期长、信息共享单位少仍是困扰基层核对机构的难题。为此，2017 年吉林省探索开展了全省集中核对工作，针对目前省级核对信息不全的实际情况，全省采用“上下分级核对，分级出具报告”的方式开展工作并采取从上核对的原则，凡是上级核对机构可以核对的信息优先由上级核对机构核对，哪一级核对由哪一级机构出具核对报告，并以此为基础，逐步实现全部由省级集中核对并出具核对报告。

目前，省民政厅、省社保局、省地税局、省公积金中心、省残联和省内涉及个人存款业务的17家银行业金融机构签订信息共享保密协议并实际开展核对工作。与省公安厅、省工商局等部门的信息查询协议正在签署当中。在基层核对方面，全省10个市（州），平均每个市（州）的信息共享单位11个，其中最多的达到18个共享单位，最少的也有8个共享单位。

2013—2015年，全省共核对申请及已享受社会救助对象647.4万人次，检出34.4万人次，检出率5.3%；2016年，全省共核对申请及已享受社会救助对象447万人次，检出7.1万人次，检出率1.6%；2017—2018年6月，全省共核对申请及已享受社会救助对象871万人次，检出10.7万人次，检出率1.2%。检出率的逐年下降，充分体现了信息核对工作的震慑作用，也降低了行政成本。

二、进一步加强了社会救助家庭经济状况核对工作管理

按照民政部的统一要求，结合吉林省实际，2017年7月省民政厅与18家省级相关部门联合印发《吉林省社会救助家庭经济状况核对工作管理办法（暂行）》（吉民发〔2017〕58号），明确了各相关部门的工作职责，进一步细化了社会救助家庭经济状况核对工作操作流程，规范了委托授权、核对申请、核对内容、核对方式、核对周期、核对结果使用管理等各个环节，增强了针对性和可操作性。2017年10月，省民政厅与省档案局联合印发了《吉林省社会救助家庭经济状况核对档案管理办法（试行）》（吉民发〔2017〕71号），明确了全省核对纸质档案和电子档案的归档范围、要求、整理方法、管理利用和信息化建设等各个环节。通过《吉林省社会救助家庭经济状况核对管理办法》及相关配套文件的出台，为社会救助家庭经济状况核对工作提供了保障，有效确保核对工作健康有序地开展。针对存款等金融资产查询工作的严肃性和特殊性，省民政厅与吉林省银监局先后印发《吉林省民政厅　吉林省银监局关于转发〈民政部　中国银监会关于银行业金融机构协助开展社会救助家庭存款等金融资产信息查询工作的通知〉的通知》《吉林省社会救助家庭存款等金融资产信息查询操作规程》，并专门逐一与全省涉及个人存款业务的银行机构签署了查询协议。

三、不断推进社会救助家庭经济状况核对机构建设

从2013年开始，针对吉林省机构编制管理“零增长”的实际，省民政厅与省编办进行了多次沟通协调。2014年10月，省编办批复同意“吉林省社会救助事业局”加挂“吉林省社会救助家庭经济状况认定指导中心”的牌子，并增加1名领导职数。2016年，为进一步加强核对工作的严肃性，省民政厅再次沟通省编办同意各级救助机构加挂“社会救助家庭经济状况认定（指导）中心”牌子。截至目前，全省已有33个市（州）、县（市、区）加挂牌子或单独成立了核对机构。

四、建立了社会救助家庭经济状况核对系统

为减轻基层核对机构的协调难度并结合吉林电子政务信息的发展实际，吉林省决定在全省建立统一的核对系统，进行省级集中核对。2013年年末，《吉林省社会救助家庭经济状况信息核对系统建设方案》通过专家组的两次论证，并在2014年完成了部核对系统基础平台测试工作。2016年，在财政部门的大力支持下，我们完成了省级核对系统建设的招标采购工作，并确定了核对系统建设三原则：一是全省建设一个统一的核对系统；二是充分利用现有城乡低保系统网络；三是严格执行民政部核对标准。2017年年初，省级社会救助家庭经济状况核对系统建成，通过3次虚拟测试，于9月正式上线运行。

系统正式上线到现在，全省共完成426个核对批次、117841名核对对象的婚姻、社保、地税和残疾人登记信息核对。另外，利用省级核对系统，对长春市11月新申请救助家庭进行了存款等金融资产信息核对，有效解决了异地核对难、手工核对信息不准确、不安全等问题，提升了社会救助对象的精准认定水平。

五、积极开展了社会救助家庭经济状况核对标准化建设

为提升信息核对工作的科学、规范和可持续发展，在全省信息核对工作开展之初，在核对工作管理、系统建设等方面一直坚持标准先行的原则。

（一）数据交换标准

按照民政部的要求，研究制定了《吉林省社会救助家庭经济状况核对数据交换标准》，明确了与各相关部门数据对接的数据项、字段等内容，为打通上下（部、省、基层）和左右（省直相关信息共享单位）数据对接奠定基础。

（二）工作管理标准

制定了《吉林省社会救助家庭经济状况认定指导中心核对工作规范》等工作制度，进一步细化省级社会救助经济状况核对工作流程，明确工作人员职责，强化信息安全管理，加强和规范了核对机构内部监管。建设了标准的省级社会救助家庭经济状况核对室和档案室。安装指纹锁安全门、高清摄像头等设备。

（三）岗位准入标准

制定省级社会救助家庭经济状况核对工作上岗标准，建立吉林省社会救助家庭经济状况核对上岗考试题库，对核对工作人员进行业务培训并开展核对工作人员上岗考试制度。

黑龙江省社会救助信息核对工作稳步推进

黑龙江省救助申请家庭经济状况核对中心

在民政部和部低收入家庭认定指导中心的指导下，经过省民政厅的积极工作，黑龙江省救助申请家庭经济状况核对中心（以下简称省核对中心）于2013年10月由省编办批复成立，2014年上半年组建完成。目前9名工作人员全部配齐，信息核对机制基本建成，各项核对工作已经有序地开展。

一、建立联席会议制度和核对机构

按民政部要求，黑龙江省于2014年5月，建立全省社会救助联席会议制度。由主管副省长为总召集人，省政府主管副秘书长和民政厅厅长为召集人，办公室设在民政厅。根据分工变动情况和工作需要，我们积极参与调整联席会议人员，提出增补省金融办、法制办等相关部门为成员单位，使全省社会救助联席会议成员达到32家。市、县两级也根据工作需要，普遍建立了联席会议制度。其中市级11个，占85%；县级95个，占71.42%。

截至目前，全省民政部门共成立核对机构74个。其中，省级及13个市地按编制管理部门批复全部建立了核对机构，63个县（市）按编制管理部门批复建立核对机构60个，占95.23%。现在全省核对机构人员已经达到435人，基本可以承担起全省信息核对工作任务。

二、推进信息核对系统建设

黑龙江省信息核对系统建设主要分三个阶段。

第一阶段，起步较早，但标准低，建设进度慢。黑龙江省信息核对系统于 2013 年立项，当时核对信息系统作为低保系统的子系统，只考虑了统计功能，将核对功能放在市、县两级，而省级核对信息系统无法实现信息核对工作。

第二阶段，我们对省级信息核对系统重新进行定位，主要是增添了部分设备，增加了核对功能。2016 年上半年，省民政厅与省公安厅、省人社厅、省工商局签订了信息共享协议，双方做了系统连接，包括民政系统自身在内，核对信息系统可以通过政府外网直接获取户籍、车辆、养老、保险、婚姻、殡葬、企业登记等十几项信息数据。同时与工商银行黑龙江省分行达成协议，实现了与工商银行数据离线获取。

第三阶段，完善核对信息系统建设。近两年，省民政厅将核对信息系统建设作为全省民政工作的重要内容，共解决资金 87.3 万元，分两批增补了硬件系统，包括应用服务器、存储服务器、网络交换机、存储交换机、硬件防火墙等 11 台（套）。正在组织信息核对系统软件招标和安装，已与 12 家省直厅局建立了信息共享协作关系，计划 2018 年内基本完成核对信息系统与省政府各直属相关部门信息系统的连接。

三、组织核对工作试点和培训

随着省级核对信息系统的建设和使用，我们着重抓了绥棱县试点和全省培训工作。

2015 年年末至 2016 年上半年，省核对中心在绥棱县开展核对工作试点。绥棱县的做法是，依托省核对信息平台，在县里设立核对大厅，乡级建立核对窗口，制定了《核对工作流程》《核对工作岗位职责》《核对工作保密制度》等一系列规定。通过信息核对、人工比对、媒体公示等办法，在全县范围内全面开展信息核对工作。

2016 年 6 月，省民政厅在绥棱县召开现场会，绥棱县委、县政府介绍了低收入家庭经济状况核对工作经验，民政部低收入家庭认定指导中心领导和省民政厅主要领导到会讲话，全省 109 名核对机构人员参加会议并接受了培训，会议收到了较好效果。

与此同时，我们特别重视组织省及各市（地）、县（市、区）核对机构人员参加全国培训。先后参加7期，接受培训人员60多人，初步掌握了社会救助理论并学习了其他省市的先进经验，已经成为全省核对工作的骨干。

2018年上半年，省核对中心联合省低保局开展全省社会救助系列培训活动，完成培训9次，培训社会救助和核对机构人员1600余人次，为全省社会救助和信息核对工作打下了较好的工作基础。

四、编制和下发核对工作文件

自2014年年初省核对中心成立以来，分别组织编制了核对工作需求和核对系统建设方案，及时提供给省民政厅领导和软件开发单位，指导全省特别是省本级核对信息系统建设。

根据工作需要，多次安排工作人员深入各市（地）、县（市、区）调研，随着核对信息系统建设的逐步发展，先后编制下发了《黑龙江省民政厅关于进一步推进居民家庭经济状况核对机构建设的通知》《关于黑龙江省居民家庭经济状况核对信息系统正式运行的通知》《黑龙江省银行业金融机构协助开展社会救助家庭存款等金融资产信息查询暂行办法》，转发了《民政部　中国银监会关于银行业金融机构协助开展社会救助家庭存款等金融资产信息查询工作的通知》《民政部　住房和城乡建设部关于做好社会救助家庭住房公积金、住房保障、住房买卖等信息核对工作的通知》《民政部　国土资源部关于做好社会救助家庭不动产登记信息查询核对工作的通知》，并以省政府名义下发了《关于印发黑龙江省申请社会救助居民家庭经济状况核对和认定暂行办法的通知》。进一步明确了信息核对工作的对象、范围，核对的内容和方式，政府相关部门与金融机构的责任与义务，对核对机构编制人员等提出了明确要求，有力地指导和推动了全省核对机制建设和信息核对工作的开展。

五、开展信息核对业务

2016年7月1日，省核对中心正式开通全省各市（地）、县（市、区）信息核对服务。到2018年6月底，省级核对信息系统累计接受市、县两级核对机构委托申请社会救助项目1658755条，廉租房申请项目347条，返回疑似数据共计305210条，占18.4%。其中车辆疑似信息37302条、出资情况疑似信息 25743 条、市场主体疑似信息 24071 条、法人疑似信息 20545 条、医疗保险疑似信息 19762 条、失业保险人员疑似信息 32818 条、养老保险人员疑似信息 117094 条，查询银行存款余额超过5000 元的6242 人、超过1 万元的 19517 人、超过 5 万元的 1599 人、超过 10 万元的 516 人、超过 400 万元的 1 人。

从 2014 年省核对中心成立以来，省民政厅指定专人负责全国核对机构工作情况统计平台管理，将每月全省核对机构等基础数据变动情况及时反馈给部低收入家庭认定指导中心，及时与各市（地）沟通情况，随时解决存在的问题，确保信息核对工作健康有序进行。

六、下步信息核对工作的主要任务

全省信息核对工作下步要做的有四项工作。

第一，初步建成省级居民家庭经济状况核对信息系统。年内全部连接省直政府部门相关系统，即时获取相关信息，尽快将基础平台 1.0 版本升级为 2.0 版本。

第二，研究与银行、证券、保险部门信息共享。这既是重点，也是难点，争取通过省民政厅领导以及省政府领导的力量，实现与金融部门的信息共享。

第三，切实加强核对信息系统安全管理。根据省级核对信息系统安全防护薄弱等问题，下步要着重增加安全设备，加强安全防火墙建设，组织安全防护等级测评，达到部、省对接的要求。不断提高省级核对信息系统的安全，适时与部低收入家庭认定指导中心、省内各市地核对信息系统连接，做到上下左右互联互通。

第四，积极开展培训工作。随着全省核对信息系统建设的发展和核对工作的开展，及时组织全省信息核对培训工作，计划每年达到一期至两期。

上海先行先试推动核对工作创新发展

上海市居民经济状况核对中心

近年来，各级政府高度关注民生工作，把改善民生作为政府工作的重点，加快推进民生保障体系的建设。大量民生保障政策的实施多以申请家庭的经济状况为准入条件，于是经济状况核查成为行政审批中的重点和难点工作。由于居民经济状况所涉内容信息复杂，信息整合利用的难度高，入户调查、邻里访问等传统核查方式欠缺专业技术手段和必要信息渠道，因此难以全面、快速、准确地甄别真正困难家庭，媒体上屡有涉及“骗保”查处不力、“低保养懒汉”等有关社会保障公平性的质疑。对此，上海市领导高度重视，2006年7月，时任上海市市长韩正同志在市政府专题会议上指出：“探索建立认证系统是一件不得不做的事情，也是一件必须突破的工作。很多工作涉及收入问题，认证就是关键问题。”上海勇当排头兵，敢为先行者，在全国迈出了探索经济状况核对工作第一步。

一、率先建立核对工作机构

2006年12月，上海开始在全国率先探索建立居民经济状况核对新机制，创立专业的权威机构，专职对申请政府保障项目的家庭经济状况进行核对，为政府相关部门进行审批时提供客观依据。2008年12月16日，市编委批复同意成立“上海市居民经济状况核对中心”，隶属于上海市民政局，这是全国首个居民经济状况核对机构。时任民政部副部长罗平飞指出：上海率先成立上海市居民经济状况核对中心，这标志着社会救助体系建设跨入一个新阶段，在我国社会救助史上具有里程碑意义。

根据上海的实际情况，核对机构分为市、区（县）两级，统一核对，分级管理。2009 年 6 月，市级机构——上海市居民经济状况核对中心正式揭牌成立；2011 年年底，各区（县）核对中心先后成立。上海核对工作体系形成了市、区（县）、街镇三级人员队伍架构和“两级三审”的业务分工模式。

二、有序拓展核对业务领域

核对工作开展伊始，韩正同志曾指出：“建立了统一的‘认证系统’，将来无论什么工作，都可以通过这个渠道，各类政府机构均可以使用这个资源。”实践证明，自 2007 年核对工作启动，10 多年来，核对项目呈逐年加速递增态势。核对工作的广泛开展为政府实施民生保障公共政策把好了准入关，在维护公平正义、构建和谐社会方面发挥重要作用。

迄今，上海已开展廉租住房、共有产权保障房（经济适用住房）、低保、支出型贫困、医疗救助、临时救助、教育救助、老年照护、残疾人补贴、危旧房改造、特困人员供养、就业援助和资助参保 13 个项目的经济状况核对（见附件 1），涉及民政、住建、人社、教育、老龄、残联等多个领域，今后还将拓展至司法（法律援助项目）、总工会（职工帮扶项目）等，核对工作已涉足社会救助、社会保险、社会福利乃至社会帮扶等诸多事务，实现了上海“9 +1”现代社会救助制度体系全覆盖。核对工作开展至今，共完成各项目核对 231 万余户次，其中自 2013 年至今已累计对 202 万户次各类申请家庭进行了经济状况核对，提高了救助对象认定的准确性，有效避免了不符合条件的申请者挤占公共资源，确保了有限的救助资金用到真正困难的群众身上。其中住房保障项目即检出 2.6 万余户家庭不符合申请条件，为政府节省了近 30 亿元的公共开支。核对工作的开展，向社会公众表明政府已突破经济状况核查难的瓶颈问题，核对技术手段日臻完善，对申报者形成了一定的诚信约束。上海敢于先行先试开展核对工作，为全国探索经济状况核对工作积累了重要经验。

三、积极培育核对工作队伍

鉴于核对工作专业性强，为确保基层核对员的业务水平和能力素质，保证核对工作长期稳定开展，上海创立了“经济状况核对员”岗位，所有核对员必须经业务知识和系统操作的综合培训与考核后持证上岗。2010 年 12 月，上海开展了首次核对员上岗培训考核，截至 2018 年 6 月，全市持证在岗核对员 700 余人。上海核对工作建立了制度、师资、课程、教材、考核五大培训体系，先后制定了《培训管理制度》《基层业务指导制度》《业务档案管理暂行意见》《上海市居民经济状况核对员岗位培训考核管理细则》等制度，编写出版了《政策文件汇编》《业务问题解答》《典型案例汇编》等核对员教育培训专业教材。

2013 年，上海成立知信培训工作室，在核对工作队伍中选拔、培育内部讲师，培养了一批精业务、重实干的业务骨干和内部培训师，为上海及全国多个省市开展了核对工作培训。通过各类业务论坛、公益课堂、培训班等平台，打造了一支业务精湛的核对工作人员队伍。全市多名优秀内部讲师应邀为民政部低收入家庭认定指导中心和多个省市举办的相关培训班授课，推广了上海核对工作的经验，受到各地同行的一致好评。

四、持续完善核对政策创制

完善的制度是机制顺畅运行的基础保障，上海率先进行了法规政策上的创新——于 2009 年 7 月出台了《上海市居民经济状况核对办法》。这是我国第一部专门针对居民经济状况核对的政府规章，为核对工作机制创新和依法开展提供了及时、有力的法制基础保障。民政部高度肯定并指出此办法的出台“对于推动社会救助工作的科学化、规范化具有重要意义”。同时，根据各项目开展情况，出台了最低生活保障、支出型贫困、住房保障等专项实施细则，并不断完善，逐步形成了较为完整的政策制度体系（见附件 2），通过申请、审核、流转、比对、核实等一整套特定的流程和有关政策，实现对申请对象的依法核对。

五、科学研发核对信息系统

为确保核对机制科学、高效运行，上海市核对中心应用信息管理与决策分析理论，确立了经济状况核对新模式，自主研发了全国首个居民经济状况核对系统——上海市居民经济状况核对系统。该系统于 2009 年 1 月 1 日正式上线，是一个面向全市居民的经济状况核对的综合信息处理平台，由业务处理、情况监控、查询统计、决策分析四大模块组成，与社区事务受理系统、相关委办的业务信息系统进行对接，有效突破了政务、商务、服务信息壁垒，与相关部门和单位开展信息自动批量交换，集信息查询、比对、分析为一体，实现了核对业务全程电子流转和无纸化办公。目前，核对系统已建立30余条“电子比对专线”，与人社、公积金、税务、工商、公安、民政、房管、银行、证券、保险、医保、总工会、红十字会13个领域数百家单位进行对接，安全、快捷地获取核对所需的各类信息和数据。

六、不断深化政策理论研究

围绕核对工作热点、难点、焦点问题，上海多方位、多角度地开展了相关领域的研究和分析工作。从2013年以来共完成课题研究项目十余个，内容涉及核对政策、核对内容、群体特征、核对规程等方面，为制定、实施、调整民生保障政策提供了数据支持。其中《基于核对数据的上海养老服务补贴政策研究》获民政部2017年民政政策理论研究一等奖；《民生保障项目核对中收入和财产范围的界定》获2015—2016年度上海民政科研成果转化奖一等奖；《居民家庭经济状况核对中收入财产的界定问题研究》在第五届中国社会救助研讨会上被评为优秀论文。此外，上海还参与了民政部制定信息系统的相关标准，向民政部低收入家庭认定指导中心就制定《核对系统建设规范》及《居民家庭经济状况核对——数据元》等4项行业标准建言献策，为全国核对业务研发及标准化作出积极贡献。

附件1

上海核对项目一览表

序号	项目名称	启动时间	累计完成核对户次数
1	廉租住房	2007年3月	12.8万
2	共有产权房（经济适用住房）	2009年12月	15.4万
3	最低生活保障	2012年5月	160.8万
4	支出型贫困	2013年9月	1.1万
5	医疗救助	2014年10月	29.7万

续表

序号	项目名称	启动时间	累计完成核对户次数
6	临时救助	2015 年 4 月	6.1 万
7	教育救助	2015 年 9 月	1.1 万户
8	老年照护	2016 年 3 月	2.5 万
9	残疾人生活补贴	2016 年 4 月	2.0 万
10	农村危旧房改造	2016 年 8 月	394 户
11	特困供养	2017 年 2 月	937 户
12	就业援助	2017 年 4 月	22 户
13	资助参保	2018 年 2 月	166 户
	合计		231.6 万

附件 2

上海核对政策文件一览表

类别	文件名称	文号	出台时间	出台部门
地方规章	上海市居民经济状况核对办法	上海市人民政府令第 14 号	2009.07.22	上海市人民政府
人员队伍	关于加快基层收入核对专业队伍建设有关事项的通知	沪民救发〔2008〕43 号	2008.04.22	市民政局 市财政局 市房屋土地资源管理局
	上海市居民经济状况核对员岗位培训考核管理细则	沪民救发〔2012〕13 号	2012.02.13	市民政局
社会救助项目	上海市城乡居民最低生活保障申请家庭经济状况核对实施细则（试行）	沪民救发〔2012〕42 号	2012.05.21	市民政局
	关于本市城乡低保申请家庭经济状况核对工作若干问题处理意见的通知	沪民救发〔2012〕62 号	2012.08.14	市民政局
	上海市因病支出型贫困家庭生活救助办法（试行）	沪府发〔2013〕55 号	2013.07.24	上海市人民政府
	关于实施《上海市因病支出型贫困家庭生活救助办法（试行）》的若干规定	沪民救发〔2013〕51 号	2013.08.23	市民政局

续表

类别	文件名称	文号	出台时间	出台部门
社会救助项目	上海市城乡居民最低生活保障申请家庭经济状况核对实施细则	沪民救发〔2014〕15号	2014.03.26	市民政局
	上海市因病支出型贫困家庭生活救助办法（试行）	沪府发〔2014〕61号	2014.09.19	上海市人民政府
	上海市低收入困难家庭经济状况认定办法（试行）	沪民救发〔2014〕51号	2014.10.08	市民政局
	关于本市医疗救助申请家庭经济状况核对工作有关事项的通知	沪民救发〔2014〕53号	2014.10.08	市民政局
	关于本市社会救助工作若干问题的规定	沪民救发〔2015〕33号	2015.06.29	市民政局
	上海市低收入困难家庭经济状况认定办法	沪民救发〔2016〕52号	2016.10.09	市民政局
	上海市因病支出型贫困家庭生活救助办法	沪府发〔2016〕90号	2016.10.17	上海市人民政府
	关于印发修订后的《关于本市社会救助工作若干问题的规定》的通知	沪民规〔2017〕3号	2017.06.08	市民政局
住房保障项目	上海市经济适用住房申请家庭经济状况核对实施细则（试行）	沪民救发〔2009〕79号	2009.12.18	市民政局 市住房保障和房屋管理局
	上海市经济适用住房申请家庭经济状况核对实施细则	沪民救发〔2010〕92号	2010.12.03	市民政局 市住房保障和房屋管理局
	关于做好本市特定居民个人或者家庭房屋状况核查比对的通知	沪民救发〔2012〕56号	2012.09.12	市民政局 市住房保障和房屋管理局
	上海市共有产权保障住房（经济适用住房）和廉租住房申请家庭经济状况核对实施细则	沪民救发〔2014〕75号	2014.12.31	市民政局 市住房保障和房屋管理局

找准定位　抢抓机遇
全面构建省级核对大数据平台

江苏省申请救助家庭经济状况认定指导中心

江苏的低收入家庭经济状况核对工作起步于2009年，根据民政部部署，南京市和苏州市作为全国首批核对试点单位；2011年，南通市、扬州市、张家港市被列入全国第二批核对试点单位。2013年，在全省面上推进核对工作；2014年，实现省、市、县三级核对机构全覆盖；2015年，全省13个设区市建立区域性核对平台；2016年，实现省、市核对系统联网对接；2017年年底，省级初步建立了以金融资产信息查询为重点的大数据核对平台，全省联动核对机制正在快速形成。

一、统筹安排，积极探索，着力加快核对机制建设

申请救助家庭经济状况核对，是认定救助对象的一项基础性工作，对于提高政府救助质量、维护社会公平正义、促进社会诚信建设具有重要意义。一是健全工作机制。2013年5月，省政府办公厅下发了《关于成立省申请救助家庭经济状况核对工作联席会议的通知》，由17个部门组成，联席会议办公室设在民政部门。《社会救助暂行办法》实施后，省政府于2014年4月建立了由分管省长任负责人、分管秘书长任召集人、民政厅厅长任常务召集人、28个部门组成的江苏省社会救助联席会议制度，统筹推进社会救助体系建设，其中，对核对工作的部门职责和任务分工再次进行了明确。2017年5月，省民政厅成立了厅领导负总责、相关处室责任到人的“江苏省民政厅申请救助家庭经济状况信息化核对推进工作领导小组”，强化省级信息化核对系统建设的组织领导。二是设立核对机构。2013年6月，省编办批复成立了江苏省申

请救助家庭经济状况认定指导中心（以下简称省认定中心），为正处级全额拨款事业单位，具体承担申请救助家庭经济状况信息查询、统计分析、宣传培训、调查研究、指导督查工作，以及省级核对信息系统的研发、管理与维护。三是完善核对平台。2016 年，省级核对系统上线运行。2017 年，结合银行开展查询工作的规定和系统安全运行及保密的要求，迅速开展省级核对平台“两建立一改造”工作，即建立全省金融资产信息查询委托授权数据库，建立全省核对工作人员安全管理认证数据库，升级改造省级核对系统，确保省级核对平台满足多部门、大批量、高频次数据交换的需要。并同步建立平台窗口，初步具备了大数据查询核对、分析、监管等功能，探索了全省多级安全管理的技术标准方案。

二、攻坚克难，全面推进，着力加快联网对接工作

习近平总书记提出扶贫开发“六个精准”的要求，并指出对象不精准，政策、措施等就不可能精准。建立核对平台，开展精准识别，是党中央、国务院赋予民政部门的重要职责任务，是“决胜小康”的前提和基础。在部省对接上，在民政部救助司和认定中心的大力支持下，省认定中心通过国家电子政务外网对接民政部认定中心，开展与中证登公司的联网工作，并签订了《全国居民家庭经济状况信息部省联网查询协议》。2017 年 9 月底，省级核对平台实现了与部核对系统包括证券信息在内的各项数据的交换。在部门对接上，与省高院、省扶贫办、省公安厅、省司法厅、省人社厅、省国土厅、省工商局、省地税局、省国税局、省总工会等 10 个省级部门签订《信息共享查询合作协议书》，实现了联网数据交换。在银行对接上，一是制定政策。省政府办公厅出台《江苏省申请救助家庭金融资产信息查询暂行办法》，确保金融查询有法可依。二是搭建通道。经协商，人民银行南京分行破例提供金融城域网通道与 47 家省级商业银行联网。三是开会部署。先后召开三次会议，推动部署与商业银行的联网对接查询工作，压实银行联网查询的社会责任。四是联网对接。采取“提前吹风、典型引导、技术先行、协议后签”等方式，加快联网。目前，省级核对平台已与 47 家商业银行全部签订合作协议，其中，与 41 家省级商业银行成功联网，并正常开展数据查询等业务。在省市对

接上，2016 年，经过省市双方的共同努力，完成了省级与 13 个设区市核对系统的联网对接和数据交换工作，实现了民政婚姻、殡葬、社会组织 3 项信息的核对。2017 年，进一步加大省市核对系统对接力度，完善核对项目，实现了车辆、不动产、银行、证券等 16 项数据的对接，全面构建了“纵向到底、横向到边”的省、市、县三级联动核对体系。2018 年上半年，省级核对平台对全省 125 万最低生活保障对象及部分其他救助类型人员进行了核对，目前，已全面完成了数据采集、报送、核对、反馈等工作，为全省农村低保专项治理工作提供了有力支撑。

三、顶层设计，上下联动，着力加快政策体系建立

近年来，为促进核对工作法治化、标准化、系统化建设，全省不断加强政策理论研究，结合工作实际，出台了一系列政策措施，确保核对工作有法可依。一方面，在深入调查研究和广泛征求意见的基础上，2013 年 9 月，省政府办公厅出台《关于建立申请救助家庭经济状况核对机制的指导意见》，对核对对象、核对内容、核对方式、核对流程、职责分工等内容进行了明确规定，使核对工作有章可循，有据可依。2016 年 3 月，与江苏省银监局共同下发了《关于银行业金融机构协助开展社会救助家庭存款等金融资产信息查询工作的通知》，为各地建立部门协作、信息共享的金融资产信息查询机制提供政策依据。2017 年 9 月，省政府出台了《江苏省申请救助家庭金融资产信息查询暂行办法》，为健全完善核对机制、推进金融资产查询，提供了制度遵循和操作规范。2018 年 3 月，省民政厅下发了《关于进一步规范全省居民家庭经济状况核对授权书的通知》，对核对对象的授权工作进行统一规范，确保了授权的真实有效。同时，积极推动省政府出台《江苏省申请救助家庭经济状况核对办法》和《江苏省关于明确最低生活保障家庭金融资产核对基数的规定》，达到依法核对、精准识别的要求。另一方面，着力加强对各市核对政策建立指导力度。为完善核对政策体系，常州、连云港、淮安等市分别出台了《常州市居民家庭经济状况核对暂行办法》《连云港市困难家庭经济状况核对暂行办法》《淮安市困难家庭经济状况核对暂行办法》；为完善金融资产信息查询政策依据，无锡、常州、苏州、镇江等市分别出台了《无锡市申请救助

家庭金融资产实施细则》《常州市政府关于明确常州市最低生活保障家庭金融资产标准的通知》《苏州市政府关于申请最低生活保障家庭金融资产核对基数的规定的通知》《镇江市关于对享受我市城乡低保政策对象开展银行存款信息全量查询的通知》；为规范核对工作流程，苏州市出台了《苏州市居民家庭经济状况核对工作流程》；为加强核对服务规范标准化建设，常州市制定了《申请救助家庭经济状况核对服务规范》标准，顺利通过了江苏省标委会评审，成为江苏省地方标准。

四、以人为本，培养队伍，着力加快核对能力建设

通过举办省市核对业务培训班、组织人员参加民政部交流培训、网上在线业务研讨、以会代训等多种方式，加强核对工作队伍建设和能力建设。一是积极参加部中心的交流培训。2015 年 4 月，与民政部认定中心联合举办了市县核对机构负责人业务培训班，对全省 13 个设区市、97 个县（市、区）近 120 名核对业务负责人进行了培训。2016 年，先后组织全省 52 名核对工作负责人，分六期参加了民政部认定中心在北京举办的全国低收入家庭经济状况核对工作人员综合能力培训班，促使他们进一步把握政策标准，厘清工作思路，提高业务水平。2017 年，省核对中心组织全省核对工作人员参加“全国核对系统政策法规网络知识竞赛”获得组织奖。二是培训工作进一步向基层延伸。指导各设区市核对中心结合业务开展情况，定期组织全市核对工作负责人、各乡镇（街道）民政办核对业务操作员参加“家庭经济状况核对业务培训”，从规范核对流程、剖析常见问题、进行业务交流等方面进行辅导。同时，还结合各个核对项目上线运行的契机，围绕系统开发目的、整体框架、业务设计、系统流程、操作要点等具体内容，对核对工作人员进行专题培训。三是通过核对项目开展带动队伍建设，2016—2017 年，根据民政部认定中心委托要求，省认定中心选取苏州、镇江、宿迁 3 个市的 9 个县（市、区）、18 个乡镇（街道）、36 个村（社区），组织实施了低收入家庭经济状况监测项目，完成有效问卷 540 份，圆满完成了各阶段工作任务，在项目实施中提升了基层核对队伍的组织协调和调查研究能力。

做实精准核对　助推精准救助

浙江省低收入家庭核对指导中心

2014年，国务院《社会救助暂行办法》和《浙江省社会救助条例》相继颁布实施。五年来，浙江省低收入家庭核对指导中心（以下简称省核对中心）在民政部低收入家庭认定指导中心的有力指导下，在省委、省政府的高度重视下，不断完善核对政策体系，持续建强核对机构队伍，统筹开发省、市、县三级核对平台，加快推进跨部门机构信息共享，核对业务蓬勃发展，各项工作取得了显著成效。

一、核对工作发展成效

（一）核对政策体系不断完善

浙江省于2015年先后出台了《浙江省社会救助家庭经济状况核对管理办法》和《浙江省社会救助家庭经济状况认定办法》，随后省民政厅联合其他部门出台了一系列相关配套文件，旨在从三个方面确保政策制定实施的严肃性和严密性。一是厘清工作职责。规定了民政、教育、公安等25个政府部门（机构）的职责以及省、市、县（市、区）三级核对平台的工作职责。二是明晰核对内容。省民政厅办公室下发《关于社会救助家庭银行存款比对协查有关事项的通知》，确保银行存款核对工作有据可依、有章可循。省民政厅、住建厅转发了《民政部　住房和城乡建设部关于做好社会救助家庭住房公积金、住房保障、住房买卖等信息核对工作的通知》，明确要求以市或县级为单位开展住房保障、住房买卖等信息核对工作，条件成熟的可提升到省级层级。三是细化收入认定。省民政厅转发《民政部关于指导村（居）民委员会协助做好社会救助工作的意见的通知》，明确了重病家庭、单亲家庭中无固定工资收入的人员，照顾对象1人可不按最低工资标准计算劳动收入等。

（二）核对机构队伍持续建强

全省11个市、89个县（市、区）全部达到有机制、有办法、有机构人员、有平台的“四个有”要求，完成率为100%。全省每年派员参加部低收入家庭认定指导中心业务培训，业务能力不断加强。省核对中心每年举办核对培训班，组织市、县（市、区）核对机构负责人，信息系统业务骨干等参加，帮助提升业务水平。多次派员赴上海、广东、广西调研社会救助家庭经济状况核对工作，开拓工作思路。

（三）核对平台建设向上集中

核对平台从县级开始发展。2014年年底，全省89个县（市、区）全面启动，核对信息系统建设，其中，丽水市、舟山市以设区市为单位统一建设核对信息系统。2015年省级核对平台建成并投入使用，为市、县核对平台提供银行存款信息比对协查。浙江省家庭经济状况核对云平台从2017年年底开始规划，目前，已完成建设方案拟制并送省政府评审。新的省级统建核对云平台建成后，在省级部门数据尚未完全集中时，县级核对机构可自行选择或同时选择省、市、县核对平台进行核对，核对结果相互补充。待省级部门数据完全集中后，市、县核对平台不再承担核对业务，全面使用省核对中心云平台。

（四）核对信息共享日趋通畅

目前，省核对平台与9个省级部门12类数据进行自动比对，分别是公安部门车辆、人口户籍，民政部门婚姻、殡葬、救助，金融部门银行存款信息，残联部门残疾人信息数据，教育部门普通高等学历数据，工商部门个体经营者信息数据，人社部门社会保险个人参保信息数据，国土部门的房产数据等。2018年上半年以来，大力推进与银行系统核对查询工作，与中国人民银行杭州中心支行联合下发建设核对查询平台通知，加强平台硬件设施建设。近期，杭州中心支行将指导辖内200多家独立法人的银行机构按计划接入，实现对救助对象的存款及理财产品的依授权查询工作。指导杭州市积极参加部中心证券核对试点，提升核对工作精准度。

（五）核对业务蓬勃开展

五年来，全省各级核对机构累计接受委托核对544.8万人，检查46.3万人出现预警状态，检出率为8.5%。省级核对平台为全省52.48万名救助对象进行了银行存款信息的核查，检出7.13万人出现预警状态，检出率13.6%。其中，2017年，全省各级核对机构接受委托核对155.33余万人，检出率为7.8%。省级核对平台为全省28.11万名救助对象进行了银行存款信息的核查，检出率11.8%。

二、存在的问题

（一）核对队伍建设仍待加强

全省各级核对机构虽然都已建立，但属于独立法人的较少，加挂牌成立的较多。市、县核对机构编制较少，核对工作人员数量难以满足不断增长的核对业务发展需求。核对工作人员业务素质还需进一步提升。

（二）核对信息共享还不充分

根据核对业务需求情况，需要联网户籍、税务、不动产登记、工商登记、住房公积金管理、车船管理等部门信息和银行、保险、证券等金融信息，才能保证信息核对的相对准确。当前，由于部门信息数据省、市、县三级分散归集，尚未实现全省集中，还不能完全满足核对工作需求，导致难以精确识别困难群众。基层社会救助经办人员面对纪委、审计部门连续检查和审计，顾虑重重，承受着很大压力。

三、下步工作设想

（一）统建浙江省核对云平台

依托省政府“1253”数据中心，拟在省政务云上建设浙江省家庭经济状况核对云平台，实现信息共享与自动核查。省核对云平台供全省核对工作人员共同使用，覆盖全省包含省、市、县、街道（乡镇）等四级使用单位。省核对云平台纵向向上联网民政部核对平台，通过部核对平台查询证券；向下联网市、县核对机构，互为支持补充。横向通过省政府政务云联网相关部门，通过人民银行杭州分行金融城域网联网相关商业银行。核对云平台与社会救助信息系统连接，信息一次录入，共享使用。

（二）完善核对管理办法

随着全省统建核对云平台的工作推进，根据全省核对业务发展新需求，认真做好《浙江省家庭经济状况核对管理办法》修订工作。

（三）推动核对工作全面开展

按照工作量配足核对工作人员，现有行政事业人员不足的，可采取政府购买服务的形式。督促各市、县（市、区）全面开展申请救助家庭经济状况核对工作，力争实现“最低生活保障”和“低收入家庭”核对工作正常运行率达到100%。定期开展社会救助对象动态核查，提高救助精准率。

（四）加强核对业务培训

省核对云平台建成后，省核对中心将举办一期培训班，组织市、县（市、区）核对经办人员进行业务培训，提升信息化操作水平。指导各市分级培训到乡镇（街道），确保基层核对人员准确掌握核对政策、核对流程，进一步提高核对效率。

多措并举　砥砺前行　构建安徽省社会救助家庭经济状况核对发展新格局

安徽省申请救助家庭经济状况核对中心

近年来，安徽省以机构建设为基础，以平台建设为重点，以制度建设为规范，以队伍建设为保障，构建部门联合、上下联动的申请救助家庭经济状况核对信息网络，完善核对机制，加强能力建设，夯实工作基础，全面推进申请救助家庭经济状况核对工作。

一、各级高度重视，形成工作机制

省委、省政府和省民政厅党组高度重视和支持核对工作。如 2016 年，核对机制建设被列入全省社会事业体制改革任务，省级核对办法被列入省政府制度建设清单，省级核对平台建设被列入安徽省电子政务重点工作计划。各地建立了社会救助部门联席会议制度，形成“政府主导、民政牵头、部门协作”的核对工作机制；同时明确了部门职责，定期召开部门协商会，通报情况、分析问题、研究措施，促进了部门间的协调配合。省级层面，如第二次全省救助部门联席会议专题研究部署核对机制建设工作。市级层面，也均建立了联席会议制度或工作领导小组，如铜陵市 2011 年年底就成立了由市长亲自挂帅、分管副市长任副组长、县（区）政府及相关部门的主要负责人为成员的“市居民家庭经济状况核对工作建设领导小组”。

二、成立核对机构，打造专业队伍

（一）核对机构全部建立

省级核对机构 2014 年 10 月 23 日经省编办批准正式成立，全省 16 个市、

105个县（市、区）均成立了核对机构。承担申请救助家庭经济状况核对工作的机构，区分不同层级，职责任务各有侧重，省级主要承担规划指导和省际信息核对职责；市、县级承担具体核对任务；乡镇承担核对辅助工作。各级财政部门负责按编制部门核定的核对机构性质，根据预算管理相关规定安排相应经费，并足额纳入财政预算，确保核对工作正常运行。

（二）人员配备不断加强

省编办、省民政厅《关于建立救助申请家庭经济状况核对机制加强基层社会救助能力建设的通知》（皖编办〔2013〕147号）明确了“市、县两级配备工作人员不超过4人和3人”。随着各地机构的成立，工作人员逐渐落实到位。目前，全省各级核对工作人员已达364人，其中省级6人，市级46人，县（市、区）级312人，为核对工作的开展提供了有力的组织和人员保障。中心高度重视学习调研和培训交流，积极参加部里的相关会议和业务培训，部、省、市培训三级联动，有效提升了核对工作效率和质量。长期以来努力打造“政策通、业务精、能力强、自律严”的专业队伍，为核对事业发展提供动力支持和智力保障。

三、完善制度规范，研制核对标准

2014年6月，出台《安徽省人民政府办公厅关于建立申请救助家庭经济状况核对机制的通知》（皖政办秘〔2014〕96号）；2015年5月，制定《安徽省申请救助家庭经济状况核对保密制度》；2016年7月，安徽省人民政府办公厅印发《安徽省社会救助家庭经济状况核对办法（试行）》（皖政办秘〔2016〕117号）；2017年至2018年，起草了《申请救助家庭经济状况核对工作规范》，正在报请成为地方标准。民政部门会同相关部门（机构），根据当地政府信息化建设水平和申请救助家庭经济状况信息资源管理的不同特点，研究制定当地申请救助家庭经济状况核对办法和具体实施细则，严格规范核对对象、核对内容、核对方式、核对流程、核对周期以及核对结果等各个环节，明确了部门职责分工和工作要求。

四、建设核对平台，推进信息共享

（一）平台建设快速推进

核对平台建设是核对工作高效、精准、赖以生存的关键。安徽省核对平台分省、市两级建设。省市核对平台建设初期投入较高，省级达 105 万元，市级累计达 1012 万元。按照“数据集中、服务延伸、标准统一、资源共享、安全高效、有序推进”的要求，省本级及 16 市核对平台已全部建成并全面投入使用。2016 年，依托民政部基础平台、国家电子政务网和民政 VPN 专网，我省建成覆盖全省的跨部门、跨地域、跨业务，多层次，互联互通、资源共享、标准统一、安全高效的社会救助家庭经济状况核对平台。构建了标准规范、运维管理和安全保障体系，搭建数据中心，整合了纵向到底的民政资源和横向到边的多部门资源，完善了业务配置、授权管理、业务受理、数据交换、报告生成、统计分析等功能，实现了基础数据整合化、业务办理自动化、统计分析科学化、业务监管智能化，确保了救助核对业务管理的精细化和高效率。安徽省社会救助家庭经济状况核对平台助力社会救助精准高效，成功入选 2016 年度（第二十一届）安徽省信息化十件大事。

（二）部门信息积极共享

坚持核心事项优先突破、重点事项优先比对、成熟项目优先实施，根据形势发展，掌握省直信息共享单位数据分类分布情况，按照优先顺序制定时间计划表。深入分析事项办理中需要共享的跨部门数据资源，汇聚各部门共享数据需求，完善共享责任清单，推动部门间有关数据资源共享。目前，已与省级住建、工商、国税、地税、人社、残联、国土、扶贫、工会等部门（机构）签订协议或联合下发信息共享的通知，全省民政、户籍、车辆、工商、税务等相关信息可通过平台联网查询。与部低收入家庭认定指导中心签订了《全国居民家庭经济状况信息部省联网和查询协议》，逐步实现部省核对平台对接。中心严格按照民政部的规范和要求，强化“无授权不核对，无委托不核对”原则，省级核对机构与各市核对机构签订了《社会救助家庭经济状况信息查询协议书》。加强数据共享安全保障，完善数据安全管理制度，明确数据安全保障的措施、责任主体和具体要求，防止侵犯隐私、泄露秘密和信息滥用。

五、扎实开展核对，成效初步显现

随着申请救助家庭经济状况核对机制的逐步建立，全省核对工作取得初步成效，核对的业务范围和业务数量不断扩大，核对工作发展呈现线上线下相融合、新技术应用不断增加等特点，核对工作已经成为社会救助管理中不可缺少的重要环节。目前核对平台主要服务于低保救助，兼顾住房保障，在扶贫助困、教育救助、医疗救助等领域也逐步开展了救助对象家庭经济状况的核对工作。

从2015年1月至2018年5月，全省累计受托568.63万户次、1135.60万人次，预警50.52万户次、89.10万人次，其中，最低生活保障受托433.40万户次、920.76万人次，预警45.66万户次、80.84万人次；住房保障受托115.85万户次、186.61万人次，预警3.04万户次、4.87万人次；其他核对受托19.39万户次、28.23万人次，预警1.82万户次、3.40万人次，为低保、住房保障等各类救助对象的精准认定提供了重要参考依据。

社会救助家庭经济状况核对是一项涉及申请救助家庭隐私和权益的工作，政策性强，涉及面广，敏感度高，社会影响大。省核对中心在全面推进核对机制建设的过程中切实加强了核对工作的政策宣传，提高社会各界和基层群众对核对工作的认识，加深了他们对核对工作的理解，用心解答为什么要开展信息核对、核对什么、怎么核对等问题，为推进核对机制建设营造良好的社会氛围。结合核对实践和各地好的经验做法，安徽省大力宣传、深入解读，积极争取党政部门的重视支持和人民群众的认可，进一步增强了群众诚信意识，提升了核对工作社会成效。

最后，以诗志之——

弹指五年核对忙，机构成立队伍强。
平台构建促共享，数据支撑有力量。
社会救助核对帮，诚信社会美家乡。
保密安全更高效，砥砺前行谱华章。

多措并举促我省核对工作取得实效

福建省救助申请家庭经济状况核对中心

近年来，福建省救助申请家庭经济状况核对工作突出重点、把握关键，紧紧围绕建立一支工作队伍、搭建一个信息平台、制定一个核对办法、完善一个协调机制的“四个一”工作部署，重点抓好核对机制的建设，取得了显著成效。

一、我省核对工作情况介绍

（一）建立了核对机构

核对工作专业性强、工作要求高，工作量大，建立专门机构是核对工作开展的前提，福建省各级民政部门紧紧抓住契机，努力争取编制、财政等部门的支持，在成立工作机构、落实人员编制、保障工作经费等方面取得了重大进展，全省 9 个设区市和平潭综合实验区已全部成立了核对工作机构，共增加编制 23 个；在县级方面，所有 84 个县（市、区）均通过成立县级核对中心或政府购买服务方式解决人员问题，共增加编制 100 个。

（二）规范了核对方式

一是建立了部门协调机制。以社会救助工作协调小组为平台，明确了部门职责，通过协调小组联络员协商通报情况、分析问题、研究措施，促进了部门间的协调配合，逐步形成“政府主导、民政牵头、部门协作”的核对工作方式。二是制定了核对办法，福建省坚持“制度先行”，结合实际制定了《福建省城乡居民最低生活保障家庭经济状况核对暂行办法》，对核对范围、核对内容、核对方式、核对程序以及工作规则等进行明确规定。三是规定了核对流程，各地根据核对内容和实际情况，逐步形成了分类别、分时限、分形式的核对流程。四是明确了隐私保护和纠错机制，明确“先授权、后核对”，没有救助申请人及其家庭成员书面授权，不能启动核对程序；建立信息保护措施，确保居民家庭经济状况信息不外泄、不滥用。

（三）搭建了省级核对平台

建立核对信息平台，实现信息化核对、网络化管理、核对信息资源共享，既提高社会救助工作效率，也是家庭经济状况核对工作今后的发展方向。根据福建省的实际情况，省政府2013年181号文件以及2013年9月第一次省社会救助工作协调小组领导会议，都明确建立统一的省级核对平台，统筹全省家庭经济状况核对信息。2013年年底，经省政府同意，省发改委批复由省民政厅建设救助申请家庭经济状况核对平台一期项目，一期项目总预算261万元，基本实现公安（户籍和车辆）、国税（企业纳税）、地税（个人纳税）、住建（房产和公积金）、工商（企业和个体工商户注册经营情况）、人民银行（存款）等6个部门8类信息的核对共享。2014年10月底，省核对平台系统基本开发完成，为确保省级核对平台安全稳定运行，从2014年11月起在莆田市荔城区和仙游县开展省级核对平台城乡低保对象核对应用试点工作，2015年5月开始在全省推广。2016年12月，核对平台正式通过省数字办验收。

省级经济状况核对平台是一个面向省、市、县、乡各级家庭经济状况核对的综合平台。目前，核对平台已开发了涵盖城乡低保、保障性住房（经济适用房、廉租房、公租房）、特困人员、临时救助、医疗救助申请等各类核对业务。同时，省级核对平台已经完成了14个部门的数据共享，分别是民政部门的婚姻、收养信息，公安部门的户籍和车辆登记信息，金融银行的个人存款和交易信息，工商部门的企业法人、投资和个体工商户注册经营信息，人社部门的城乡居民和企事业职工的养老社保缴纳和领取信息，税务部门个人涉税信息，国土部门的不动产登记信息，住建部门的公积金缴纳，贷款和住房房产登记信息，保监部门的个人投保信息，高院的失信被执行信息和判决离婚人员信息，交通部门的持有营运车辆从业资格证的从业人员相关信息，农业部门的购机补贴和农机登记管理信息，海洋与渔业部门的渔船登记和柴油补贴信息以及残联的残疾人相关信息。

（四）开展了核对业务

在完成常态化的城乡低保、特困人员、住房保障、临时救助、医疗救助等各类救助核查工作基础上，重点做好以下两项核对业务：

1. 全省现有城乡低保对象复核认定工作。为贯彻落实党中央、国务院关于打赢脱贫攻坚战的决策部署，为精准扶贫打下坚实基础，充分发挥低保等社会救助制度的兜底保障功能，按照省政府的工作部署和要求，福建省于2016年起已连续三年开展全省低保对象复核认定工作，并于2017年起将复核认定的范围拓展至特困人员。复核认定工作由省民政厅负总责，省直相关部门按各自职责配合做好信息核对，极大地提升了全省救助对象认定的精确性。

2. 将关爱帮扶对象、困难职工纳入核对范围。根据省委组织部、省民政厅、省财政厅、省人社厅《福建省省级基层干部关心关爱专项资金管理试行办法》及省总工会、省民政厅《推进工会组织与民政部门困难职工家庭数据比对和信息共享工作的通知》要求，全省于2018年起使用省级核对平台对关爱帮扶对象、困难职工开展家庭经济状况核对工作。

二、下一阶段工作计划

下一阶段，省核对中心将继续探索创新，进一步完善全省救助申请家庭经济状况核对机制和能力建设，重点抓好以下三个方面工作：

（一）完善核对平台，加强部门协调

在核对平台（一期）的基础上，加快推进核对平台（二期）项目立项工作，进一步完善和提升核对平台的各项功能，基本建成“覆盖全省、纵横联网、互联共享、比对无盲”的救助申请家庭经济状况核对平台，主要包括以下几方面：一是及早实现与国家基础核对平台及厦门市自建核对平台的信息互联互通；二是进一步加强与相关部门的沟通协调，争取更多横向部门支持，提高横向部门反馈数据的精确性；三是加快实现省级平台上相关部门信息数据的定期交换、自动查询和校验比对，降低手工核对比例，提高工作效率和质量。

（二）强化制度建设，规范核对操作

救助申请家庭经济状况核对涉及个人资料保密、信息安全、法律、程序等诸多方面，为进一步做好此项工作，将草拟制定并提请以省政府名义出台《福建省救助申请家庭经济状况核对暂行办法》和《核对工作信息安全管理制度》，确保核对工作的公正、公平、公开。

（三）及时开展核对，形成常态机制

核对工作对于政府公共政策公正、有效实施，公共资源得到合理配置具有重大的意义。今后，在取得救助申请人及其家庭成员书面授权前提下，对于新申请的各类社会救助对象将及时高效开展家庭经济状况核对，并探索建立社会救助对象的即时准入、退出、奖惩机制；对于已纳入低保保障范围的救助对象将建立定期核对机制。

精心打造“三个一”，全力推动核对工作规范化、专业化、信息化发展

江西省居民家庭经济状况核对中心

江西省地处中国东南部，总人口4500余万，辖11个地级市、100个县（市、区）。2013年以来，江西省核对工作以“创建一套机制、建好一支队伍、搭建一个平台”为抓手，全力推进核对工作规范化、专业化、信息化发展，为“精准识别”“精准救助”提供基础保障，以维护与人民群众密切相关的社会保障领域的公平正义。截至目前，全省100%的县（市、区）运用核对平台开展信息化核对工作，核对项目已涵盖最低生活保障、住房救助、临时救助、医疗救助、特困人员供养等范围。近三年来，全省信息化核对累计完成292.6万人次，共查询到有财政、收入方面信息的共计87.86万人。其中，有银行账户的36.9万人，个人最高存款金额达1000万元；有房产交易信息的9.31万人，个人拥有房产最多达21套；有车辆信息的18.63万人，个人拥有车辆最多达31辆；有工商登记信息的8.86万人，经营状况为正常的5.35万人；有社保信息的11.8万户，已领取养老保险金或正常缴纳社会保险的5.89万人；有住房公积金账户信息的0.97万人；有税收征缴信息的1.07万人；有股票交易信息的0.26万人。我们的具体做法如下。

一、创建一套机制，推进核对工作规范化发展

一是建立工作机制。2014年，江西省政府办公厅印发了《关于印发江西省居民家庭经济状况核对办法的通知》，对核对工作职责、核对对象、核对内容及相关部门责任等进行明确规范，形成了民政牵头、各部门相互配合的核对机制。各设区市也先后报请政府出台了《核对办法》或《核对实施意见》，

为核对工作开展提供了依据。

二是建立管理机制。2017 年，省民政厅印发《江西省居民家庭经济状况核对操作规程》，对核对工作的基础操作进行细化，明确各级核对机构职责。同时，在全国率先出台了《江西省居民家庭经济状况核对信息安全管理暂行办法》，制定下发了《关于规范居民家庭经济状况核对平台用户账号管理的通知》，构建了核对信息安全管理长效机制。此外，还印发了《江西省居民家庭经济状况核对档案管理暂行办法》，加强了核对档案管理。

三是建立共享机制。为保障跨部门信息共享工作规范开展，对共享的内容、方式以及双方权利义务等方面，以文件或协议的方式予以明确，构建信息共享机制。在金融资产信息共享方面，2013 年，省民政厅联合人行南昌支行下发了《关于做好特定居民个人或家庭金融资产状况核查比对的实施意见》；2015 年，联合省银监局转发了《民政部中国银监会关于银行业金融机构协助开展社会救助家庭存款等金融资产信息查询工作的通知》；与江西银行、上饶银行签订了开展金融资产查询的协议。在部门信息共享方面，联合省地税局印发了《关于加强民政部门与地税部门合作开展信息共享查询工作的通知》；与省高院已经联合下发了《关于建立向民政部门推送生活特别困难申请人信息制度的通知》，明确了信息共享内容；与建行江西分行签订了战略合作协议，明确了信息共享；与省国土厅、省人社厅、省住建厅、省卫计委已确定信息共享内容。

二、建好一支队伍，推进核对工作专业化发展

一是组建核对机构。截至 2017 年年底，江西省共成立核对机构 116 个，核对编制 287 个，实有工作人员 330 人。省级层面，成立核对机构 1 个，为全额拨款正处级事业单位，核定编制 18 个，实有工作人员 14 人。市级层面，11 个设区市共成立核对机构 10 个，1 个未独立成立机构，但在其他事业单位内增加 2 个事业编制用于从事核对工作。市级共核定编制 37 个，实有工作人员 42 人。县级层面，100 个县（市、区）全部成立核对机构，16 个开发区有 5 个成立了核对机构。县级共核定编制 232 个，实有工作人员 274 名（见图 1）。

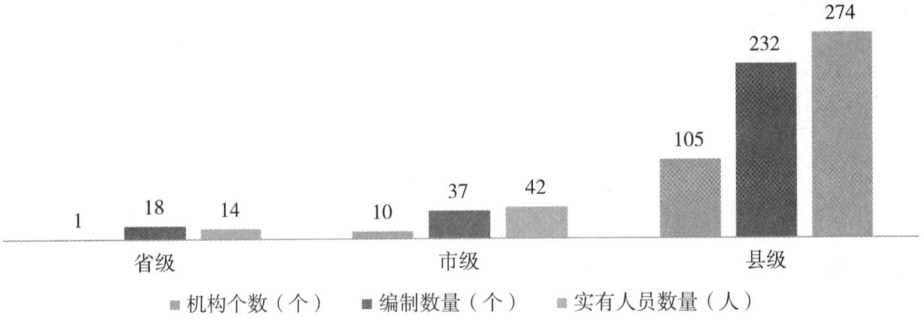

图 1 江西省核对机构队伍建设情况

二是精选专业人才。结合核对工作实际，重点以信息技术、法律等专业为主选拔招聘人才，并加强法律、信息安全、大数据等方面专业培训。省本级先后招录了 10 名本科以上学历的年轻干部，其中具有硕士学位的 3 名，形成了有梯度的专业化核对工作队伍。各地组建核对机构时，也是择优选拔信息技术、法律专业方面人才，为核对工作专业化发展提供基础保障。近年来，累计组织基层业务经办人员培训 31 场次，培训工作人员 1643 人次。

三是积极开展调研。每年定期深入基层开展调研，近两年省级开展基层调研 10 余次。在充分调研的基础上，先后组织撰写了《居民家庭经济状况核对工作中公民隐私权保护研究》（2017 年获省民政政策理论研究二等奖）、《居民家庭经济状况核对工作现状分析——以江西为例》《居民家庭经济状况核对工作中相关法律问题研究》等重点课题论文。

三、搭建一个平台，推进核对工作信息化发展

一是建好基础平台。2013 年，依托“数字民政”应用系统，以省级集中的方式，统一建立了“纵向分层、横向拓展”的核对平台，实现省、市、县、乡四级互联互通。同时，加强平台功能建设，开发核对业务动态监测系统、核对业务数据统计、核对成效分析、核对结果预警等功能（见图 2）。

二是织密互联网络。以核对平台为圆心，省、市两级分层推进跨部门信息共享，不断织密跨部门信息互联互通网络。省级层面，与省公安厅、省教育厅、省工商局、省地税局、上饶银行等 5 个部门 9 大类信息实现了联网；通过“数字民政”应用系统，还可以查询婚姻、殡葬信息。与省国土厅、省

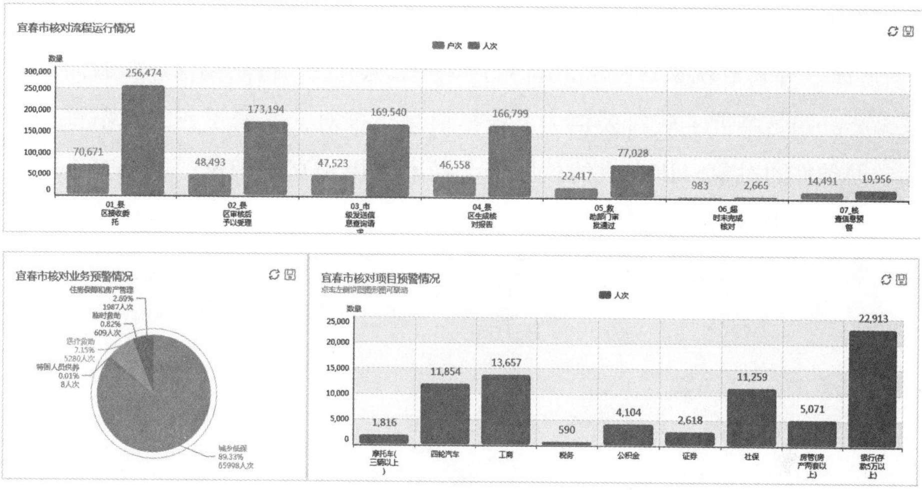

图2　宜春市信息化核对工作开展情况动态监测

住建厅、省卫计委、省人社厅、省高院、省司法厅、省建设银行达成信息共享意向，项目正在积极推进中。设区市层面，10个地市分别通过网络传输和电子交换两种方式，已实现了与人社、住房公积金、银行等77个部门的信息查询。其中：宜春市与5个部门、13家银行、5家证券公司开展联网查询；吉安市与5个部门、14家银行开展联网查询；赣州市自建核对平台与7个部门、1家银行开展联网查询；新余市依托“智慧城市”建设与8个部门、1家银行开展联网查询。

三是启动部省对接。为使江西省跨部门信息互联互通网络向外延伸，最终实现全国范围内信息共享，需要打通部、省平台联网。2018年以来，我们在加强与部中心联系的基础上，按照部省联网的技术要求，重点推动核对平台网络等级保护，启动了三级等保认证工作，目前正在进行项目的招投标。

随着江西省核对工作的不断推进，核查成效所带来的社会管理效益也开始凸显。一是节约了财政资金。两年来，通过信息化核对，累计对明显超标的核对对象19.72万人进行预警，预计为财政节省资金约达5.9亿元。二是提升了服务效能。通过信息化核查的方式，免去了困难群众来回到相关单位开具经济状况证明的麻烦，也缩短了经办机构核查申请社会救助家庭经济状况的时长。三是强化了监督管理。信息化核对结果客观、公正、准确，加强了对乡镇、村（居）委会的监督管理，防止了审核、审批过程中“关系保”“人情保”等腐败现象的发生，减少了刻意隐瞒财产，蓄意骗保、骗救的对象或家庭。四是维护了政府公信力。根据信息化核对，取消了一大批不符合社会救助条件的对象，让有限的救助资金精准使用到真正困难的群众身上，提升了政府治理能力，维护了政府公信力。

山东省核对工作发展报告

山东省低收入家庭经济状况核对指导中心

近年来，山东省核对工作立足核对职能积极服务社会救助对象“精准认定”，努力推进各层级政务信息资源合作共享，以完善核对法规体系为基础，以整合分析利用数据信息资源为中心，以加强核对机构队伍建设为依托，以打造“大爱山东　阳光救助”品牌为目标，着力构建四级贯通的“1＋N”核对机制，取得显著成效，核对工作整体水平有了较大提高，为全省“精准救助”“精准扶贫”提供了强有力的支撑。

一、核对法规体系逐步健全

2014年，山东省出台《山东省社会救助办法》，明确要求全省各级政府建立健全核对机制和信息平台，实现部门间信息共享。2014年年底，山东省民政厅与省级公安、财政、人社等18个部门联合印发《关于建立社会救助家庭经济状况核对机制的意见》（鲁民〔2014〕102号），对核对内容、方式、流程及部门职责等方面做了具体规定，为全省各级核对机构与外部门数据对接提供了政策依据。2016年4月，为解决山东省各市核对工作流程不统一、程序不规范、责任不明确、角色理解不一致、概念认识不清晰等问题，专门印发了《关于印发〈2016年全省社会救助家庭经济状况核对规范化建设年活动方案〉的通知》（鲁民函〔2016〕70号），在全省范围内部署开展核对规范化建设年活动，进一步规范完善全省核对工作机制，健全政策法规体系，优化岗位人员结构配置，提高核对信息化和标准化建设水平。目前，省本级及各市、县（市、区）全部出台了核对办法。济南、青岛、潍坊、威海、德州等市还结合救助工作及核对业务的需要，对原有核对办法进行了修订，出台了相关救助项目的实施细则，并制定了保密、信息安全、档案管理等方面的制度。烟台、德州等市专门针对核对工作中常见问题制作了《居民家庭经济状况核对业务手册》供基层使用，效果良好。

二、核对机构人才队伍不断壮大

山东省低收入家庭经济状况核对指导中心（以下简称省核对中心）于2013年7月18日经省编办批复正式成立，并于2014年4月全面开展工作，主要职责是：参与拟定低收入家庭认定标准和信息核对办法，承担全省城乡低收入家庭信息数据库及核对系统的建设、运行、维护工作，协调指导跨省、市低收入家庭信息查询核对工作。省核对中心现有正式工作人员6名，其中5名具有硕士学位，涉及计算机、经济、社会学、新闻学等专业，大部分有基层工作经验。省核对中心自成立以来不断加强对全省各市、县（市、区）核对机构建设的推动和指导，截至目前，全省17个地级市全部成立核对机构，其中事业单位16个，社会组织1个；全省137个县（市、区）中有131个县（市、区）成立了核对机构，其中行政机构3个，事业单位96个，社会组织32个，省、市、县三级从事核对工作人员总数超过500人。

三、各级核对平台建设逐步完善

2014年年底，山东省对省级核对平台进行探索与讨论，考虑到核对业务发展及部门间合作成熟度等因素，确定省级核对平台建设分期实施，逐步拓展规模，扩大核对单位及核对数据范围。2015年年初，省民政厅将省级核对平台建设列为当年社会救助重点工作，作为省级层面首要任务全力推进。并瞄准国家基础平台，进行招标。我们认为：国家基础平台基本功能完善，相关标准融入度高，使用它有利于下一步开展部省对接，有利于全省快速部署，有利于获得民政部在技术及其他方面的支持，因此，选定国家核对基础平台作为山东省系统招标的瞄准对象，拟通过国家基础平台作为省级平台的开发基础进行本地化开发。2015年8月，省级核对平台建设项目全面启动，是全国首批使用部基础平台进行本地化开发的省份，当年11月，组织专家及有关部门，共同对项目进行了验收。2017 年，开发建设山东省社会救助综合管理平台，实现与省级核对平台对接，将核对业务融入社会救助审核审批流程。2017 年 11 月，省级核对平台完成信息系统等级保护三级备案并通过测评。截至目前，山东全省各市、县（市、区）基本完成了本级核对平台建设，部分市、县（市、区）在原有平台基础上，根据业务需要，不断完善本级核对平台，全省各级全面利用核对平台开展核对工作。

四、横向部门信息资源快速扩充

山东省省级核对平台于 2015 年 11 月完成平台建设并通过验收，2016 年以来，省级核对机构致力于横向对接省直各部门，目前省级已与民政部门的婚姻和殡葬，公安部门的人口和车辆，工商部门的个体工商户、企业以及农业合作社，农业部门的农机挂牌和农机补贴，人社部门的 5 类社会保险、基础养老金及失业金领取，地税部门的纳税登记和税款征收，国税的车辆购置税缴纳，海洋渔业部门的渔船证及水域滩涂养殖，教育部门的本科新生录取信息等 9 个部门的 22 类数据实现了省级信息比对。同时，山东各市级核对机构在数据源横向对接方面也取得了较大突破，目前大部分市级数据源规模已经达到 7 个以上，济南、青岛、潍坊、威海、德州、滨州、菏泽等市更是对接了十多个部门。青岛、潍坊、日照、德州、菏泽等市突破了与金融及保险行业间的数据获取。青岛市与 9 家银行，潍坊市与 9 家保险，德州市与 8 家保险实现对接，菏泽也在近期实现了与银行、保险等金融机构间的数据比对。

五、核对平台纵向对接有序推进

2015 年 10 月，山东省省级核对平台通过部省平台对接测试，被民政部列为首个部省平台对接试点。之后一年多的时间，先后配合民政部低收入家庭认定指导中心、第三方测试机构及相关厂商就业务功能、系统对接、安全保障、设施设置等方案进行测试与论证，推动了部省对接流程优化，运行效率提升，信息安全保障机制进一步完善。2016 年年底，率先与部级平台完成对接工作，并通过正式数据办理相关核查业务。2017 年 9 月底，首批与部中心签订《全国居民家庭经济状况信息部省联网查询协议》。随着部省对接工作的完成，使全省获取国家人口库民政分库及证券等重要核查数据难的问题迎刃而解，且核查范围跃升至全国。同时，积极推动省级核对平台与各市级平台纵向对接互联工作，从2016年下半年以来，经多次调研，全面了解各市核对平台组网情况及数据标准、数据库结构等情况，探索开展省市对接试点工作，省级平台主动适应各市异同情况，选取不同地市分别以电子政务外网、专线等网络组网方式开展对接试点。2017年5月份，省级核对平台与枣庄、烟台、济宁、滨州4市核对信息平台实现首批对接，并签订数据查询协议书，在全国率先实现了“部、省、市、县”四级核对平台对接互联，初步构建了我省四级贯通、“1+N”核对工作机制。2017年7月初，《中国社会报》刊发全国上半年地方民政工作创新与亮点摘要，我省救助家庭经济状况核对平台实现“部、省、市、县”四级贯通，被列为其中之一。截至目前，省级核对平台已与全省11个市的市级核对平台实现对接并签订协议。

六、核对培训工作常态进行

为提升核对业务培训效果，省核对中心以需求为导向，实施精准培训，培训方向主要侧重社会救助政策理论、计算机网络、信息安全、标准化建设等内容，坚持按照“需要什么学什么”“缺什么补什么”的原则，培养复合型核对人才。2014年、2015年连续两年，省核对中心对各市及大部分县（市、区）核对工作人员共300余人次进行了业务培训。2016年12月，在潍坊青州市举办100余人次全省核对业务培训班，邀请相关领域专家进行授课，取得良好效果。2017年年底，结合全省社会救助综合管理平台上线工作，通过视频会议形式，对全省各级社会救助及核对一线人员开展业务培训，实现人员培训全覆盖。

七、核对工作取得显著成效

自建立核对机制以来，各地都将信息化核对作为社会救助对象认定的重要手段，随着信息共享部门的不断拓展，核对的精准度越来越高，核对信息平台核查作用和震慑作用得到充分发挥。2014年，全省各市、县（市、区）共核对低保及住房保障450.51万人次；2015年，全省各市、县（市、区）共核对最低生活保障580.8万人次，核对住房保障55.4万人次；2016年，省级核对中心共核对低保在保对象218万人次，与省扶贫办建档立卡贫困户数据进行比对4次，比对逾千万人次。全省各市、县（市、区）共核对最低生活保障826.4万人次，核对住房保障57.01万人次；2017年，省核对中心共核对最低生活保障93.6万人次，全省各市、县（市、区）核对机构共核对最低生活保障1191.2万人次，核对住房保障32.9万人次。2018年上半年，初步统计省级核对平台共核对最低生活保障110余万人次，全省各市、县（市、区）核对机构共核对最低生活保障及住房保障500余万人次。核对人数、规模逐年增大，为全省精准救助、精准扶贫工作提供了有力的数据支撑。

八、成功完成世界银行TCC6子项目试点任务

2015年10月，山东省被民政部列为TCC6子项目东部的唯一试点省份。省核对中心按照TCC6子项目试点方案，在高效建设完成省级核对平台基础上，立足核对职能，努力推进各层级政务信息资源合作共享，以整合分析利用数据信息资源为中心，不断完善核对法规体系、加强机构队伍建设、扩大核对资源网络、提升数据分析能力，初步构建起了全省四级贯通的“1+N”核对机制，取得了显著成效。其间，部中心及湖南、甘肃、四川、宁夏、河南、西藏、内蒙古等省（自治区）领导及同人先后到山东省调研指导并交流相关经验，山东省也先后赴湖南、甘肃、内蒙古等省（自治区）学习。2017年7月，青岛承办了世界银行TCC6项目“社会救助瞄准与居民家庭经济状况核对体系研究”项目试点案例研讨会，并代表山东进行经验介绍，2017年11月，赴北京参加民政部举办的TCC6项目成果论证评审会议并做交流发言，山东省提交的《社会救助瞄准机制和核对体系研究——山东省试点案例分析报告》及《关于山东省居民家庭经济状况核对体系建设的政策建议》两份最终研究成果顺利通过评审，并受到了与会领导和专家的一致好评。

河南省核对机制建设成效显著

河南省低收入家庭认定指导中心

自2015年1月河南省低收入家庭认定指导中心（以下简称省认定中心）成立以来，在民政部低收入家庭认定指导中心的正确指导下，锐意进取，开拓创新，积极推进全省核对机制建设，取得了显著成效。

一、核对机构建设基本完成

全省18个省辖市已全部成立核对机构：郑州、开封、洛阳、平顶山、安阳、鹤壁、新乡、焦作、濮阳、许昌、漯河、三门峡、商丘、周口、驻马店、南阳、信阳、济源；10个省直管县（市）已成立核对机构7个（巩义、汝州、滑县、长垣、固始、鹿邑、新蔡），未成立3个（兰考、邓州、永城）。全省159个市、县（市、区）均开展了信息核对工作，在编人员340人。

二、全省核对工作人员覆盖全面

2016年至今，省认定中心共举办4期培训，参训人员496人。通过4期培训，为全省核对工作人员业务能力的提升奠定了基础，为全省核对系统建设指明了方向。2018年6月，在商丘召开一次现场会，参会人员50人。会议分析了当前全省核对工作的现状，剖析了存在的问题，对商丘市核对工作取得的成绩予以肯定。

三、核对办法出台及时有效

全省12个省辖市和8个直管县（市）已出台核对办法。其中，安阳、鹤壁、新乡、濮阳、信阳、驻马店、济源、兰考、长垣、鹿邑、滑县、汝州、永城、邓州均以政府名义出台；郑州、许昌、新蔡以多部门名义联合印发；焦作、三门峡以民政局名义出台。各地核对办法的出台，保障了核对工作的顺利开展。

四、核对平台（系统）建设推进迅速

截至目前，全省 18 个省辖市已建成核对平台（系统）14 个，在建 3 个（平顶山、濮阳、南阳），未建 1 个（周口）；10 个省直管县（市）均已建成核对平台（系统）；其他县（市、区）已建立核对平台（系统）24 个。平顶山市所辖县（市、区）均已建立核对平台并上线运行。

各地核对平台（系统）建设分为三种类型：第一种为自行研发：包括洛阳、三门峡；第二种是委托本地公司开发：包括许昌、驻马店、信阳；第三种是利用民政部基础平台开发：包括郑州、开封、安阳、新乡、濮阳、漯河、商丘、南阳、兰考、固始、鹿邑、新蔡、巩义、汝州、邓州。

五、部门间对接便捷高效

全省 11 个省辖市和 9 个直管县（市）的核对平台实现了部门间的数据共享。数据共享存在三种方式：人工核对、半自动核对、实时在线核对。

其中：鹤壁市核对平台实现了 11 个部门 18 项数据信息共享，共享数量全省最多；郑州市核对平台实现了 10 个部门 15 项数据信息共享，且基本实现实时在线核对，核对平台自动化程度全省最高；商丘市核对平台利用政府政务云系统实现了 9 个部门 16 项信息共享，数据共享效率全省最高；濮阳市核对平台利用人脸识别技术，建立建档立卡贫困对象与民政救助对象识别无缝对接模块。

六、部、市核对平台对接试点项目稳步推进

2018 年 3 月 12—13 日，民政部低收入家庭认定指导中心领导来河南省新乡市、郑州市调研，将郑州市核对平台列为全国市级核对平台与民政部基础平台数据对接的试点。6 月中旬，郑州市低收入家庭经济状况核对中心与民政

部低收入家庭认定指导中心签订了全国居民家庭经济状况信息联网查询协议。

七、核对工作成效显著

目前，各地已建核对平台运行良好，不仅能快速核对居民家庭的收入、财产状况，而且节约了大量的人力物力财力，为社会救助家庭认定提供保障，提高了政府的公信力，取得了良好的社会效益。2015—2017 年，全省受委托核对低保信息 887 万人次，676 万户次，检出不符合低保条件 22. 1 万人次，15. 1 万户次，检出率 2. 49% 、2. 23%；受委托核对住房保障 22. 6 万人次，10. 2 万户次，检出不符合住房保障条件 4. 2 万人次，1. 8 万户次，检出率 18. 6% 、17. 6%；其他业务受委托核对 29. 5 万人次，28. 3 万户次，检出不符合条件 2. 4 万人次，2. 3 万户次，检出率 8. 14% 、8. 13% 。

创新驱动　多元联动
在"互联网+"时代不断塑造湖北核对新优势

湖北省居民家庭经济状况核对中心

5年来，湖北省居民家庭经济状况核对工作认真贯彻落实党的十八大、十九大精神和《社会救助暂行办法》有关要求，高举精准扶贫大旗，紧抓核对事业发展的大好机遇，在总结地区试点经验的基础上，核对工作在全省范围全面铺开，省市两级核对平台全面建成联网运行，集中核对工作顺利开展，各项制度日趋规范，体制机制不断创新，核对成效日益显现。核对工作已成为助力精准认定社会救助对象的重要手段，为维护社会救助政策的公平、公正实施发挥了重要的作用。

一、围绕机制建设，筑牢基层基础，下好核对业务规范发展"一盘棋"

近年来，全省各级核对机构按照民政部"四个一"的总体要求，把建立健全核对机制作为开展核对工作的首要任务强力推进。一是领导高度重视，机制建设顺利推进。省政府于2013年就建立了以省民政厅为牵头单位的全省社会救助部门联席会议制度，明确将"研究解决救助申请家庭经济状况核对跨部门信息共享问题"列为主要职能。随后各市（州）全部建立了相应的部门协调机制，成立了工作领导小组，每年召开联席会议，解决核对工作困难问题，为核对业务的顺利开展提供了强力支持。二是明确机构定位，行政能力不断增强。截至2016年年底，全省省、市、县三级核对机构已全部成立，全省共有核对工作人员约500人。在工作实践中，全省核对系统逐步明确自身定位，即成为全省层面居民家庭经济状况唯一的核对职能机构、相关部门和系统运用此类数据及信息的唯一来源部门以及全省相关政策创制提供依据的研究中心，紧密围绕社会救助开展核对工作并不断拓展业务范围。为增强基层经办能力，省、市两级每年组织开展业务培训，指导基层工作人员熟悉业务流程，熟练操作技能，不断提高核对工作人员的履职能力。三是制度日趋规范，核对工作依法开展。全省核对系统始终将完善政策制度作为开展核对工作的保证，2014 年省政府办公厅出台《湖北省居民家庭经济状况核对办法（试行）》（鄂政办发〔2014〕66 号），对核对机构、核对对象、核对内容、相关部门职责等内容进行了明确。2017 年省民政厅出台《湖北省居民家庭经济状况核对操作规程（试行）》（鄂民政规〔2017〕1 号），对核对机构职责、工作原则、核对流程、信息交换、档案管理、保密要求等内容作出了规范。各市（州）也全部出台了核对办法或实施细则，形成了完备的核对制度体系，为核对工作的规范开展提供了政策支撑。

目前，社会救助对象核对范围已覆盖城乡低保、农村特困供养、低收入认定等多个方面，核对内容已涵盖可支配收入、财产和家庭成员身份等多种信息。对于新申请对象全省形成了“逢救助、必核对”“先授权、后核对”的机制；对于已享受社会救助的对象全省建立了上、下半年各集中核对一次的工作常态。2017 年全年，全省各级核对机构共受理各类社会救助核对委托 527.1 万户次、968.1 万人次，检出信息 113.5 万条，涉及有检出信息的对象 50.2 万户次、93.2 万人次，户检出率 9.5%、人检出率 9.6%。

二、围绕平台建设，构建智能体系，密织核对系统纵横联动“一张网”

居民家庭经济状况核对机构不仅是社会救助领域的业务性部门，同时也是“互联网+”时代的信息化机构。近年来湖北省累计投入约 1800 万元资金高位推进核对网络信息化建设工作。目前省市两级核对平台全部建成并联网运行，基本实现了“三级机构全覆盖、联网运行无遗漏、数据交换无障碍”的目标，满足了“数据向上集中、服务向下延伸”“让数据多跑路、让群众少跑腿”的要求，核对平台网络体系初具规模。在平台建成的同时，各级核对机构按照数据集中到哪一级就由哪一级负责协调的方式，积极主动与相关部门对接。2017 年以来，省民政厅分别与省银监局、省住建厅、省国土厅等部门联合发文，建立金融资产、住房公积金、住房保障、住房买卖、不动产登记等信息的查询机制，还与多个部门签署了数据共享协议，提升了居民家庭经济状况核对工作的准确性和权威性。

截至目前，省级核对平台已在线对接了省公安厅、省人社厅、省民政厅、省工商局、省地税局、省残联、武汉公积金中心等 7 个省（市）部门，线下采集了省扶贫办、省农业厅、省卫计委等 3 个省直部门数据。可对核对对象的户籍、车辆、就失业登记、社保缴纳、社保退休金领取、社会救助、婚姻登记、企业注册、个体工商户注册、个人纳税、企业纳税、个体工商户纳税、残疾等级、公积金缴纳和使用、精准扶贫建档立卡情况、农机补贴、死亡信息等 10 多项信息进行核对。对于数据尚未集中到省级的财政、房产、公积金、交通等部门数据，许多市、县级核对机构也积极主动与当地职能部门对接获取数据，开展了核对对象财政人员编制工资、房产备案登记、公积金缴纳和使用、交通营运等信息的核对工作。通过不断扩展共享信息内容，目前武汉市已经形成与全市 17 个部门和单位信息系统的对接，可以直接查询比对所有涉及社会救助申请家庭相关联共同生活家庭成员的收入、财产、支出等方面的信息共 30 项，基本实现信息查询全覆盖。

核对平台建设的同时，核对系统功能也得以不断升级完善。几年来，省级先后完善了核对平台操作功能，增加了核对系统预警功能，制定了核对平台统计分析模块，优化了核对平台操作界面，大大提高了系统易用性和使用效率。

三、围绕数据分析，强调调查研究，激活救助政策纵深评估“一池水”

近年来，湖北省居民家庭经济状况核对工作按照习近平总书记关于“大兴调查研究之风”的要求，开展了数据分析、政策调研等多项创新工作，为提升全省社会救助工作水平评估社会救助政策执行情况提供了数据支撑。一是数据分析研究不断深入。自 2016 年起，省居民家庭经济状况核对中心每两个月编发一期《核对核查动态》，年中和年末分别编发一期《社会救助形势分析报告》，通过统计、比对、分析等方式，从保障标准、保障规模、补助水平、资金支出等方面数据着手对城乡低保、特困供养、精准扶贫、信息核对等工作进行分析，发现基层工作存在的问题并提出相关建议，促进社会救助制度保障体系的完善。并顺应当前工作新形势，对全省扶贫对象和社会救助对象比对情况、全省社会救助对象在武汉购房情况、救助系统数据和对规财统计台账数据比对情况等持续、及时进行专题分析，为拓宽核对工作领域、助力打赢全省精准扶贫攻坚战不断提供新思路、注入新动力。二是核对结果分析更加精准。为解决核对结果庞杂、审核审批处理不便的问题，各级核对机构积极推进核对报告的智能化筛查、精细化处理，并结合社会救助政策研究制定核对结果的预警规则，并进行提示。初步将核对结果分为财产、经营、收入三大类，对每项核对结果的使用进行了提示说明。通过预警由系统对检出信息进行自动处理，减少了无效信息的采信，减轻了人工处理的工作量，提高了核对效率和核对结果的精准度。

身处“互联网+大数据”时代，湖北省核对工作作为全省在社会救助领域顺应时代需要、改进工作方式而积极推动的一项改革创新重要举措，开创了运用信息化手段前置审核的经办新模式，提高了家庭经济状况调查的准确率和审核审批工作效率，使得社会救助对象的瞄准率显著提高，救助力度明显加大，困难群众获得感显著增强；并不断向社会传递出强有力的全面核对社会救助对象家庭经济状况的正面信息，使得社会公众诚信意识明显增强，群众满意度显著提升，为民政各项领域的改革创新提供了新思路。下一步，湖北省核对工作将持续深入贯彻落实党的十九大精神和习近平新时代中国特色社会主义思想有关民生民政工作的新部署新要求，进一步完善制度体制，强化政策措施，夯实基层基础，不断推动全省核对工作取得新进展、开创新局面！

强化举措　扎实推进湖南核对工作稳步快速发展

湖南省低收入家庭认定指导中心

湖南省低收入家庭认定指导中心（以下简称省认定中心）于2013年7月经省编办批准成立，系湖南省民政厅所属正处级全额拨款事业单位。机构成立以来，我中心贯彻落实民政部相关文件精神，切实推动各地各级核对机构、核对队伍建设；坚定信息化理念，加快核对信息平台的建设与完善，扎实推进核对平台数据共享、部省互通、省市互联的工作。近几年，在省委省政府的正确领导和民政部低收入家庭认定指导中心精心指导下，省民政厅高度重视，大力支持中心开拓创新，深化民政核对事业发展，工作成绩显著。

一、核对机构建设和人员保障逐步加强

一是强化机构建设。省认定中心成立后，迅速助推市、县两级核对机构建设，2017年，将核对机构建设与社会救助资金分配直接挂钩。截至2018年6月底，全省14个市（州）、121个县（市、区）均成立了核对机构，基本实现核对机构全覆盖。

二是强化人员配备。各县（市、区）核对机构均配备有两名以上工作人员，截至2018年6月底，全省核对机构编制553人，工作人员已达592人，为核对工作的开展提供了有力的人员保障。

三是强化业务素质。近年来，组织各级核对机构工作人员赴北京参加了5期全国低收入家庭经济状况核对工作业务培训；多次组织基层核对人员赴外省参加交流学习；省认定中心举办全省业务培训班、各市（州）举办覆盖乡镇（街道）的业务轮训，5年来，各级参训人员达2500人次，逐步建

起一支科学化、信息化、专业化的工作队伍。

二、核对信息系统建设持续推进

（一）推广使用并不断完善省级核对平台

2015年，湖南省着手开展核对平台建设开发工作，2015年年底核对平台建设基本完成。2016年1月，组织全省14个市（州）近30个试点县（区）参与上线测试，统一使用省级核对系统开展社会救助信息核对工作，为系统开发完善积累实践经验。2016年9月，湖南省省级核对系统平台正式上线，全省所有市（州）、县（市、区）均可通过省级核对平台使用省级信息数据开展信息化核对业务；10月，省厅下发了《关于全面开通使用湖南省居民家庭经济状况核对信息系统的通知》，全面推广使用省级核对平台。目前，省级核对平台在全省已全面使用。平台上线以来，省认定中心不断完善省级核对平台的标准化接口、汇总统计模块，根据业务需要扩充核对业务类别，使省级核对平台逐渐成为操作简单、功能齐全、兼容性强的系统。

（二）积极推动建设市州、县市区核对平台

2014年至2016年，湖南省通过以奖代补等方式，争取省财政每年向市、县安排平台建设补助资金500万元。2016年在永州举办了全省市（州）核对信息平台建设现场推进会，督促市（州）加快核对平台建设，完善全省居民家庭经济状况核对网络。2018年，将市级平台建设纳入民政重点工作考核范围。截至2018年6月，长沙、湘潭、永州、常德、益阳均已建立市级核对系统平台，邵阳市、岳阳市、怀化市、娄底市等市（州）也正在积极推动市级平台建设。其中长沙市核对平台特设预警功能，每年系统自动复查数据库中救助申请对象家庭情况，对家庭经济状况有变化的家庭自动给予预警提示；湘潭市曾被民政部评为首批城市居民家庭状况核对示范单位。衡南县、石门县、南县、沅江市、资兴市、永兴县、桂阳县等县（市、区）也先后建成了县级信息核对平台，通过汇集本地信息数据，极大地提高了核对工作效率及对象认定精准率。

（三）基本完成核对系统与救助系统对接

全力配合支持全省社会救助信息系统的升级改造，两个系统的对接测试

已经完成，现已可以通过社会救助信息系统批量传送已救助对象的信息至核对信息平台进行比对、核对。

（四）全力开展部省对接、省市对接

省认定中心按照民政部发布的居民家庭经济状况核对的推荐性行业标准，对省级核对信息平台的技术标准进行修订完善，联合省民政厅信息中心对省级核对平台进行安全等级评定和对接准备前的平台改造工作，为部省对接做好准备。同时，有序推进与各市（州）的对接，先后与湘潭、常德、永州开展省市对接，实现省市业务互通、资源互补。进行与长沙市的对接工作，2018 年内实现双方对接。

三、部门共享信息日趋完善

省级层面，省认定中心积极推动与相关部门建立居民家庭经济状况信息查询机制，截至目前，已与财政、公安、卫计、工商、税务、残联等部门完成省级信息共享合作，对户籍人口、机动车辆、婚姻、财政供养人员、企业工商、个体工商、城乡医疗保险、税务登记、残疾人登记等 9 类数据实现行之有效的信息共享。困难职工信息也于 2018 年 9 月进入查询阶段。与国土资源厅关于不动产登记信息的共享协议已进入最后会签阶段。市级层面，各地积极作为，攻坚克难，争取到越来越多部门的支持与配合。其中，长沙市与人社局、住保局、教育局、质监局签订信息共享协议；湘潭市实现了与当地公积金、房产、银行、证券数据信息的共享；常德、永州等地也实现了与本地不动产信息的共享。县级层面，衡南县、平江县、冷水江市、郴州市北湖区、苏仙区等将本地房产、公积金、社保等数据信息汇集到了省级核对平台，充实了省级核对平台的核对内容，形成了跨部门、多层次、信息共享的救助对象家庭经济状况核对机制，逐步实现了社会救助信息化核对、网络化管理，进一步提升了核对工作的精准度。

四、政策文件相继出台

为全面开展救助申请家庭经济状况核对工作，科学、高效、准确认定救助申请对象，2013 年，湖南省人民政府办公厅出台《关于开展救助申请家庭经济状况核对工作的意见》（湘政办发〔2013〕58 号），拉开了全省全面建立救助申请家庭经济状况核对机制的序幕。2015 年，省民政厅与财政厅、公安厅等 10 部门联合制定下发了《湖南省城乡居民家庭经济状况核对办法》，进一步规范了全省居民家庭经济状况核对工作。随后，14 个市（州）相继制定下发了本地区居民家庭经济状况核对办法。长沙、永州、邵阳出台了认定办法、核算办法，湘潭出台了部门职责、操作细则等。2017 年，省民政厅与教育厅、人社厅等 12 部门联合下发了《关于转发民政部等部委〈关于进一步加强基层社会救助部门协同的意见〉的通知》，对数据查询办法、比对方式等提出了具体要求。全省初步形成了完整的居民家庭经济状况核对工作规范化体系。

五、项目研究积极作为

近年来，湖南省先后入选世界银行“中国经济改革促进与能力加强”（TCC6）子项目“社会救助瞄准与居民家庭经济状况核对系统研究”工作 3 个试点省份之一、“低收入家庭经济状况监测项目”6 个执行省份之一。以此契机，湖南省认真组织开展课题研究相关工作，撰写了《社会救助瞄准机制和核对体系研究——湖南试点方案》研究报告；选定 30 名项目联络员及调查员，并进行了专业培训，对常德市、湘潭市、永州市 3 个市、9 个县（市、区）、18 个乡镇（街道）、36 个村（居）委会、540 户家庭开展了入户调查取样，总结了湖南经验，有力助推了全省核对机制政策体系的完善、省级核对信息平台的建设、核对人员综合能力的提升。

六、核对工作成效显著

2017 年，积极对接省扶贫办，利用省级核对信息平台的比对功能，对全省扶贫系统与低保系统数据进行了一次全面比对，为全省农村低保与扶贫标准“两线合一”、低保制度与扶贫政策的有效衔接提供了重要依据。2018 年参与全省城乡低保专项治理，以核对平台为核心，对所有对象进行核查比对。截至 2018 年 6 月，全省各地利用省、市、县三级核对信息平台累计完成了

243 万救助对象的信息化核对，检出不合格对象 36.6 万人次，占比 15%，对财政供养人员、工商注册人员、购房购车对象等几类重点对象违规享受低保等情况保持了高压态势。

过去的 5 年，湖南省各级核对机构不仅在低保认定方面，而且在精准扶贫、保障性住房等方面也开展了信息核对工作，为促进精准识别、精准帮扶、精准施策发挥了积极的作用，有效提升了民生资金的使用效率。

全面建立共建共享核对机制
给困难群众打造救助申请的“绿色通道”

广东省救助申请家庭经济状况核对指导中心

五年来，广东省坚持“兜底线、保基本、促发展、惠民生”的核对工作理念，以“五个一”为抓手，着力设立一个“一门受理、协同办理”的服务窗口，建立一支核对人才队伍，制定一个“公平高效、良性导向”的核对办法，建设一套“省级集中、有限核对、分级使用”的信息系统，配置一套“统一标准、高效运行”的终端设备，推进核对事业创新发展，初步形成了“保障一个不能少，申请不用再乱跑，贫穷无须开证明，生活一定保障好”的核对工作格局。

一、全面建立核对机构，大力保障人才队伍

（一）全面建设核对机构，三级机构全面覆盖

省救助申请家庭经济状况核对指导中心（以下简称省核对中心）于2013年6月成立，核定事业编制7名，负责全省信息平台、数据库的建立和维护工作。21个市、121个县（市、区）均成立了核对机构，实现了三级全覆盖。同时，根据《广东省民政厅　广东省财政厅关于通过购买服务解决社会救助等民政业务服务人员的通知》（粤民发〔2014〕58号）文件要求，全省1600个乡镇（街道）全部建立了社会救助服务窗口，各地通过政府购买服务配备基层核对经办人员共1626人，确保核对工作事有人干、责有人负。

（二）落实工作经费保障，夯实人才队伍建设基础

根据省财政厅《关于落实最低生活保障工作经费有关问题的通知》（粤财

社〔2013〕93号）中“各级财政每年按照上年本级财政安排的低保资金支出3%的比例测算本级低保工作经费控制数，并按照“以事定费”的原则据实核定本级低保工作经费”要求，每年省级专门安排工作经费用于补助基层购买服务，以弥补基层购买服务经费不足问题。省级财政按照5万元/人/年的标准，补助粤东西北地区乡镇（街道）50%的购买服务经费，累计投入9270万元，其余经费由县级财政负担，确保人员及时到位，为整个核对工作开展提供了坚实的保障。

（三）每年两次三级轮训，一个不落全员参加

为提升基层核对经办人员职业素质和业务能力，省核对中心每年两次派出工作组进行逐市轮训，对市、县、镇三级工作人员进行培训，已累计举办大小120多场培训会，培训约18000余人次，确保一线的核对工作人员一个不落全员参加。另外，通过建立系统交流工作QQ群、微信群等方式，及时为基层答疑解惑，并搜集基层反馈意见，对系统进一步升级改造。

二、系统建设理念先进，安全高效功能创新

省核对中心于2014年建设了广东省救助申请家庭经济状况核对系统（下文简称核对系统）。核对系统由省级统筹建设，建设经费由省财政承担，总投资约1700多万元，覆盖全省1743个终端。系统具有以下特点：

（一）省级集中建设，解决各地重复建设问题

核对系统采取了省级建设、多级使用的建设方式，仅在省级部署服务器，系统安装、维护全部由省级负责，全省各市、县（市、区）和乡镇（街道）只负责系统的日常使用操作即可，从而避免各地重复建设，节省了地方财政资金。

（二）“有限核对”，解决查询数据安全问题

省民政厅根据各项救助政策设置了核对查询上限，由系统自动屏蔽超出当地各项救助标准的大额收入、财产信息，只获取和显示在救助业务范围内的收入和财产数据，从而避免恶意查询，维护个人隐私，保障所获得信息的安全。

（三）配套统一终端设备，解决“替领、冒领”低保问题

省级统一为所有乡镇（街道）终端配备计算机、打印机、身份证读卡器、高拍仪等终端设备，系统禁止手工录入身份证号，必须通过身份证读卡器读卡才能录入系统，确保有效证件到场，同时要对申请人或代理申请人进行人脸识别，扫描上传所有申请材料，核对系统自动判断是否提供完整真实有效的身份证证明材料，审核无误后才能进入下一步申请流程，方便日后追查。

（四）异地提交材料，既方便群众业务申请，又解决懒政不作为问题

困难群众可在全省范围内任一社会救助经办机构提交申请材料，由核对系统自动转交至户籍所在地或居住地的乡镇（街道）办理，符合条件的申请自动进入审核审批流程，无法人为拒绝受理。

（五）无人工干预模式，解决“人情保”“关系保”和“不作为”等问题

为最大限度上避免人为因素干扰，所有社会救助申请必须先经过核对系统进行核对，由系统汇总各部门数据得到核对报告，符合低保条件的自动进入系统的审核审批流程，整个过程无法进行人工干预，全部由系统自动流转，减少自由裁量权运用，更好地实现公平公正。

（六）随机复核功能，实现动态管理，解决人为规避资产核查的问题

困难群众纳入救助范围后，系统会自动调用社会救助对象名单，进行不少于每半年一次的随机复核，一旦复核家庭收入和财产超标，系统自动监控预警，督促县级民政部门及时核查并清退不符合条件的对象，实现动态管理，做到“应保尽保，应退尽退”。

三、部门协作信息共享，稳步推进部省对接

（一）全省范围数据共享，全国率先银行直查

政府部门数据方面。依托省政务信息资源共享平台，核对系统已与教育、公安、人社、工商、卫计、残联、住建、国土、税务、司法、扶贫 11 个部门实现数据对接，方便各地数据共享，实现全省范围内跨地市信息查询。金融机构数据方面。与中国人民银行广州分行、省银监局联合发布了《关于建立

民政部门与商业银行网络查询核对社会救助家庭经济状况信息工作平台的通知》(粤民发〔2014〕153号),并与省内对私业务的28家商业银行全部实现数据直查,使广东成为全国首个实现银行系统接口对接、数据直查的省份。该通知被民政部转发至全国各地学习参考。

(二)积极改善安全环境,稳步推进部省对接

省核对中心按照民政部2014年下发的《居民家庭经济状况核对标准》要求设计和建设系统,确保省级核对系统整体框架、数据格式、接口规范等标准与民政部系统完全一致。2017年下半年已通过了安全等级保护三级的测评,2018年年底前完成与全国居民家庭经济状况核对基础平台的数据对接,并依托该平台开展部省联动信息核对。

四、主动服务成效初显,核对系统广受好评

核对系统运行以来已开通了最低生活保障、特困人员供养、医疗救助和低收入家庭经济状况核对业务,通过与政府部门和金融机构间的数据共享,让“信息多跑路、群众少跑腿”,主动为申请人提供经济状况核对报告作为申请材料,大大缩短了申请人前往相关部门开具证明的时间,初步实现了互联网和政务服务深度融合。主要成效有:

(一)维护公平公正,提高政府公信力

截至2018年上半年,通过核对系统全自动信息化核对,全省共为2362290名社会救助申请人出具了权威的经济状况核对报告,通过核查比对申请人的经济状况筛选出253822人次不符合相关救助申请条件,检出率为10.74%。救助申请家庭经济状况核对提高了政府公信力,在一定程度上保证了社会救助工作的公平和公正。

(二)以前“贫困需要开证明”,现在“主动帮你来证明”

核对系统自动获取各政府部门和金融机构的数据,主动为申请人证明家庭是否贫困,申请人只需当面提交资料后便可在家等候办理结果,办理时间由原来的2周时间缩短至48小时。

（三）系统受到民政部和省政府的高度认可

核对系统的建设理念和成果得到了民政部的充分肯定，在2017年民政部举办的全国社会救助信息化培训班上进行了先进经验介绍，多个省市地区来广东省调研学习核对系统。因核对系统共享模式成熟、应用范围广、共享成效显著，省政府办公厅将其作为广东省重点领域数据共享试点应用，上报至国家发展改革委作为典型，列入全国样板工程，并作为典型案例发布在全国信息共享网站首页。

五、深入开展理论研究，积极探索制度创新

2017年以来，省核对中心采取政府购买服务方式，委托中山大学依托核对系统获取的居民家庭经济状况相关数据，开展全省城乡居民低保对象识别指标体系研究，从家庭结构、住房情况、生产资料、生活资料等维度和各个维度的权重赋值，通过分析各项数据指标中能够较好地呈现困难群众的特征，提升社会救助精准认定水平。

广西利用核对大数据平台
打破"信息孤岛"实现"联心、联网、联用"

广西壮族自治区低收入居民家庭经济状况核对中心

广西针对低保工作面临城乡低保数据不完整、数据核对耗时耗工、"人情保""关系保"难防等问题，整合民政、法院、公安、人社、工商、税务、银行、房产、渔政、住房公积金等15个部门信息，建立全国首个具备区、市、县三级联网核对的省域"低保核对大数据平台"（以下简称核对平台），运用大数据技术核对低保数据，实现对城乡低保对象的精准救助。自2014年6月投入使用以来，已核对社会救助申请对象202万户、540万人次，将16万不符合低保条件的对象清退或挡在低保门外，有效地解决了因基层社会救助经办人员、经费和手段不足而导致城乡低保屡屡出现骗保、错保、"人情保"和"关系保"等现象。

一、签订部门大数据使用协议，实现"联心"

（一）加强部门之间协作，形成打破"信息孤岛"合力

低保核对数据涉及申请对象的住房、社会保险、涉农补贴等信息。核对平台启动之初，有的部门考虑到数据安全，不愿意交换数据；有的愿意交换，但仍坚持使用手工方式。广西建立核对平台后，打破部门壁垒，达成低保申请人须向社会让渡部分隐私权的共识，促进信息开放共享，解决核对信息"孤岛"问题。

（二）签订部门协议，明确数据共享的责任和义务

自治区民政厅作为核对平台主管部门，与高级法院、公安厅等13个部门

签署数据交换和信息共享合作协议。数据尚未联网的房产、公积金管理部门，由各市民政部门与之签署协议。协议明确部门与平台之间交换相关数据的责任和义务，数据使用部门保证数据安全，数据提供部门保证数据准确。目前大数据平台已经与法院、公安、人社、工商、国税、地税、农机、渔政、海事、保监、通信管理、公积金、房产13个部门以及北部湾、桂林、柳州、工行、建行、农信社、邮储、华夏、浦发、兴业10家商业银行实现了数据共享，通过用技术手段把申请救助对象的隐性收入和财产核查出来，让“数据多跑路，群众少跑腿”，大大提高了救助对象认定的精准度和基层社会救助工作效率。

（三）建立部门联席会议制度，及时会商解决数据开放共享中出现的问题

成立民政部门牵头、28个成员单位组成的全自治区社会救助厅际联席会议制度，以部门联席会议的方式，会商解决平台运行中的困难。把车辆、住房等个人信息作为核对重点，把群众反映强烈的“开小车、住豪宅、吃低保”的对象挡在低保之外。

二、统一大数据格式标准，实现“联网”

（一）统一核对信息数据库

按照“先易后难、分步实施”和“数据向上集中，服务向下延伸”的原则，平台按照“大数据、大集中”方式设计，数据库集中部署在自治区一级，地级市建一个备份数据库，县（区）通过客户端接入，建立全区统一的低保核对信息数据库。

（二）统一核对操作系统

建立集自治区、市、县三级为一体的统一核对操作系统，核对操作系统承载着居民家庭经济状况核对业务的具体应用，采用全自治区集中部署方式，在同一个平台实现核对受理、审核、自动比对等功能。如果是市、县分级建设，硬件建设成本、软件开发成本和运营维护成本都会比省级集中建设多达数倍甚至十多倍，而且更重要的是各级核对信息平台数据交换和工作效率比

较低下，难以实现全网核对。因此，无论是从投入成本还是从今后保证全国核对网络畅通的角度考虑，核对信息平台采取省级集中方式进行建设，这是确保今后全国能够实现全网核对的基础。

（三）统一核对网络

全自治区核对网络采用与互联网物理隔离的数字电路专线等电子政务资源进行组网，封闭运行，纵向实现自治区、市、县三级核对工作机构联网，横向实现与涉及个人收入、支出、财产信息三级相关部门的全覆盖。省级集中建设平台方式可以节约整个自治区核对信息平台的硬件建设成本、软件开发成本，降低网络的运行费用，减轻基层核对工作机构的压力，轻松实现省域范围的全网核对。

（四）统一数据交换平台

核对平台通过统一的数据交换平台实现与低保、医疗救助、临时救助、住房救助、教育救助、就业救助等不同的社会救助系统实现互联互通，顺应“一门受理，协同办理”新要求，强化业务协同能力。广西社会救助共有三个信息系统：一个是低保信息管理系统，一个是医疗救助管理系统，一个是核对信息平台。如何让这三个系统能够互联互通，互相支持，互为支撑，这是核对信息平台建设首要解决的问题，也是基层核对机构是否愿用、想用核对信息平台的关键。为此，在核对信息平台建设过程中，我们要注重核对信息平台与低保信息管理系统和医疗救助管理系统实时对接，不能互相独立。通过多次与三家系统开发商进行协调，争取三家系统开发商支持和配合，开发了相应的接口，实现三个系统之间的互联互通，真正实现了统一的社会救助大平台。

（五）统一资源配置

信息核对平台建设与现有民政信息化资源实现共享，不再重复建设。开展省域核对系统建设工作，需要进行大量的软硬件投资，为了降低建设成本，广西在开展核对信息平台建设的过程中，充分利用全区民政信息化建设的成果，硬件资源、安全设施、机房设备实现共享，节省了建设成本。

三、充分发掘大数据功能，实现“联用”

（一）对差异样本甄别纠错

对于新申请低保救助的对象，其个人数据信息及时向平台开放，民政部门不需要逐个去相关部门人工采集数据。经平台核对发现申请对象名下有车辆、住房、高额公积金等大额财产的，县级民政部门入户核查，如属实则不予审批。

（二）实时在线监测

签订数据交换协议部门实时在线更新相关数据，有效监测在享救助对象的家庭经济状况，真正实现低保“动态管理”。对于在享的低保对象，平台核对后发现名下财产和收入有差异的，县级民政部门进行100%入户调查核实。如经核实超出低保政策范围的对象，即通过动态管理机制清退出低保范围；如经核实符合低保政策的对象，予以重点关注，定期复查复核。

（三）拓展平台使用功能

自治区把平台信息资源拓展到特困人员供养、受灾人员救助、医疗救助、教育救助、住房救助、就业救助、临时救助、扶贫开发、困难职工救助等方面，真正发挥财政资金对特殊群体的兜底救助作用。同时，通过数据核对，将反腐关口前移，震慑社会救助工作中的违法违纪行为。

（四）推广核对手机App软件

实现入户定位、入户导航、入户核对以及随时查看核对报告等功能，推进入户核对信息化和规范化，提高入户核对工作效率，方便工作监管，准确高效获取社会救助申请家庭经济状况信息获取，保障核对结果的准确性和权威性，促进社会救助相关政策公平、公正和高效落实。

坚持创新思维　强化顶层设计
搭建省级核对大数据平台

海南省低收入家庭经济状况核对中心

海南省低收入家庭经济状况核对中心（以下简称省核对中心）于2013年7月由海南省机构编制委员会办公室批准设立，与海南省民政厅信息中心合署办公。省核对中心主要承担全省低收入家庭经济状况核对信息系统的研发、管理和维护工作；受有关部门委托，对申请社会救助以及其他政府专项救助的贫困居民家庭收入和财产情况进行信息比对，为认定申请人救助资格提供依据；指导各市（县）开展低收入家庭经济状况核对工作。

5年来，立足陆地面积较小，人口规模较少、省直管县的省情，坚持创新思维、着力做好顶层设计工作，核对工作取得明显进展。实现了省、市、县核对机构全覆盖，建成全省上下贯通使用的信息核对大数据平台，并广泛应用于低保、特困人员供养、临时救助、医疗救助、低收入家庭认定等各项救助业务，全省联动的核对工作机制日益健全完善。

一、实现核对工作机构全覆盖

2014年，省民政厅与省编办联合印发了《关于在市县民政部门设立居民家庭经济状况核对机构的通知》，明确市县民政、机构编制部门应按照职责分工，在遵守国家机构编制管理有关规定的前提下，建立健全居民家庭经济状况核对机构。2015年年底，全省18市县（不含三沙）均建立核对工作机构，通过调配编制或政府购买服务的方式配备了专职核对工作人员，为全省核对工作的顺利开展奠定了基础。目前，全省核对工作人员共109名，所有人员在上岗前都签订保密责任协议，并经过严格的岗前培训。此外，省核对中心每年举办全省核对工作人员培训班，实现对全省核对工作人员培训全覆盖。

二、依法推动核对工作发展

积极加强制度建设、不断完善政策法规，依法推进核对工作。2015 年 11 月 17 日，出台了《海南省社会救助规定》（海南省人民政府令第 259 号），明确县级人民政府应健全完善居民家庭经济状况核对机制、完善信息核对平台，落实工作人员和经费；申请或者已获得社会救助家庭有如实提供个人和家庭经济状况的义务；规定社会救助管理部门可以将骗取社会救助及出具虚假证明的单位或个人记入征信系统。2015 年 12 月，经省政府同意出台了《海南省居民家庭经济状况核对办法》，打通了政府各部门的信息壁垒，明确了公安、住建、人社、住房公积金、金融、农业、税务等部门依法提供相关信息的义务。与省住建厅出台了《关于开展社会救助信息共享工作的通知》、与银监会海南监管局出台了《关于银行业金融机构协助开展社会救助家庭金融资产信息查询工作的通知》等一批文件。

三、建成全省统一的信息核对平台

根据《全国居民经济状况核对信息系统建设规划》和《民政部关于居民家庭经济状况核对信息系统建设的指导意见》（民发〔2014〕83 号）的要求，结合海南的实际情况，建成全省上下贯通使用的信息核对平台，实现了省级数据大集中，并统一了全省核对工作流程。信息核对平台由省民政厅集中建设，部署于海南省电子政务外网，以专线为主，以电子政务网络、民政广域网为辅，建立和完善安全、可靠、高效的核对业务网络体系。各市县民政局可通过接入电子政务外网使用核对平台。该项目于 2016 年 7 月底通过专家初验，在进入试运行阶段之后，试运行期间，完成了安全等保定级（三级）备案工作、系统安全等级保护测评工作、系统安全整改工作和系统压力测试等工作。

信息核对平台横向上已成功接入公租房、税务、户籍、车辆、社保、船舶、住房公积金信息、农机补贴、工商登记、银行账户及存款、大额交易等 20 多项经济财产状况信息，实现了社会救助家庭经济状况跨部门快速核对；

纵向上实现省、市、县和乡镇四级的业务联动，社会救助的工作效率和精准度显著提升。

四、与多部门建立信息共享长效机制

建立海南省申请救助家庭经济状况核对工作联席会议制度，大力推进与相关部门建立社会救助家庭信息共享长效机制。目前，省民政厅已陆续与省住房公积金管理局、公安厅、国税局、地税局、工商局、海洋渔业厅、农业厅、人社厅、住建厅、银监局、省残联、省农信社、农行海南分行、卫计委、海南银行等15个部门签署信息共享协议，实现信息共享和数据交换。

针对银行存款查询不全面的问题，向省政府提交了《海南省民政厅关于加强低收入家庭经济状况信息核对工作的请示》（琼民〔2018〕24号），提请省政府协调银行业金融信息信息共享工作。目前省民政厅正与人行海口中心支行达成合作意向，拟通过人行海口中心支行金融城域网，一线接通各家银行，实现我省银行业金融资产信息的全面核对。

五、增大核对信息化服务的广度和深度

海南省核对信息平台自建立起至今，现已推广应用于低保、特困人员供养、临时救助、医疗救助、低收入家庭认定等各项救助业务。为了保证核对的合法性，民政部门取得社会救助家庭所有成员的授权后方能对其经济状况进行核对，所有需要核对的社会救助家庭均应填写授权书。同时，全省的核对信息平台已经将授权书的扫描上传预置为发起核对的基本要件，省核对中心对各市县授权书进行100%查验。截至2018年6月30日，核对系统已累计受托开展各类核对业务46.8万人次，预警经济超标家庭13.4万人次，预警信息16万条。

稳步走，谋发展，求创新

重庆市最低生活保障事务中心

重庆市社会救助家庭经济状况核查认定工作于2008年开始启动，2013年12月成立专门核查机构独立开展指导全市核查认定工作，2015年10月建成市级统筹支持全市自上而下开展工作的核查系统。重庆市核查工作正逐渐向规范化研究型加速转型发展。现将全市核查工作五年来开展情况做如下汇总。

一、全市三层核查机构确保工作顺利开展

2013年12月24日，重庆市根据国务院《关于进一步加强和改进最低生活保障工作的意见》（国发〔2012〕45号）、“十二五”规划等文件要求，市民政局直属单位重庆市最低生活保障事务中心加挂“重庆市救助家庭经济状况核查认定中心”（以下简称市核查认定中心）牌子，人员编制由10名增至25名，承担最低生活保障事务工作、开展救助家庭经济状况核查认定工作和信息系统建设管理工作三项业务，负责对全市核查认定工作进行统揽，筹建市级自上而下覆盖全市的核查系统。

2013年，市民政局联合市编办、市财政、市人社局下发《关于加强区县（自治县）最低生活保障工作能力建设的精神指导意见》（渝民发〔2013〕97号），各区（县）陆续成立专设核查认定中心。目前全市40个区县（自治县）最低生活保障管理事业单位都通过加挂或成立独立机构（渝北区）增加了救助家庭经济状况核查认定工作职责，可接受区县救助主管部门或乡镇（街道）人民政府委托，开展信息比对组织核查认定。23个区（县）增配编制，实际从业人员达到101人。同时全市所有乡镇（街道）均建立了救助家

庭经济状况核查工作站，并配专（兼）职核查员一名，辅助开展核查认定工作。

二、人才能力提升实为工作推进之基

重庆市各区（县）开展核查工作以来，坚持围绕系统建设、安全建设、政策培训、业务培训、技能培训、实际操作等方面开展核查培训工作，全市范围内区（县）级核查工作培训会由市核查认定中心负责统筹安排组织，并纳入市民政培训计划，经费由市财政予以保障；区（县）负责对辖内乡镇（街道）核查工作从业人员进行培训，按照对在职人员每年定期开展业务培训，按照新人逢进培训的工作思路，每年组织多次核查工作培训。经培训之后，新进核查工作人员要签订保密工作协议，并报市核查认定中心备案登记，即可开通使用市级核查系统账号。

三、工作机制建设确保规范化作业

2014 年，重庆市政府办公厅出台《关于印发重庆市社会救助家庭经济状况信息核查认定办法的通知》（渝府办发〔2014〕138 号），明确各部门工作职能职责及核对工作流程，全力确保社会救助事业健康发展；2015 年，市民政局出台《重庆市社会救助家庭经济信息核查认定工作规范（试行）》（渝民发〔2015〕93 号）对全市各级核查机构职责任务、工作流程、工作要求等做了进一步细化；2015 年，市民政局出台《关于做好社会救助家庭经济状况信息比对工作的通知》（渝民〔2015〕198 号），对各区（县）明确提出对新申请低保逢进必查，对在保对象定期复查，对其他社会救助对象视情比对的具体工作要求；2015 年，市民政局出台《关于加强民政信息系统数据采集、共享和安全有关工作的通知》（渝民〔2015〕221 号），建立了以市低保中心牵头负责全民政对外数据交换事宜的工作机制；2018 年，市救助家庭经济状况核查认定中心出台《关于加强全市核查工作能力建设的通知》（渝民核发〔2018〕1 号），提出加强基层核查工作能力建设方面的十条具体工作要求。同时，40 个区（县）全部建立了区（县）部门联动核查的工作机制，部分区（县）配套出台了核查认定工作办法。目前，重庆市正全力修订核查认定工作规范，不久将用新的工作规范匹配新的工作要求。

四、完善系统建设提升核查实效

重庆市核查系统于2013年3月启动招投标工作；2014年9月开始开发；2015年10月26日建设调试完毕进入试运行；2017年4月转入正式运行。2017年初启动基于行业标准及部2.0核对平台的系统改造建设，截至目前，已逐步实现了既定的3211平台搭建及核查系统开发，目前系统在实现无纸化办公方面表现良好，双因子登录、核查结果水印等手段加强了信息安全保障性。2018年5月新核查系统在江北、江津、渝北三个区的部分乡镇（街道）开展试运行，新系统建设的同时启动系统三级等级保护备案登记测评工作，现系统正致力于功能的完善，以及App功能等研发中。

2013年以来，先后有38个区（县）通过自建本级核查系统，在辖区范围内实现部门联动核查、入户调查，对市级核查系统中未能提供的数据进行补充核查。

五、推进数据共享提高对象识别能力

2015年10月以来，重庆市以线上核查为工作思路，陆续与市工商局、市公积金中心、市公安局、市高院、市地税局、市国土房管局、市卫计委等7部门签订了信息共享互查协议，实现了工商、公积金、车辆管理、婚姻登记、人口户籍、个人所得税、契税、法人税务、婚姻判决信息、房产信息10项信息的实时在线核查，卫计委人口数据信息正在调试接通过程中。

六、着力部省对接扩大核查范围

随着重庆市核查系统、核查流程及工作制度的不断完善，同时也是全市及兄弟省份跨省市核查救助家庭经济状况的实际工作需求，全市在依托民政部行业标准建设的新核查系统2018年下半年全面上线运行后，启动与民政部的对接工作，同时启动与云南省、湖北省等省份的点对点核查系统对接工作，不断探索跨省市核查工作新格局。

七、核查工作开展初见成效

2015年10月末，市级核查系统上线运行。据统计数据显示，2015年11月至2018年6月底，全市共发起42.72万余户93.08万余人市级核查系统信息核查。其中工商检出人数1.63万余人，检出率1.75%；车辆检出人数5.18万余人，检出率5.57%；公积金检出人数1.19万余人，检出率1.28%。

另据不完全统计，2015年11月至2018年6月，全市各级核查机构通过各级核查系统及线下手段，共核查新各类救助对象433.61万余户748.82万余人，取消在册各类救助对象9.55万余户15.66万余人，新申请不予保障3.66万余户7.59万余人。仅以低保一项救助工作为例，按2015—2018年度重庆市农村（城市）低保平均支出水平计算，通过开展核查工作，两年多来各级累计取消低保资格（含新申请）15万余人，估测节约财政资金约2.6亿元。

市级层面前期以月为单位到之后以季度为单位出台核查工作通报，对全市核查工作抽检情况、开展情况进行监督、表扬、指正和指导。目前共印发核查工作通报14期。

八、大力宣传核查保驾社会救助公平正义

2017年8月30日，市民政局在重庆市人民政府新闻办公厅举行全市社会救助家庭经济状况信息核查认定工作新闻发布会。通过市级主流媒体对我市核查认定工作开展情况及相关政策进行介绍，国务院新闻办、民政部、人民

网、新华网、中新网等30余家单位和媒体纷纷转载或报道。

此外，2017年，印制《重庆市社会救助家庭经济状况信息核查认定情况简介》、核查宣传品3.4万件，制作核查工作宣传视频，制作核查工作宣传专题网页，结合全市民政政策宣传月活动对核查认定工作进行宣传解读。2018年，以季度为单位开展进区（县）落地宣传活动，指导各区（县）进基层开展政策宣传，发放宣传资料5万余份，使核查业务工作的群众知晓率不断提高。

九、探索救助核查提升预测分析能力

重庆市依托核查数据的不断完善，不断创新核查工作新思路。市级层面，在打通与低保、特困、临时救助、医疗救助数据的同时，正致力于探索核查大数据对贫困人员的预测和分析能力。区级层面，以江津区为代表的区（县），着力于探索低保家庭收入核算办法，提高认定精准度；以垫江县为代表的部分区（县），着力于探索拓宽核查范围（银行金融等）对救助工作带来的新机遇和挑战；以綦江区为代表的部分区（县），探索为其他业务部门开展核查工作面临的新问题；以渝北区为代表的部分区（县），着力于探索总结利用核查手段指导救助工作开展等经验。

创新攻坚谋发展　完善机制促精准

四川省低收入家庭认定指导中心

“十三五”规划纲要明确要求“建立健全社会救助家庭经济状况核对机制，努力做到应救尽救、应退尽退”，这是对社会救助对象认定和核对工作提出的战略目标，也是对核对工作的新要求。四川省低收入家庭认定指导中心（以下简称省认定中心）自2015年开始启动居民家庭经济状况核对机制建设，核对工作从零开始、从无到有，经历了“初步创立”“突破攻坚”“全面推进”三个阶段，在核对机构设立与队伍培养、核对制度建设、核对系统开发、共享合作机制推进、标准化与理论研究等方面开新局、狠发力，努力坚持“四个创新”，谱写了四川核对工作的新篇章。

一、力争主动，踏出核对机制新历程

第一阶段（2014—2015年）：初步创立。完成省核对机构设置、人员培训、核对信息系统整体规划等。

第二阶段（2015—2016年）：突破攻坚。内部运行管理规范逐步建立，指导市县全面推进核对机制、平台、队伍建设，重点推进省核对信息系统建设，衔接省发改委、省财政厅、省政府办公厅电子政务处明确资金来源，完成省核对信息系统可研报告及立项。

第三阶段（2016年至今）：全面推进。完成核对信息系统项目初设及评审、财评、需求论证及公开招标。出台了《四川省居民家庭经济状况核对办法》，与省地税、省住建厅、省公积金中心签署共享协议，积极开展核对工作理论政策研究和标准化建设等。

二、多措并举，助推核对机制新发展

（一）加强领导，核对机构建设取得突破

省级层面，省认定中心于2014年3月经省编委批复成立，为公益一类事业单位，编制15个，内设综合部、信息核对部、技术和数据分析部三个部门。2017年5月，省民政厅明确省认定中心代行厅信息中心职能，在核对工作基础上负责全省“智慧民政”建设统筹规划、牵头协调指导“智慧民政”相关项目建设，负责全省民政系统信息化建设工作研究，提供决策咨询等。市级层面，目前全省已有19个市（州）成立市级核对机构，占全省市（州）总数的90.48%；县级层面，有36个县（市、区）成立了核对机构。省、市、县三级核对工作人员总数228人，部分市（州）、县（市、区）还通过购买社会组织服务开展入户调查服务，为核对工作队伍进行了良好的补充。

（二）建章立制，力促核对工作规范运行

四川省各级民政部门加快推进核对政策制定，确保核对工作规范开展。省民政厅于2018年3月联合省编办、省发改委等25个部门印发了《四川省居民家庭经济状况核对办法》（以下简称《核对办法》），《核对办法》对主管部门及核对机构职责、核对机制平台、核对内容、核对流程、相关部门职责等做了明确规定。近几年，全省各地结合民政部要求和本地核对业务发展需要，已有15个市（州）出台了核对办法、实施细则或操作规程，一些县（市、区）也细化出台了适用于本地区的核对工作流程等。乐山市还结合核对工作实际，制定了《乐山市经济状况核对保密制度》等。

（三）主动作为，加快核对信息系统建设

省认定中心整合资源，多方调研，强力推进省核对信息系统建设，于2018年12月底建成。省核对信息系统采用“集中建设、集中部署、统一管理”的总体思路，通过灵活设置涵盖省、市（州）和县（市、区）三级需求，实现“数据向上集中、服务向下延伸”，着力建设“四个一”。即“一个核对信息系统”，建立基于居民户籍状况、家庭财产、家庭收入、家庭支出的核对平台；“一个信息资源库”，在核对基础上建立民政信息资源库，整合纵

向到底民政资源和横向到边的多部门资源，进一步进行数据分析挖掘，服务于“精准扶贫、精准救助”；“一个数据共享中心”实现互联互通与数据交换，未来还将满足省民政厅“智慧民政”信息化需要；“一套核对标准体系”，建立一套相互协调、层次分明、构成合理的标准规范并贯彻实施，以支持各个平台和系统的合理建设和信息资源整合应用的长效运行。此外，还将开发核对移动应用服务，包括进度查询、业务办理、入户调查，基层工作人员可方便高效开展工作。

市（州）核对信息系统建设也在逐步铺开，成都、乐山等9个市级核对信息系统已建成并投入使用；巴中、攀枝花市正处于建设阶段；达州已完成招投标；3个市正在前期方案设计阶段。县级系统已建成或正在建设的有105个（部分市由市级统一建设核对信息系统，全面覆盖了市县两级核对机构）。其中，遂宁市建立全市统一的救助信息管理平台及核对平台，已实现“一门受理，协同办理”救助业务的网络审核审批，还有效整合经济困难老人、贫困母亲、失能家庭、困境儿童、残疾人员等福利帮扶政策资源，做到优化配置。达州市达川区在核对基础上，建立社会救助大平台系统，涵盖12个救助部门的39项救助事项，帮扶中心核对办通过建立信息核对机制，充分利用救助部门的相关政策，有效实施“精准救助”。

（四）整合资源，积极推进共享合作机制

各级民政部门充分利用社会救助联席会议制度，积极推进多部门共享机制建设。省级层面，省民政厅已和省公安厅、省银监局联合发文加快建立信息共享查询协作机制，与省住建厅、公积金管理中心、省地税局正式签署了协议，与省人社厅、省农村信用社、省总工会等单位的共享合作协议正在征求部门意见，与省工商局、省国土资源厅进行有效沟通。地方层面，部分市（州）、县（市、区）民政部门与相关部门实现了信息共享，共涉及公安、人社、住建等22个部门。其中70%的市（州）、县（市、区）实现了民政内部信息共享，乐山市通过市核对信息系统完成与10个部门14种数据交换对接工作；遂宁市核对平台内共汇集8个部门12类信息。雅安市到目前为止已经与10家银行签署了信息共享协议。此外，不少市（州）、县（市、区）还与

本级财政、残联、教育、司法、新农合等部门和机构实现了数据比对。

三、务实进取，初显核对机制新成果

四川省不断健全完善居民家庭经济状况核对机制建设，坚持“四个创新”：

政策创新。《核对办法》标志着四川省社会救助体系建设进入新的发展阶段，获得民政部低收入家庭认定指导中心的肯定，并在部中心网站上发表。已初步拟定《省居民家庭经济状况核对服务规范》和省市系统对接规范，正积极制定其他有关规范性文件。

标准创新。正在建设核对信息系统总体标准和网络通信、数据交换、信息资源、中间层、应用系统、信息安全与工程管理八大方面的标准，积极探索建立四川省核对标准化体系。

工作创新。乐山市核对工作成效获得部中心肯定，于2016年10月在全国核对信息系统培训会上作交流发言；遂宁市在2017年社会救助信息化培训班上作了题为“打造数字化平台　推动精细化救助”的发言，得到了民政部社会救助司领导的肯定；达州市达川区民政局荣获“2017年度社会救助领域优秀创新实践案例”提名，在2017年全国核对工作总结交流会暨社会救助创新论坛上就创新建立的社会救助大平台案例进行了经验交流，并参加“数字中国”建设峰会成果展览。

理论创新。《社会救助瞄准机制的思考》和《四川省阿坝州、甘孜州、凉山州民政地区社会救助信息化建设的探索与思考》两篇论文分别入选第四届、第五届中国社会救助研讨会会议论文集，中心在会上作了发言与交流探讨，获得了与会专家的一致肯定。

目前，四川省核对机制建设正进一步完善与拓展，市（州）、县（市、区）建成的核对平台已全面应用在最低生活保障、住房保障等社会救助审核审批过程中，大力提升了救助的准确性和时效性。据2015—2018年汇总数据统计，截至目前，全省低保累计受托核对1358.54万人次，累计核对检出不符合低保172.17万人次，检出率12.67%；全省住房保障累计受托核对127.02万人次，检出不符合住房保障21.46万人次，检出率16.9%；其他受托核对 43. 38 万人次，其中乐山市在 2018 年 5 月接受其他部门委托核对达 11 万人次，各地在开展低保、住房救助、医疗救助核对的同时，也为扶贫移民局、审计等其他部门提供服务。信息核对工作的逐步推进，将有力推动全省社会救助工作的科学化、规范化、精准化，为全面实现精准脱贫提供有力支撑。

贵州省核对工作发展情况

贵州省社会救助家庭经济状况核对中心

贵州省社会救助家庭经济状况核对中心（又称贵州省社会救助服务中心，以下简称社会救助服务中心）自 2011 年 12 月正式成立以来，围绕全省居民家庭经济状况核对机制，开展了一系列工作。目前，全省 9 个市（州）、两个直管县均搭建起纵向联通市、县民政部门，横向联通各相关部门（机构）救助申请家庭经济状况核对工作平台。市（州）社会救助家庭经济状况核对平台在城乡居民最低生活保障、脱贫攻坚战作出突出贡献。在充分调研的基础上，贵州省民政厅、省社会救助局按照“大平台、大数据、大系统”的信息化建设思路，于 2016 年将省级社会救助家庭经济核对系统的建设列为全省民政综合业务信息平台的重要内容。

一、健全完善核对制度机制，为救助申请家庭经济状况核对工作提供有力保障

围绕推动和发展社会救助工作，贵州省人民政府印发《关于进一步加强和改进最低生活保障工作的实施意见》、省民政厅制发《关于进一步加强和改进社会救助有关工作的通知》，分别提出“要完善救助申请家庭经济状况核对机制”和“加快救助申请家庭经济状况核对机制建设步伐”的要求。市、县两级结合实际，以政府和社会救助工作联席会议的名义制定出台具体的核对办法，明确核对相关部门的职责、核对申请委托、核对程序、核对结果的应用。在完善制度机制的同时，通过采取自建核对数据中心、托管服务器、依托政府信息中心建设等多种形式，全省 9 个市（州）、两个直管县均搭建起纵

向联通市、县民政部门，横向联通各相关部门（机构）救助申请家庭经济状况核对工作平台。

按照“大平台、大数据、大系统”的信息化建设思路，省民政厅、省社会救助局正在推进“贵州民政综合业务信息平台”建设，并将省级救助家庭经济状况核对系统列为该平台的重要建设内容。基于“云上贵州 App”开发了低保户定位、低保信息查询、公示监督等功能，该项目列入贵州省政府大数据应用典型示范项目。

二、加强核对工作队伍建设，培养出懂专业讲安全能应急业务精通的人才队伍

省社会救助服务中心成立初期，省编办下文明确为省民政厅所属正县级事业单位，财政全额预算管理，人员编制 5 人。2014 年省社会救助服务中心加挂省社会救助申请家庭经济状况核对中心牌子，增编 1 人，现有编制 6 人。进一步明确省社会救助中心工作职责，加强核对业务指导，全省各市（州）、县均成立了社会救助局，将救助申请家庭经济状况核对工作作为其重要业务。部分市（州）采取加挂牌子、增设科（股）室等方式，在市、县两级设立救助申请家庭核对工作机构。市区加强机构建设，落实工作人员，开展核对业务。省民政厅、省社会救助局重视提高核对工作人员业务素质，采取以会代训、分批组织核对工作人员参加全国核对业务学习，在全省建立起一支业务过硬能吃苦耐劳的队伍。

三、加强相关部门沟通协作，努力拓展核对信息精准提供高效快捷的比对数据

为认真贯彻落实《社会救助暂行办法》（国务院令第 649 号）和国务院《关于进一步加强和改进最低生活保障工作的意见》（国发〔2012〕45 号），加强建立跨部门、多层次、信息共享的社会救助申请家庭经济状况核对机制，不断推进社会救助工作的科学性，截至 2017 年，贵州省民政厅分别会同省工商局、省住建厅、省银监局、省公安厅联合制发了《贵州省社会救助家庭成员工商登记信息核对实施方案》（黔民发〔2017〕3 号）、《贵州省社会救助家

庭住房公积金、住房保障、住房买卖等信息核对实施方案的通知》（黔民发〔2017〕10 号）、《贵州省社会救助家庭存款等金融资产信息查询实施方案》（黔民发〔2017〕25 号）、《贵州省公安厅、贵州省民政厅关于信息共享快速查询的合作协议》（黔民办函〔2017〕91 号），对社会救助家庭成员工商登记信息、住房公积金、住房保障、住房买卖、金融资产、人口基本信息、户籍信息和车辆管理等信息核对工作的总体要求、对象范围、核对内容、核对程序、保障措施等内容作出具体规定。各地充分运用各有关部门信息资源，对救助申请家庭的房产、车辆、社保等信息进行比对，着力提高社会救助对象认定的科学性和精准性。目前，9 个市（州）均至少实现与 14 个部门（机构）16 项信息的比对。省民政厅会同省级 11 个部门联合制发《关于进一步加强基层社会救助部门协同的实施意见》（黔民发〔2017〕29 号），细化明确了国土资源、人力资源和社会保障、地税、国税、保监等部门应提供给民政部门的信息，为各地开展社会救助申请家庭经济状况核对工作提供制度依据。

四、社会救助申请家庭经济状况核对机制建设存在的困难

一是全省没有一体化核对信息系统。目前全省没有能够实现对市（州）核对系统工作统一管理，由于缺乏全省总体架构和技术方案，已经建成的核对系统在数据标准规范和信息核对流程上不能统一，难得实现全省核对信息流畅、交换，难以兼容，八仙过海各显神通，且容易造成信息泄露，从而给数据共享造成障碍。

二是核对人员能力还不能完全适应核对工作发展需要。市（州）核对机构建立时间较短，工作人员普遍年轻，缺乏专业背景和工作经验。核对业务政策性强，涉及部门较多，有一定技术含量，需要对工作人员提供系统的学习培训。从事这项工作的同志往往担负多项职责，给业务拓展带来困难。

三是实现部门间数据共享尚存在困难。社会救助申请家庭经济状况核对平台是跨部门核对信息系统，实现民政与涉及居民家庭经济状况的部门间相关信息的互联互通、数据共享、业务协同，才能准确核对居民家庭经济状况。目前，一些政府部门缺乏大数据思维，造成对数据共享的垄断现象，需要共同努力相互沟通协商。

多措并举　促精准核对

云南省居民家庭经济状况核对中心

云南省居民家庭经济状况核对中心主要职责是为居民家庭经济状况核对信息系统建设、管理和维护，跨区域居民家庭经济状况信息核对，低收入家庭认定指导，通过信息化渠道查询核对社会救助申请家庭的收入和财产以及支出情况。自 2014 年 7 月开展工作以来，以“数据精准”为宗旨、“互联网 + 核对”为手段、“标准建设”为保障全面提升核对业务水平助力脱贫攻坚工作、确保小康建设稳步推进。

一、全省核对架构基本成型，标准建设成果初显

2013 年 11 月 20 日，经中共云南省委机构编制办公室批准成立了云南省居民家庭经济状况核对中心（加挂云南省低收入家庭认定指导中心牌子，以下简称省核对中心），全省 16 个州（市）、129 个县（区）根据《云南省民政厅关于建立居民家庭经济状况核对机制有关工作的通知》（云民社救〔2013〕15 号）要求，均建立了居民家庭经济状况核对机制。目前，全省共有核对机构 151 家（事业单位独立法人 86 家、加挂牌 65 家），编制 536 个、工作人员总数 581 人（在编 447 人，非在编 96 人，购买服务 38 人），所有乡镇（街道）全部设立“一门受理、协同办理”窗口。

省核对中心承担实施的“云南省居民家庭经济状况核对服务标准化试点项目”第一阶段已通过专家终验。项目的实施对推进全省民政标准化工作，实现对全省居民家庭实际经济状况的总体把握具有极大的示范作用；对为政府部门提供公共服务、扶贫济困提供决策依据，实现公共服务的均等化，提

高政府在社会救助方面资金使用的合理性、公正性和公平性，建立和谐、稳定的经济社会发展环境等方面具有积极的成效。

同时“云南省居民家庭经济状况核对流程规范”“云南省居民家庭经济状况核对数据编码规范”和“云南省居民家庭经济状况核对基础代码集”等27项标准规范也通过专家终验。这些标准规范的编制弥补了云南省居民家庭经济状况核对工作标准方面的短板，为完善全省核对平台建设升级和做好核对服务等方面提供了标准化依据，有力地提升了全省核对工作精准水平，推进了全省民政标准化进程。

二、多部门信息共享查询，保障“精准核对”

目前，省核对中心已实现了与全国经济状况核对平台的联网调试准备，待签署全国居民家庭经济状况信息部省查询协议后就可开展部省信息核对业务。同时，省核对中心先后与省公安厅、省人力资源和社会保障厅、省住房和城乡建设厅、省工商行政管理局、省扶贫办、省残疾人联合会、昆明市住房公积金管理中心、昆明市房屋交易产权管理处签署协议，实现了数据共享，实现了多部门数据一站核对。

三、核对系统不断创新升级，“互联网＋核对”效果显著

根据民政部印发的《关于全面推进居民家庭经济状况核对信息系统建设的指导意见》（民发〔2014〕83号），省核对中心于2015年组织建设了云南省居民家庭经济状况核对平台（以下简称核对平台），2017年3月，项目通过最终验收并在全省上线使用。平台通过与救助系统的无缝对接，实现了云南省内救助、婚姻、公安、人社、住建、工商、残联、扶贫等多个部门信息一站核对，对新纳入保障的城乡低保救助对象实现“逢进必核”，对申请对象及其家庭成员的经济状况进行全面核对。是解决“居民家庭经济状况核对难”问题的重要工具，是确保城乡低保、医疗救助、住房保障、教育救助等民生政策精准落地的技术保障，是促进政府部门间政务信息开放共享，降低行政成本和群众办事成本的有效手段。

自核对平台2017年3月1日上线运行以来，截至2018年6月28日，平

台共受理实时核对委托 187.12 万份，核对 169.56 万份，受理人社、住建、扶贫办、残联、民政内部（优抚处、社会事务处、社会福利和慈善事业促进处）公积金管理中心等部门专项核对委托 16 批次，专项核对 22.85 万人次。目前，平台覆盖云南省 16 个州（市）、129 个县（市、区）及 1398 个乡镇（街道）的业务经办。满足共计 6000 个动态在线用户正常使用，平均访问量为 4271 次/日，数据库数据存储量为 270G，共计交换 1.69 亿条数据。

为及时解答各地使用“云南省居民家庭经济状况核对平台”和“云南省城乡社会救助信息系统”的疑惑，省核对中心增加专职运维服务人员至 3 人，在系统各功能中增加“温馨提示”“政策指导”“操作指引”共 47 个、增加操作流程指引图 8 张、录制操作视频 12 部、根据系统升级实时更新操作手册 17 次，升级了 2000 人满员的运维 QQ 群，增加了两部专用运维服务电话。根据运维记录统计，平均每周解答各类系统操作和业务办理问题 1120 个。同时，中心还开通了云南核对短信平台，可实时、高效地向全省各级核对机构工作人员发送提醒、通知、预警等各类信息。

四、创新移动核对 App，入户调查方便高效

平台配套的移动核对 App 是平台移动办公、政务宣传及对外交流的门户。打开 App 就能实时提交审核申请、查询业务状态、查看核对报告。首创的“移动入户调查”功能实现了调查信息随访随写，电子档案随拍随传，家庭经济状况一键查询。利用线上线下相结合、信息化核对和人工核对相补充的方式方便各级核对机构工作人员在进行入户调查和线下工作时使用，减轻基层一线核对人员工作负担的同时提高录入准确率。

此外，根据移动 App 使用频率高、互动性强的特点，除基本核对、查询等功能外还专门设立了“服务”专栏，用于对外发布要闻资讯、各级核对机构工作动态、通知公告及核对、救助、扶贫等领域的相关政策法规。“舆情监测”模块用于对各个网站、论坛中涉及“云南核对”“社会救助”等信息的消息进行监测，以便实时监控舆情，及时了解民意，对相关信息和问题及时作出反应。

五、助力脱贫攻坚，实现精准扶贫与社会救助融合对接

通过与扶贫办建档立卡贫困户的信息交流开展的扶贫专项核对业务及与救助信息残联数据的比对，对全省建档立卡贫困户中城乡低保对象、持证残疾人的人数、年龄及地区分布进行了详细全面的统计，为落实“低保政策兜底一批”精准施策提供了决策依据。同时通过对建档立卡贫困户家庭情况的全面核对，对全省建档立卡贫困户健康、住房、交通、教育等状况及深度贫困地区城乡低保覆盖率等指标进行了专项分析，个性化展示出每一户、每一个地区贫困户的家庭经济状况及贫困发生原因，为“四个一批”科学施策，精准扶贫、精准管理提供了切实可靠的依据，助力脱贫攻坚战役。

六、核对业务发展展望

（一）继续开展云南省居民家庭经济状况核对业务研究

加强居民家庭经济状况核对政策、方法和技术研究，扩展居民家庭经济状况核对适用场景，突出关键共性方法、现代机制、前沿技术创新，促进研究成果转化。为相关部门和领导提供政策制定和决策依据，提升居民家庭经济状况核对业务水平和能力。

（二）进一步优化系统功能，提升核对效率

为进一步提升云南省居民家庭经济状况核对平台的运行效率和安全性能，充分挖掘核对业务办理过程中积累的数据的价值，2017 年云南省居民家庭经济状况核对中心启动了云南省居民家庭经济状况核对平台升级扩容项目，结合云南全省的核对人员的配置和信息系统的运行情况在云南省居民家庭经济状况核对平台的基础上对核对业务的受理、请求、响应等进行有效优化。项目完成后将进一步提升平台运行效率和安全运行能力，包括对业务监控、监管、异常处理的能力、优化安全配置提升核对平台系统的整体安全能力。同时建立云南省居民家庭经济状况大数据核对平台，通过大数据平台的智能数据分析，分析制定全省统一的家庭人均收入测算量化指标体系，并出台易于操作的具体实施办法，对需要核查的收入类型、内容、统计方法及核查方式

作出明确规定，提高对申请家庭经济状况核查的准确性。

（三）加强宣传引导，营造良好舆论氛围

做好“云南核对门户网站”和“云南核对公众号”的运行维护工作和日常业务信息的收集、报道工作。加强核对政策、法律、法规宣传，特别是核对效益、效率、效果宣传，强化核对工作在提高政府公信力、节约财政资金上的作用，突显核对工作在服务社会政策中的支撑能力。

西藏核对工作在建立推进中实现新发展

西藏自治区申请救助居民家庭经济状况核对指导中心

2013年，在自治区党委政府、民政部的关心和大力支持下，于12月7日正式挂牌成立了西藏自治区申请救助居民家庭经济状况核对指导中心（以下简称自治区核对中心）。2013年7月西藏自治区机构编制委员会下达《关于设立西藏自治区申请救助居民家庭经济状况核对指导中心成立的批复》（藏机编发〔2013〕48号），自治区核对中心为自治区民政厅管理的正县级事业机构，编制10名，其中县级领导职数2个。

自治区核对中心组建成立后，通过“组建机构、制定配套政策、业务指导培训、全面开展核对工作”四个阶段，从建立健全核对机制，全面推开核对工作，到促进救助对象精准认定，西藏核对工作实现了从零开始、从无到有，核对工作步入新阶段实现新发展。

一、主要做法及成效

（一）组建机构、配齐人员，强化组织保障

为认真贯彻落实《社会救助暂行办法》（国务院令第649号），根据《国务院关于进一步加强和改进最低生活保障工作的意见》（国发〔2012〕45号）、《西藏自治区人民政府关于进一步加强和改进城乡居民最低生活保障工作的意见》（藏政发〔2013〕102号）及《西藏自治区人民政府贯彻落实〈社会救助暂行办法〉实施意见》（藏政发〔2014〕90号）精神，全面建立健全社会救助体系，实现社会救助工作规范运行，西藏自治区建立了政府领导、民政部门牵头、有关部门配合、社会力量参与的工作协调机制，自治区成立

了由分管副主席为召集人，财政、社保、教育、住建等24个相关单位组成的自治区社会救助联席会议工作领导小组制度。各地（市）、县（区）相继完善了社会救助联席会议制度，组建了社会救助联席会议工作领导小组。通过领导小组加强部门间的沟通协调，研究解决了申请救助居民家庭经济状况核对机构组建和工作推进中的重点难点问题，全区各地（市）、县（区）相继成立了申请救助居民家庭经济状况核对机构。截至2014年12月，全区7个地（市）、74个县（区）共成立了81个申请救助居民家庭经济状况核对中心，增加事业编179人，人员于2015年全部到位。实现了全区县级以上核对机构全覆盖，人员100%到位。

（二）出台政策、健全机制，完善支撑保障

为进一步健全、完善、规范申请救助居民家庭经济状况核对工作，保证社会救助制度公正实施，根据《社会救助暂行办法》（国务院令第649号）、民政部《城市低收入家庭认定办法》（民发〔2008〕156号）、《最低生活保障审核审批办法（试行）》（民发〔2012〕220号）和《西藏自治区人民政府关于进一步加强和改进城乡居民最低生活保障工作的意见》（藏政发〔2013〕102号）等相关法规和文件要求，结合西藏实际，自治区人民政府先后印发了《西藏自治区申请救助居民家庭经济状况核对（办法）》（藏政办发〔2014〕133号）、《关于进一步加强农村最低生活保障申请家庭经济状况核查工作的意见》（藏民发〔2016〕297号），《申请救助居民家庭经济状况核对工作流程》和保密等相关制度文件，对主管部门及核对机构职责、申请救助居民家庭经济状况核对范围、内容、流程、数据安全保密、相关部门职责等做了明确规定。全区7个地（市）、部分县（区）结合自治区要求和本地区核对业务发展需要，出台了核对办法实施细则和相关制度工作操作流程，为开展申请或已享受社会救助对象及家庭成员收入核查提供了政策依据，核对体制机制得到健全和完善。

（三）资金落实，培训到位，提升基础保障

为确保申请救助居民家庭经济状况核对工作规范有序开展，全自治区各级财政根据申请救助居民家庭经济状况核对工作开展情况、工作量等因素安排核对工作经费，纳入年度预算，逐年提高工作经费保障标准，核对工作开展的资金需求得到有效保障；自治区每年定期开展核对业务培训，组织基层核对人员参加自治区、地（市）开展的业务培训，培训中坚持以标准化建设为引领，突出流程化、科学化、规范化，确保申请居民家庭经济状况核对工作健康发展。

（四）积极推进、数据共享，提高工作质量和时效

充分发挥西藏自治区社会救助联席会议制度作用，多次召开联席会，加强部门协调机制，逐步拓展核对信息共享范围，并与相关部门沟通协调，按照先易后难的原则，谈成一家，共享一家，相继与公安、人社、住建、国税、工商、银监、保险、证券 8 家部门签订了申请救助居民家庭经济状况《数据交换和信息共享合作协议》。通过推进信息资源共享，极大地提升了开展申请救助居民家庭经济状况核对工作的时效性和精准度。

（五）严格程序、坚持标准，工作全面推进

目前，全自治区正在推进申请救助居民家庭经济状况核对信息平台建设。在信息平台建立前，为保障核对信息的完整真实性，我们严格按政策、按程序、按标准，采取手工核对申请或已享受社会救助对象及家庭成员的银行存款、住房信息、税务部门信息、有价证券等信息的办法开展核对工作。各级核对机构依托相关部门签订的核对信息共享协议和已搭建的西藏自治区公安厅专线（户籍、车辆信息）信息平台开展手工核对（核对机构采用介质方式，以电子表格加密形式将信息数据移送相关部门）。2014 年至 2018 年，城乡低保累计核对 370473 人次，其中不符合为 104863 人次，检出率 28%；纳入最低生活保障人数从 2014 年的 370473 人降至 2015 年的 362819 人（同比下降 2.06%），2016 年为 296828 人（同比下降 18.18%），2017 年为 259894 人（同比下降 12.44%）；截至 2018 年 7 月城乡低保人数为 228676 人。从以上数据对比不难看出，核对工作的开展，对促进社会救助精准化，实现公平、公正救助起到积极作用。

二、下一步努力的方向及主要措施

（一）建立完善精准认定社会救助对象顶层设计

深入贯彻《民政部贯彻落实〈中共中央　国务院关于打赢脱贫攻坚三年

行动的指导意见〉行动方案》（民发〔2018〕91 号）、《民政部　财政部　国务院扶贫办关于在脱贫攻坚三年行动中切实做好社会救助兜底保障工作的实施意见》（民发〔2018〕90 号）等相关文件精神，结合全自治区实际，完善《西藏自治区申请救助居民家庭经济状况核对办法（试行）》（藏政办发〔2014〕133 号），细化明确居民家庭经济状况收入核算范围和计算方式，在核算申请救助居民家庭经济收入时，将家庭成员残疾、因病因灾、患重病等增加的支出以及就业成本等刚性支出，按规定适当扣减。拓展社会救助对象范围，继续加强农村最低生活保障制度与扶贫开发政策有效衔接，进一步提升社会救助对象认定精准度，为更好开展社会救助兜底保障工作提供支持。

（二）主动作为，积极推进数据信息共享查询机制建设

我们将充分利用自治区、地（市）、县（区）三级社会救助联席会议制度，发挥部门职责，积极协调，进一步健全完善信息共享协调机制，争取更多部门支持，多部门联动，在 8 家部门已签订数据共享协议基础上，积极有效沟通自治区国土资源厅、财政厅、农牧厅、邮政储蓄银行等签订数据信息共享互查协议，实现民政部门与多部门数据共享共查，逐步建立信息共享查询协助机制，实现我区申请救助居民家庭经济状况核对工作在推进数据共享方面有突破。

（三）加快项目进度，尽快建成核对信息平台

在已编写《西藏自治区申请救助居民家庭经济状况核对信息平台建设方案》、建设项目需求分析、项目建议书、可行性研究报告、初步设计及概算报告资金预算等项目建设前期工作基础上，按照“整体规划、集中部署、分级使用、共同推进”建设要求，积极向自治区党委政府、自治区发展和改革委员会申请协调落实核对信息平台建设所需资金，力争在 2019 年年底前完成核对信息平台建设项目，并利用自治区正在推动政府政务服务便民信息平台和智慧城市建设契机，整合数据信息资源，建成一个数据资源库共享、一套核对标准体系，以标准规范化为导向，网络、软件系统技术、接口、业务流程、信息安全、管理等标准，形成西藏自治区申请救助居民家庭经济状况核对信息平台标准体系，实现信息化核查申请或已享受社会救助对象及家庭成员收入状况。

建设救助家庭经济状况信息核对的“一核两翼”

陕西省救助家庭核对服务中心

陕西省救助家庭核对服务中心（以下简称省核对中心）于2016年10月24日设立，是民政厅所属事业单位整合机构精简编制规范管理方案中唯一新设立的正处级公益一类事业单位。核定全额拨款事业编制21名。主要职责是：开展救助对象家庭经济状况核查、统计、分析等工作；承办全省救助家庭经济状况信息系统建设、管理、维护和信息查询工作。

省核对中心编制领导职数3个（一正两副），下设管理岗位12个，专业技术岗位6个。现在职干部职员15人，其中班子成员3人。核对中心主任1人（管理5级）、副主任2人（管理6级）、管理岗位7级职员2人、管理岗位9级职员4人、专业技术岗位9级职员1人，并于2017年通过陕西省直事业单位公开招聘招录人员5人。内设综合部、信息核对部、咨询指导部、研究协作部4个正科级部门。综合部主要负责日常管理协调、人事劳资、财务、党务政务、后勤保障、安全卫生等工作；信息核对部主要负责制定核对工作相关办法，规范工作流程，进行核对信息系统管理、维护，建设全省核对信息数据库，进行信息统计、分析、检测、检查工作，承办委托核对并出具核对报告；咨询指导部主要负责全省核对系统的业务指导、专业培训、经验交流及成果推广、接待来函来访、进行政策宣传、对核对结果异议进行复核、稽查处理等工作；研究协作部主要负责核对信息平台建设，进行部、省、市、县核对系统平台纵向对接和人社、住建、公安、卫计、工商、税务、扶贫、保险、工会、红十字会、残联、各商业银行以及民政系统的婚姻、殡葬、老龄、慈善等相关部门、单位、企业信息共享和横向对接，开展相关领域的合作交流、承接有关课题研究并出具研究报告。

为了践行“公正、精准、严谨、高效”的工作理念，省核对中心卓有成效地开展全省救助家庭经济状况核查、统计、分析工作，实现核对数据客观准确，核对信息互联互通，核对资源共用共享。从实施精准救助，提高“核贫”效率，完善救助机制的需要出发，努力建设全省救助家庭经济状况信息核对的“一核两翼”。

“一核”即构建全省救助家庭信息核对全流程一体化在线服务核心平台。该平台包括全流程业务处理模块、信息交换统计模块、核对分析服务模块与安全监控应急模块四个具体模块。

“两翼”中的一翼是：以制定和完善《信息核对操作规程》为基础，对救助申请对象进行收入、财产、支出等内容的信息核对，并从构建信息核对政策框架层面向制定核对程序性规定和核对实体性规定层面延伸。形成最低生活保障、住房保障、教育救助、医疗救助、就业援助、临时救助、特困人员救助、困难残疾人救助、老年照护救助、农村扶贫救助等十个项目的全方位救助核对与信息共享格局。

另一翼是：建设一支过硬的核对专业人才队伍。依托省、市两级核对机构，建设省、市、县（区）、街镇四级核对专业人才队伍。注重进行入职培训、岗前培训、系统培训、复训整训等多元化培训形式。完善职业资格评价、职业技能等级认定、专项职业能力考核等多元化人才培养评价方式。在社会管理、信息技术、数据统计、经济核算、法律及安全保障方面培养急需的专门人才，突出实际操作能力和解决关键技术难题的能力。实现专业操作流程模式化、操作程序标准化、核对方式信息化、核对表格科学化、终止核对人性化、信息处理安全化，以此为目标不断提高核对队伍业务素质及专业化水平。

部门联动　信息共享
努力实现社会救助对象精准认定

甘肃省居民家庭经济状况核对中心

根据国务院《社会救助暂行办法》和《甘肃省社会救助条例》的有关规定，2014 年 9 月甘肃省成立了“甘肃省居民家庭经济状况核对中心”（以下简称省核对中心）。核对中心成立近四年以来，始终坚持把经济核对工作作为准确认定社会救助对象的关键环节、社会救助体系建设的基础性工程，紧紧围绕“建立一个机构、落实一支队伍、建立一个中心、健全一个机制、打造一个平台”的“五个一”工作模式，科学谋划、高位推进，完善机制、规范流程，通过建立严密协作、高效运转、及时准确的核对工作体系，为实现“精准保障”提供有力支撑，确保城乡低保、医疗救助等社会保障制度的有效实施，推动全省民政事业科学健康发展。

一、主要成就

（一）居民家庭经济状况核对系统建设情况

2008 年，民政部、国家发改委等 11 部委联合下发的《城市低收入家庭认定办法》（民发〔2008〕156 号）中明确提出了要建立居民家庭经济状况核对机制的要求。2012 年 9 月，国务院印发《关于进一步加强和改进最低生活保障工作的意见》（国发〔2012〕45 号，以下简称《意见》），明确要求：“在强化救助部门入户调查、邻里走访、信函索证等调查手段基础上，加快建立跨部门、多层次、信息共享的救助申请家庭经济状况核对机制，健全完善工作机构和信息平台，确保最低生活保障等社会救助对象准确、高效、公正认定。”同时提出“到‘十二五’末，全国要基本建立救助申请家庭经济状况核对机制。”

为落实中央及民政部有关建立核对系统的要求，2016 年 9 月，甘肃省民政厅向省政府报送了《全省居民家庭经济状况核对信息平台建设方案》。在省政府领导的关心和支持下，通过省级党政机关电子政务建设专项资金划拨了 375 万元专项用于省核对平台建设。2016 年 10 月，省民政厅按照采购流程向省财政厅报送了《甘肃省居民家庭经济状况核对信息系统平台建设方案》，正式启动核对系统建设工作。

2017 年 3 月，省民政厅成立了以党组成员、巡视员郭华峰为组长的厅核对系统建设工作领导小组，同时向各市（州）、县（市、区）下发了《甘肃省居民家庭经济状况核对平台建设方案》。根据方案要求，省民政厅组织专人赴兰州、张掖、酒泉、嘉峪关、天水、陇南六个市（州）集中进行调研，确定了核对系统本地化开发的软件功能。2017 年 6 月，在系统本地化开发基本完成的基础上，省民政厅确定了兰州、张掖、酒泉、庆阳、陇南等作为核对系统试点地区，测试了系统的性能和操作性。2017 年 8 月，根据试点地区核对系统使用情况的反馈结果，省民政厅对系统功能进行了进一步修改和完善。2017 年 12 月 12 日，经省政府电子政务办及有关专家评估验收，核对系统正式建成。

（二）系统省部对接情况

为更好地做好全省居民家庭经济状况核对平台应用工作，进一步推动甘肃省核对体制建设，夯实全省核对数据内容，响应民政部低收入家庭认定指导中心关于全国核对一盘棋的布局，加强跨区域核对工作的准确性和权威性。2018 年 3 月，省民政厅向民政部低收入家庭认定指导中心上报了申请开展省部系统对接工作的请示；部中心宝力高处长一行来兰对全省系统部省对接工作进行了调研；2018 年 5 月，通过进一步开发核对系统功能、扩大系统数据库规模、增设专线等方式，甘肃省核对系统实现了与部中心数据库的实时共享。下一步工作中，省民政厅将通过部中心数据库共享全国婚姻登记、殡葬、证券、车辆等信息，进一步推动我省核对体制建设，夯实核对数据内容，增强跨省核对的准确性和权威性。

（三）核对业务开展情况

在核对系统建成之前，甘肃省通过积极协调有关部门运用 U 盘、光盘等介质手工拷贝数据进行核对，对已享受或申请享受救助政策的对象家庭是否有消费性车辆、是否有商品房、是否有出资企业、是否有财政供养人员等信息进行核查。2015—2016 年，甘肃省累计实现手工核对 100 余万人次，核出疑似不符合社会救助条件的 4.7 万余人（次），其中张掖市甘州区、酒泉市肃州区在“救助部门联席会议制度”的基础上，建立了每月至少召开一次由区政府分管领导牵头、各信息提供部门参与的核对部门联席会议制度。由政府牵头、各相关部门配合、核对机构经办、每月对新申请社会救助家庭进行居民家庭经济状况核对的联席会议机制，得到了部收入认定中心领导的充分认可。

同时，甘肃省积极探索建立了省、市、县三级逐级核对机制、与低保管理信息等民政内部信息无缝接入机制、与相关部门信息共享定期会商机制。核对系统建成之后，通过与省政府电子政务系统数据库进行内网连接，与建设银行甘肃省分行通过专线进行实时对接，实现包括工商、公安、税务、编办、建行等 7 个部门的 14 类数据的共享；极大丰富了全省救助对象信息核对的数据来源。2017 年 9 月，甘肃省核对系统累计核对低保救助对象 300 余万人次，核检出疑似不符合条件的对象 7 万余人次，为全省低保对象的精准认定和脱贫攻坚工作提供了很好的支持。

（四）政策创制情况

2013 年，甘肃省民政厅联合省发改委等 13 个部门印发了《甘肃省社会救助申请家庭经济状况核对办法（试行）》。该办法在指导推进全省核对机制建设方面发挥了重要作用，得到上级的充分肯定。随着核对工作的快速发展，特别是核对理论和实践的不断丰富，试行办法的一些内容已不适应核对业务新需求，增加、调整有关内容已迫在眉睫。我们以开展试点工作为契机，2016 年修订出台了新的核对办法，同时指导基层核对机构制定操作细则和配套举措，明确了核对职责、认定标准、核对流程、信息共享等具体事项，进一步规范了全省居民家庭经济状况核对工作。2017 年，省核对中心制定了《甘肃省居民家庭经济状况核对标准》和《甘肃省居民家庭经济状况核对工作管理规范》，从核对流程、信息保密、安全、档案管理等方面制定了全省统一的操作规范，供全省各级核对机构实际使用。

（五）理论研究情况

2015 年 10 月，民政部低收入家庭认定指导中心发布了世界银行贷款支持的“中国经济改革促进和能力加强”子项目（以下简称 TCC6 项目）“社会救助瞄准与居民家庭经济状况核对体系研究”的征询意向公告。民政部低收入家庭认定指导中心拟在西部、中部、东部各选取一个省份作为典型地区，开展核对信息化试点干预，最终甘肃省被确定为西部地区项目试点省份，与山东、湖南两个兄弟省份一同承担起了 TCC6 项目试点的重担。经过两年多的努力，2018 年，全省《社会救助瞄准与居民家庭经济状况核对体系研究报告》被部中心项目组作为 TCC6 项目成果，向全国推广。

（六）核对人员培训情况

全省自建立核对机构以来，始终坚持经常性开展学习，有计划地组织核对工作人员对政策理论和实践操作进行学习培训，系统学习了《社会救助暂行办法》《甘肃省社会救助条例》《甘肃省居民家庭经济状况核对办法》和《酒泉市居民家庭经济状况核对办法》等政策法规，每年固定组织各市、县核对机构工作人员参加省上组织的核对业务专项培训班 2—4 次，同时要求各市（州）将组织本地区基层工作人员培训工作列入年终考核任务，使基层经办人员开阔了眼界，拓宽了工作思路，加深了业务知识的理解和运用。

二、下一步工作计划

（一）夯实基础数据库

核对的基础数据库是核对系统的命脉，基础数据库中的数据越全，核对的结果越有效。下一步，省核对中心要把核对系统纳入全省智慧民政综合平台建设中，利用大数据、云计算等平台，提供强大的后台数据保障，推动各项信息基础设施建设及智慧政府、智慧民生等行业信息化应用，依靠一个有大数据能力的云计算承载，打造公共、开放的，以数据为中心的云计算服务平台，进一步整合资源，健全基础数据库。

（二）建立信息工作网络

不断加大科技投入，积极推进民政工作信息化、标准化、规范化建设，提高科技素质和信息化能力，将民政信息网络向街道（乡镇）、社区延伸，建立市、区、街道（乡镇）三级联网的集城乡低保、医疗救助、灾害救助等为一体的民政信息网络，充分运用数字化、科学化、现代化的管理手段，推广网上办公，提高工作效能。

（三）完善救助信息共享机制

在现有信息共享机制基础上，进一步探索核对与其他部门政务服务平台相结合，形成纵向贯通、部门横向互联的救助信息共享机制，为政策决策、数据查询和动态管理提供依据，统筹区域资源，从而有效提高对特殊困难群众的救助能力和水平，确保救助对象广覆盖、不遗漏、少重复。

（四）完善人才队伍培养机制

甘肃省核对队伍建设刚刚起步，虽然已经完成了机构全覆盖，但挂牌、兼职、人员借调等情况还普遍存在，有些地方领导重视程度不够，导致核对中心成了养老机构。下一步工作中，省核对中心将加大培训力度，通过大力培训，提高各地重视程度，加强人才队伍建设，希望通过努力能够建设起一支稳定、专业、高效的核对队伍。

（五）探索建立社会救助信用体系建设

甘肃省社会信用体系尚不健全，现金交易量大、隐性就业和隐性收入较为普遍，传统的入户调查、邻里访问和信函索证的估算办法，不能有效避免虚假收入和财产证明等问题，人情救助、关系救助等现象难以杜绝，成为影响社会救助制度发展的“瓶颈”。

抓规范　促精准　着力推进低收入居民家庭经济状况核对工作

青海省低收入居民家庭经济状况核对办公室

低收入居民家庭经济状况核对作为准确认定社会救助对象的关键环节，是推动社会救助工作规范化操作和科学化管理的重要手段，客观、准确核查和评估救助申请家庭经济状况，是确保最低生活保障制度公平、公正实施的关键环节，也是医疗救助、临时救助等社会救助工作开展的重要支撑。近年来，我国城乡居民收入及财产呈现多样化、复杂化趋势，传统的核对手段与方式难以全面、准确、及时地提供和反映救助申请家庭的经济状况，必须通过创新核对手段和办法，健全和规范核对流程，充分利用信息技术，建立完善救助申请家庭经济状况核对信息平台，实现救助家庭经济状况核对工作的科学化、专业化、精准化。近年来，青海省在民政部的关心和指导下，充分发挥省级组织领导、协调督查作用，将居民家庭经济状况核对工作列为当前和今后一段时间工作的重中之重，下大力气进行攻坚，取得了较好的成绩。

一、强化领导责任，明确任务分工

2013 年，省、市（州）、县（区）三级全部成立了政府主管领导为组长，民政、人社、住建、公安、工商、税务等部门的负责人为成员的核对工作领导小组或联席会议，形成了“政府主导、民政牵头、部门协作”的工作机制。为深入推进核对工作，省政府将核对工作开展情况纳入了各市（州）政府目标绩效考核内容之一并重点推进。2014 年省政府下发《关于贯彻落实社会救助暂行办法的实施意见》（青政〔2014〕59 号），在重点任务分工中明确核对工作任务、负责单位和时间进度。省民政厅分管领导多次带队协调与各部门数据对接事宜，同时，多次组织工作组深入各地，了解各地核对机制建设和核对工作开展情况，通过召开座谈会、现场办公等形式，详细了解掌握核对工作开展情况和存在的困难问题，并对下一步工作提出具体要求。截至2014年底，全省8个市（州）、46个县（市、区、行委）均已建立了居民家庭经济状况核对机制，成立了核对中心，落实编制172人，建制率达到100%。

二、规范工作流程，细化核对内容

始终坚持制度先行的原则，报请省政府先后下发了《青海省城乡低收入家庭认定实施办法（试行）》《关于建立低收入家庭经济状况核对机制的意见》《青海省申请救助家庭经济状况核对办法》，明确了核对的内容和方式，制定了核对流程，规定了办理时限和部门的职责，提出了工作目标和工作要求；并于2017年制定《青海省低收入居民家庭经济状况核对信息安全操作办法》《关于进一步规范全省低收入居民家庭经济状况核对工作的通知》，规范核对流程，清晰核对权责。

三、加强能力建设，提升核对水平

居民家庭经济状况核对是一项涉及救助申请家庭隐私和权益的工作，意义重大，工作繁重，对工作人员提出了更高、更新的要求。应始终把能力建设作为开展核对工作的基础，通过成立机构、落实人员、落实经费、开展培训等手段进一步强化基层工作能力。注重基层社会救助政策和相关法律法规知识培训，加强工作人员对救助政策和核对内容的理解，增强工作人员的法律意识和保密观念，2013年至今开展专项培训达十余次；同时，充分利用网络媒体、发放宣传册、村务政务公开栏、上门讲解等方式，加大核对工作的宣传力度，提高社会各界和基层群众对核对工作的认识和理解，为推进核对机制建设营造良好的社会氛围。事实证明，加快推进核对工作，必须夯实基层工作能力，确保有人干事，有能力干事。

四、推进信息化建设，提高工作效率

按照部核对中心制定的信息化核对平台交换信息数据标准规范，青海省省级统一核对信息化平台也于2015年12月全面上线启用，主要以电子比对交换为主，以入户调查、邻里访问等实地核实方式为辅，通过与各委办单位建立信息共享渠道，以申请人书面授权为前提，通过建立科学、规范、精细化审核等方式，有效解决困难居民收入核实难的问题，防止和杜绝“关系保”“人情保”“骗保”等现象，创新了居民家庭经济状况核对方式，给救助审批部门提供了有力的参考。截至目前，已与公积金、户籍、国土、地税、工商、车辆、银行等16家单位实现数据对接，对新申请救助家庭实现全部核对，已纳入救助对象及时通过开展核对实施动态管理，有效提高了对象认定准确性，促进了社会救助政策实施的公平、公正。

五、提升核对结果运用

精准认定救助对象是提升民政影响力的重要措施之一，也是开展居民家庭经济状况核对工作的根本目的，更是解决“错保、漏保、骗保”等问题的有效办法和推动社会救助工作规范化操作与科学化管理的重要手段。工作实践证明，只有有效地将核对结果运用到具体救助工作中，只有做到公正、公平、公开，才能达到各级党委政府和群众的双满意，才能更好地推动核对工作科学、有序发展。

在实际工作中，各县（区）民政部门提升核对的效果运用，将核对工作作为低保审核审批的重要环节，对新申请对象全部开展核对工作，已纳入的低保对象结合低保动态管理分阶段重新开展核对，通过强化家庭主体授权、审批部门委托、核对工作流程职责及信息保密安全等措施，准确核算和掌握申请人家庭收入和经济状况，重新进行审核审批。在开展信息比对的同时，对低保申请对象仍然采取入户调查、邻里访问以及信函索证等传统方式再次核查，确保申请对象信息准确，对新申请低保对象和已纳入低保对象全面核查，从而实现动态管理下的“应保尽保，应退尽退”。

通过开展居民家庭经济状况核对工作，不但提高了社会救助对象认定的准确性，培养了居民申请救助的诚信意识，也减少了动态管理中的纠纷和争议，有力促进了全省城乡低保等社会救助制度的公平、公正实施。为此省核对中心积极与青海省征信体系建设领导小组协调沟通，将申请救助人失信行为纳入征信体系，对失信行为依据不同等级给予相应惩戒措施。同时，《青海省申请救助家庭经济状况核对办法》中明确规定对于采取虚报、隐瞒、伪造等手段，骗取社会救助资金、物资或者服务的，将相关行政处罚情况记入有关部门的信用信息基础数据库和征信体系。青海省政府主要领导和分管领导都对全省推进核对工作，打造“阳光低保”作出了重要批示，给予了充分的肯定。

宁夏社会救助家庭经济状况核对机制建设探索研究

宁夏回族自治区社会救助家庭经济状况核对中心

国务院《社会救助暂行办法》颁布以来，宁夏各地认真贯彻落实，各级民政部门把核对机制建设作为当前救助工作的重点，向当地党委政府汇报，与编制部门沟通，积极争取将成立核对中心列为机构建设总体规划。2014 年 6 月 27 日，根据宁编办发〔2014〕16 号文件精神，宁夏社会救助家庭经济状况核对中心成立。2015 年 6 月，全区市、县（区）核对机构经编制部门发文实现了全覆盖，在全国较早实现了以省为单位的全覆盖，为核对事业健康发展打牢了组织基础。近年来，全区各级民政部门上下联动、大胆探索，宁夏社会救助家庭经济状况核对机制建设取得了突飞猛进的发展。

一、现状分析

（一）注重制度创制，为核对工作开展提供政策依据

2014 年 6 月，自治区核对中心成立后，经过对全区大部分市、县（区）的深入调研，在征求了自治区社会救助领导小组成员单位及部分基层民政工作者意见的基础上，召开座谈会拟定并反复修改，由自治区民政厅、法制局报请自治区人民政府办公厅出台《宁夏社会救助家庭经济状况核对办法》（以下简称《办法》）。《办法》明确了相关部门核对职能，为开展核对工作提供了政策依据。自治区编办民政厅共同发文《关于建立健全全区社会救助家庭经济状况核对工作机制等问题的通知》（宁编办发〔2014〕198 号），对各地成立核对机构、增加人员编制提出明确要求，自治区民政厅先后三次发文督办各地核对机构建设，《宁夏日报》《中国社会报》等新闻媒体在重要位置给予

了报道。在此基础上，自治区民政厅及时出台了《宁夏社会救助家庭经济状况核对实施细则》，制定了《宁夏社会救助家庭经济状况核对工作流程》，细化了核对办法，对委托授权、核对申请、核对内容、核对范围、核对标准、核对时段等各个环节进行了规范，使核对工作做到有章可循、有据可依。

（二）健全核对机构，形成上下贯通的核对运行机制

宁夏核对工作起步晚、经验少，各级民政部门积极主动向当地政府汇报，努力争取编制、财政等部门的支持，在核对机构成立、机构职责、机构人员配置等方面取得了显著成效。截至 2018 年 6 月底，全区 27 个市、县（区）经编制部门批准，全部挂牌成立了核对机构，增加或调剂了人员编制，核对机构实现了自治区全覆盖。比民政部要求的 2018 年年底全国县以上地区全部成立核对机构提前了半年，也是全国较早落实核对机构全覆盖的省份之一。根据不同市、县（区）编制的审批情况，采取两种运行模式：一种是在低保中心（救助中心）加挂同级社会救助家庭经济状况核对中心牌子，与低保中心（救助中心）一套人员两块牌子，如银川市、金凤区、西夏区、贺兰县、大武口区、惠农区、吴忠市、利通区、青铜峡市、同心县、红寺堡区、彭阳县、沙坡头区、海原县等 14 个核对机构均属此类模式；一种是独立运行模式，即单独挂牌，新增人员编制，全区有兴庆区（增编 4 人）、永宁县（增编 1 人）、灵武市（增编 2 人）、石嘴山市（增加副主任 1 人）、平罗县（增编 2 人）、盐池县（增编 2 人）、固原市（独立法人事业单位）、原州区（增编 5 人）、西吉县（增编 5 人）、隆德县（增编 3 人）、泾源县（增编 2 人）、中卫市（增编 2 人）、中宁县（增编 4 人）13 个核对机构均属此类模式。目前全自治区核对工作开展率达到了 100%，初步形成了部、省、市、县（区）上下贯通的核对工作运行机制。

（三）探索有效查询方法，实现多部门信息共享

开展社会救助家庭经济状况核对工作的核心是实现部门间信息资源共享。信息核对工作涉及领域广，牵涉部门多，工作任务复杂而艰巨。自治区核对中心超前谋划，大胆创新，把打通部门信息共享作为工作重点，克服不利因素，与核对业务相关部门加强联系，反复对接，积极探索出三种适合宁夏本

地的信息查询方法。一是与信息共享部门签订信息共享协议。目前自治区核对中心与自治区公安厅、宁夏银监局、自治区人力资源和社会保障厅 3 个部门签订了共享协议。二是与信息共享单位联合下发信息核查工作的文件。如与自治区工商行政管理局联合下发了《关于做好全区申请社会救助家庭进行开办企业和个体工商户核查工作的通知》(宁民发〔2015〕34 号)、与自治区住房和城乡建设厅联合下发了《关于做好信息共享快速查询工作的通知》(宁民发〔2015〕46 号)、与自治区林业厅联合下发了《关于做好全区社会救助家庭林地林木确权登记及收入等信息核查工作的通知》(宁民发〔2015〕68 号)。三是充分利用社会救助联席会议制度作平台，召开核对工作联席会议，制定核对联席会议制度，以函告形式积极沟通协调，大力推进与相关部门建立信息共享机制。如吴忠市和固原市的核对工作的开展主要借助联席会议制度这一平台。

(四) 搭乘“民政云”专车，快速建设核对信息系统

建设多部门间信息资源共享的核对信息系统，是有效开展社会救助家庭经济状况核对工作的抓手。根据总体规划，宁夏核对信息系统建设被列入“民政云”建设项目。为此，核对中心一面主动与自治区信建办联系对接，盯住项目进展相关情况，一面积极加强与厅办公室（信息中心）的协调对接，及时掌握项目建设进展情况，协助做好有关工作。同时，与住建、人社、银行等相关部门加强联系，掌握部门网络架设、数据对接等情况，为建设核对信息系统做好了前期准备工作。

(五) 各相关部门密切配合，核对成效初步显现

据 2018 年上半年全区核对工作统计数据显示，宁夏 27 个市、县（区）均已开展核对工作。除了证券、保险、地税（正在与该部门积极对接）尚未开始信息共享，与车管、银行、住建、公积金、人社、国税、工商、林业、农牧 9 个部门已经开始信息共享并取得了初步成效。截至 2015 年 6 月，全区城乡共有低保 346078 户 515464 人，已享受城市低保群众核对率 64.6%，已享受农村低保人群核对率 71.4%，总核对率 69.3%；上半年新申请低保总人数 42779 人，核对出不符合条件人数 3993 人，占新申请低保总人数的 9.3%。

二、一点思考

（一）低保信息应用系统与核对机制建设应该并驾齐驱，同时进行

当前信息化建设快速发展，大数据浪潮席卷全球，信息技术的应用能力是各国家、各领域、各行业凸显实力的第一要素。是否掌握准确的业务数据，是否借助信息化手段实现精细化管理，是否能够为人民提供方便快捷的服务，成为衡量一个部门业务能力、工作效率、为民意识的重要标志。核对工作发展到今天，政策体系基本健全，操作程序基本规范，工作机制基本建立，但服务管理方式相对还比较落后，很多还是靠手工化，尤其信息化手段还严重滞后，已经成为制约核对事业健康发展的瓶颈，成为我们整个核对工作不可忽视的短板。民政部社会救助司领导在宁夏社会救助家庭经济状况核对工作培训班上讲话时强调，一方面要推进低保信息化；一方面要快速发展核对工作。做好这两项工作具有以下几点意义：一是能够实现科学管理。网上受理申请、审核、审批、自动计算低保金等功能，能够与手工比对同步进行，并且可以部分取代手工操作。二是能够强化规范操作。严格按照现行低保政策实行按户施保、分类施保、补差发放，明确了申请、审核、审批的流程环节和具体岗位的职责，能在一定程度上避免政策实施的偏差和不规范操作的发生。三是提升精准程度。通过与核对系统的无缝对接，与户籍、车辆、住房、金融、税务、公积金等部门的数据交换与共享，可以实现对申请人家庭经济状况的信息比对，提升救助对象认定的精准度。四是有利于监督检查。能够有效防范重保、错保、人情保、关系保，每一步操作都在系统里留有痕迹，责任清楚，有据可查，可避免人工操作的误差和弄虚作假。五是方便统计分析。根据采集的基础信息，可以对救助对象类别、困难因素、救助程度等进行深入分析，为社会救助科学决策、改进管理、强化监管提供重要的依据，特别是核对机制建立之后将大大促进公众诚信意识，对社会主义诚信建设具有不可估量的作用。

（二）建议在人员编制不到位的市、县（区）成立督查小组，对核对工作的成效跟踪督查

宁夏尚有一半以上的市、县（区）是按照“一套人员两块牌子”运行模

式开展工作，低保审批与核对都是同一套人员操作，且不说工作量的问题，单核对数据的真实性就不能够令老百姓信服满意。因此，建议由市、县（区）政府办、纪委、财政、民政、审计等部门联合组成督查小组，对当地核对工作成效进行跟踪督查，以确保核对工作健康发展。

（三）对从事核对工作的具体操作人员进行业务、法律、职业道德等全方位培训，促使其综合素质能够胜任工作

为全面提高全区核对机构工作人员业务水平，宁夏今年举办了全区社会救助家庭经济状况核对业务培训班。来自全区各市、县（区）负责社会救助家庭经济状况核对工作的民政局分管领导和核对业务骨干50余人参加了培训，同时以协助民政部低收入家庭认定指导中心在银川举办全国市（县）核对机构负责人培训班为契机，对全区各市、县（区）主抓核对工作的负责人进行了培训，但还远远不能够适应核对事业发展对核对人才的要求。下一步，宁夏将对核对工作人员进行业务、法律、职业道德等全方位的整体培训，同时要求基层民政部门对新上岗的核对工作人员在上岗前与同级民政部门签署保密协议，用相应的保密制度来规范和约束工作人员行为。

瞄准信息核对　助力精准救助

新疆维吾尔自治区居民家庭经济状况核对中心

随着社会救助工作法制化、体系化、规范化发展以及现代信息技术的飞速发展，核对业务的开展为准确、高效、公正认定社会救助对象提供了有力支撑，已成为社会救助对象认定工作中一项重要的基础性安排。

近年来，自治区党委、人民政府高度重视社会救助及核对业务工作，为有效解决社会救助对象精准认定难题，提高社会救助工作的科学性、精确性，确保核对工作规范、高效运行，于2016年批准设立了自治区居民家庭经济状况核对机构。

一、加强机构建设，奠定工作基础

居民家庭经济状况核对专业性强、工作要求高，建立专门机构是核对工作开展的前提。为加强核对机构建设，自治区人民政府先后下发了《进一步加强和改进最低生活保障工作的意见》《关于建立居民家庭经济状况核对机制的通知》等文件，要求各地（市、州）根据核对工作需要，加快成立核对机构，落实工作人员及工作经费。并将核对机制建设纳入了社会救助工作绩效考核指标体系，强化对各地落实情况的考评。目前，自治区已全面启动核对工作。

二、加强制度建设，明确工作规范

（一）建立和完善部门协调机制

按照“政府主导、民政牵头、部门协作”的工作要求，建立和完善了自治区社会救助工作领导小组联席会议制度，明确了部门职责，定期召开协调会议，通报情况、分析问题、研究措施，促进了部门间的协调配合。

（二）制定了核对办法

为加强核对业务的政策指导，出台了《自治区居民家庭经济状况核对办法》。标志着自治区社会救助体系建设进入新的发展阶段，有利于社会救助管理的科学化、精细化、规范化，有利于社会救助对象的科学精准认定，有利于社会救助政策的公平公正实施。

（三）规范了核对流程

为确保核对工作规范、精准、有效开展，出台了《自治区居民家庭经济状况核对操作规程》。

（四）明确了隐私保护和纠错机制

在建立和完善各项核对工作制度时，始终明确和强调“先授权、后核对”的工作原则，注重建立和完善信息保护措施，确保居民家庭经济状况信息不外泄、不滥用。同时，对于有异议的核对结果也建立了相应的复核等纠错机制。

三、加强核对系统建设，搭建工作平台

按照“数据向上集中，服务向下延伸”的工作思路，自治区高度重视核对系统建设的统筹规划和整体推进，坚持顶层设计、制定科学合理的系统规划和网络结构、业务规程以及安全保密措施。自治区统一建设了一套集核对业务办理、基础服务管理、统计决策、监督预警四大模块，数据交换和应用支撑两大应用平台为一体的省级居民家庭经济状况核对系统。实现了与公安厅、财政厅、人社厅、农业厅、交通厅、农机局、国土资源厅、工商局、国税局、地税局、残联、总工会、扶贫办等14家社会救助成员单位的户籍、车辆、财政供养、农机、社会保险、税务、不动产、个体经营、股东、贫困家庭、残疾人等核对信息的互联互通和查询比对，并将核对信息系统的应用服务延伸到县级，各地（州、市）、县（市、区）通过客户端可以直接接入核对平台，不另行建设硬件平台即可核对相关信息。近期还将与住建厅、农村

信用社等部门签订信息共享协议，积极拓展信息查询比对范围。为提高社会救助工作效率和接受社会监督，还开发部署了社会救助移动 App 软件和微信公众平台，现已经上线。

县（市）低保工作人员在使用核对信息系统后，纷纷反馈："以前由于缺乏信息技术手段，加之低保对象数量多，基层民政力量薄弱，人工核查工作量大、取证难，造成无法开展大批量的核查工作。个别财政供养人员近亲属享受低保情况，审计部门都掌握了，而民政部门却没有掌握，工作经常陷入被动。核对信息系统的运行，为低保精准认定工作提供了强大的信息支撑和比对服务，通过核对信息的应用，填补了认定工作中的漏洞，也彻底打消了刻意骗取低保人员的侥幸心理，违规享受低保现象将得到有效遏制。"

四、加强核对业务培训，提升基层工作人员素质和能力

针对各地核对机构新、人员新、业务新，核对工作人员年轻化，没有核对专业背景和工作经验，不经过专业培训很难满足当前核对工作要求这一现状，2017—2018 年共举办核对业务工作培训 9 次，累计培训 1700 余人次。对 14 个地（州、市）、96 个县（市、区）的各级核对工作人员开展了核对系统使用管理、社会救助政策、核对政策、信息安全等方面业务培训。各地还结合核对信息系统的启用，通过专题讲座、集中授课、现场观摩、视频教学等方式对基层工作人员开展了业务培训。通过培训，增强了基层核对工作人员的核对业务能力、社会救助政策水平、提升了法律法规及信息安全意识，为核对工作顺利开展提供了一支人员稳定、业务精通的工作队伍。

五、聚集信息核对、服务精准救助

随着现代社会信息技术高速发展和救助工作信息化的迫切需求，核对与社会救助信息化的关联度越来越高，已经成为社会救助信息化的重要组成部分。近年来，自治区核对工作紧密结合救助认定、脱贫攻坚、低保专项治理等重点工作，按照"让群众少跑腿，数据多跑路"的工作要求，通过不断健全完善跨部门、多层次的信息共享机制，全区已全面启动居民家庭经济状况核对业务工作，有效推进了核对工作全面开展，大力提高了社会救助认定的

准确性，推进社会救助工作的公信力。

（一）结合脱贫攻坚开展精准认定

积极发挥自治区核对系统在实现低保和扶贫开发信息系统互联互通中的桥梁作用，不断提高低保对象、建档立卡贫困户识别认定的精准性和高效性。精准识别南疆四地州22个深度贫困县符合低保条件，无法通过自身劳动摆脱贫困的321759名贫困对象，并及时纳入农村低保兜底范围。

（二）结合低保专项治理，扎实开展低保复核工作

2017年自治区统一核对信息平台建成以来，全面运用信息核对平台，对全区城乡低保对象开展经济状况核对530万人次。累计清理违规享受低保131685人次。积极与财政部门的基层支付系统数据进行核对，查出各地低保空额75149个。2018年以来，积极与自治区公安厅、人社厅开展信息查询比对，在低保信息系统中共计筛查出身份信息错误人员73902名，从社会救助源头完善了实名制救助和精准认定，为救助工作的精准、规范实施提供了有效的信息保障。以喀什市为例：2018年5月16日，共计核查出死亡人员享受低保78人，财政供养对象享受低保的有57人。这样，有效推进了核对工作全面开展，为社会救助精准认定打下了坚实的基础。

（三）减少了动态管理中的纠纷和争议

动态管理是以往社会救助工作的难点之一。一些享受救助的人不愿主动退出救助范围，即使工作人员接到举报，也经常由于缺乏确凿证据，难以说服救助对象退出救助。核对机制的建立使救助部门可以从相关政府部门、机构获取信息，这些数据客观、真实，救助对象容易接受。从工作情况来看，凡经核对机制退出救助的对象，极少产生争议。以往受保障对象数量多、入户核查工作量大、取证难、监督管理不到位、缺乏信息核查手段等综合因素影响，造成一部分低保保障对象在家庭经济状况好转时，仍然隐瞒情况继续违规享受低保。如部分财政供养人员在就业前，家庭困难符合低保条件，而就业后，未及时申报退出；部分死亡人员家属也存在刻意隐瞒情况骗取低保情况；而拥有车辆和享受大型农机补贴的对象也往往通过隐瞒情况等方式骗取低保。核对信息系统的运用，使社会救助认定更精准、更公平，让救助资

金真正用在了刀刃上。

（四）培养了居民申请救助的诚信意识

核对机制的建立向社会传递出救助机关有能力全面查询申请人家庭经济状况的信息，这在无形中提高了人们诚信申请救助的意识。据统计，2017 年昌吉市和阿瓦提县对低保家庭进行了经济状况核对，不实申报检出率分别下降至 11% 和 20.4%，均较上年下降 35% 以上。

（五）积极挖掘核对大数据信息，为社会救助决策提供数据支撑

在完成各领域数据共享的基础上，我们加大了对核对过程中沉淀大数据的分析挖掘，更好地发挥在社会救助决策咨询服务方面的作用，为社会政策提供有力支持，逐步实现核对工作由支撑业务办理向业务管理和决策支持并重的方向转型。

青岛市居民家庭经济状况核对工作情况汇报

山东省青岛市居民家庭经济状况核对中心

党的十九大报告强调“增进民生福祉是发展的根本目的，必须多谋民生之利，多解民生之忧，在发展中补齐民生短板”。我国社会保障改革成就卓著，社会保障制度更加完善。但在落实社会保障中，居民家庭经济状况核查一直是社会救助工作的难点。以入户调查、邻里访问为主的传统核查手段已不能满足当前形势发展的需要，隐瞒财产、投机骗保等情况的出现，直接影响了社会救助的实施效果，损害了政府的公信力。

青岛市政府积极致力于推动大数据和电子政务建设，全市居民家庭经济状况核对机制的建立正来源于大数据思维，切实响应“互联网 + 政务服务”的政府工作号召。通过共享相关单位信息，对社会救助申请家庭的收入、财产等情况进行核查，综合评估其家庭经济状况，为政府决策提供支持，真正实现“让数据说话”。

一、核对工作开展情况

居民家庭经济状况核对工作开展以来，市民政局按照建立一个机制、出台一个办法、成立一个机构、搭建一个平台的总体思路，有力推动了我市核对机制的快速建设。

（一）机构建设稳步推进

青岛市居民家庭经济状况核对中心于 2014 年 10 月经市编办正式批复成立，为正处级全额拨款事业单位，核定编制 12 人。主要职责是承担全市居民家庭经济状况核对平台的建设、运营及维护；承担居民家庭经济状况相关数据的查询、核对、统计及分析等工作。在成立市级核对中心的基础上，指导各区市积极协调，争取主要领导支持，明确相应机构。截至目前，全市七区三市均已明确相应机构，成立比例达到了 100%。

（二）核对规范化建设不断增强

一是出台了核对工作相关政策文件。2014 年 9 月，市政府办公厅印发了《青岛市居民家庭经济状况核对办法》，对核对工作的内容、核对程序和各委办单位职责进行明确；2015 年 4 月，联合金融办、人民银行、银监局出台了《关于做好社会救助申请家庭金融资产状况核查比对工作的通知》，明确了金融资产核查的基本原则、查询的内容和方式；2015 年 6 月，出台了《青岛市最低生活保障家庭经济状况核对实施细则》，对核对对象范围、核对内容及认定方法、核对的程序、核对报告的使用等做了详细规定；2015 年 10 月，出台了《青岛市社会救助家庭金融资产信息核查操作规程》；2016 年 11 月出台了《青岛市居民家庭经济状况核对工作管理规范》，对核对的流程时限及相关审批流程进行了明确。二是建立了核对工作相关制度。先后规范了《中心职责、组织架构》《核对工作流程》《相关委办单位职责》《保密守则》《档案管理规定》《网络安全管理制度》等规章制度。三是健全完善保密制度。与各委办单位签署了《信息共享数据保密协议书》，与核对中心人员，软件开发工程师，区（市）、乡镇（街道）从事核对工作人员签订了保密协议书。从制度和机制上做好数据保密工作，确保信息安全。

（三）学习培训力度不断加大

为进一步提升核对工作标准化和规范化水平，市核对中心每年都组织各级核对机构负责人和相关工作人员外出考察，学习借鉴兄弟省市核对工作先进经验，同时定期开展核对业务专题培训，培训内容涵盖政策解读、业务规范、系统操作、数据安全等多个方面，特别是针对基层对核对报告中相关委办单位的政策了解不深入，掌握不透彻，使用中存在模糊认识的情况。在每次培训会上，市核对中心邀请部分委办单位专家对各项业务和涉及的数据项进行系统深入的解读，让基层核对工作人员对核对报告上每一项数据都有了清晰的认识，方便业务审批。

（四）信息共享单位不断拓展

截至目前，市核对系统已与民政、公安、人社、税务、工商、国土、公积金、残联等15个部门，25个数据项以及多家银行实现了信息共享。其中，与国土、公积金部门及银行建立了比对专线，与民政、公安、人社、国税、工商、卫计委、交通委7个部门实现了联网核查，与水利、残联、海洋与渔业3个部门实现了数据库全量轮询，与地税局通过文件加密、数据导入导出的形式实现信息共享，与市财政局、市编办建立了保障对象存量数据的定期查询机制，与上级民政部门对接实现了证券信息的定期查询。

（五）核对系统不断优化完善

市核对系统于2013年12月基本完成功能模块的开发工作，2014年1月开发完成，8月市南区进行试点；2015年3月，市核对中心组织了全市核对经办工作人员的业务培训，标志着核对系统正式在全市全面运行。其间，对核对信息系统进行了17次修改和完善，核对系统优化完善的过程中，对全市的社会救助业务平台进行同步改造，两个系统实现了有机、无缝衔接。同时，根据计划安排，2018年对核对系统进行全新的升级改造，新系统将依托全新的技术和平台，部省的建设标准进行开发，目前已完成需求调研工作，新系统上线后，将为核对工作提供更强大的功能、更严格的标准和更好的用户体验。

（六）核对业务有序扩展

核对工作开展以来，市核对中心及时跟进业务处室的政策调整，各类新增救助均已纳入核对，实现了申请社会救助的“逢进必核”。已经纳入核对的业务包括：城市低保、农村低保、五保家庭认定、复核；低保边缘家庭认定；中低收入家庭认定；临时救助资格认定；医疗救助认定（含：因病支出型贫困家庭、非青籍务工人员和非青籍高校学生）；李沧区困难老人入住公益性养老机构身份认定。

（七）日常工作扎实开展

2014年6月至2018年6月，市核对系统共完成市级核对批次347批次，区市级批次1834批次。核对总户次382669户次，690686人次，累计出具核对报告382669份，共检出疑似异常核对报告89763份，总检出率约为23.46%；最终未通过业务审批68102户，占总异常率的75.87%。通过以上数据表明，核对工作的开展扎实有效，疑似异常报告准确性较高，为业务审批工作提供了全面翔实的参考依据。

（八）大数据分析效能初步显现

随着核对业务的开展，市核对中心逐步完善了核对平台的统计分析功能，初步实现了各数据源贡献统计、异常审批情况监控、各区（市）未核对人员监控、核对量变化等多种统计分析功能。为业务处室提供银行存款数据及国土数据专项分析10次，为业务部门调整金融资产标准提供了有力的数据支持。今后将继续通过优化各类统计分析功能，深度挖掘核对数据资源，为更加科学合理地进行核对大数据研究提供支持。

二、核对工作取得成效

核对工作开展以来，青岛市居民家庭经济状况核对中心在市委、市政府及局党委的正确领导下，借鉴先进地市经验、立足本地实际扎实推进核对工作，取得了一定成效：

（一）为社会保障政策的制定提供了更为科学的依据

在核对过程中，通过各方面的信息综合核对能准确反映居民家庭的收入和财产状况，实施精准救助，使需要社会保障的人能够获得基本的生活保障，同时为政府制定社会保障政策提供准确的数据支持。

（二）有效减少了救助对象认定过程中的争议

传统的居民经济状况核对结果受技术手段制约，精准度不高，导致在救助对象的认定过程中易存在争议。进行居民家庭经济状况核对机制的建设，通过对核对方式的科学有效改革，实现与网络信息技术的有效结合，在核对过程中从相关部门获取与收入、财产认定相关的客观数据，提高了政府工作的效率和救助对象认定的准确性，为社会救助的精准实施奠定了基础。

（三）提高了社会救助的工作效率和质量

传统情况下，政府相关部门需要对申请低保的家庭经济情况进行详细调查，整个过程消耗大量的人力、物力、财力。而新的居民家庭情况核对机制主要通过网络技术和信息化手段加强政府部门之间的信息共享，建立居民家庭经济状况核对平台，通过现代化信息技术手段实现自动核对，可以避免工作人员进行烦琐的核查工作，快速掌握申请人的家庭经济情况，既提高了工作效率，又保障了救助质量，进一步提高了政府的公信力。

（四）社会、经济效益初步显现

通过开展居民家庭经济状况核对，一是提高了救助对象家庭经济状况认定的精准度和权威性，解决了传统手段核查内容不全面、隐性收入核查难的问题，确保了社会救助政策公平公正实施；二是通过信息化手段大大提高了审核审批的工作效率，解决了传统手段核查周期长、结果反馈慢的问题，大大降低了政府的运行成本；三是保证了救助资金的有效使用，把有限的资金用到真正贫困群体身上，提高了政府的公信力；四是增强了广大居民的诚信意识，有效减少了隐瞒收入财产、开具不实证明等现象发生，对整个社会诚信体系建设起到了推动作用。

宁波市居民家庭经济状况核对现状及探索

浙江省宁波市居民家庭经济状况信息中心

党的十六届三中全会以来，坚持以人为本，切实保障和改善民生成为党和政府治国理政的重要任务。随着经济社会的快速发展，社会保障和救助帮扶政策覆盖面越来越广，如何确保政府公共资源在社会保障和救助领域的公平公正，有效避免“错保”“漏保”“关系保”“人情保”等现象发生。为此，宁波市居民家庭经济状况核对中心（以下简称市核对中心）一直在探索建立一套社会救助对象认定科学有效、运行高效的管理机制，以及建设一张跨部门、多层次、信息共享的居民家庭经济状况核对服务网络。

一、居民家庭经济状况核对机制的建设实施

（一）加强核对机制建设的组织领导

宁波市鄞州区、慈溪市于2011年被列为全国第二批居民家庭经济状况核对工作试点地区，核对机制试点工作正式启动。2012年初，宁波市居民家庭经济状况核对机制建设被市委、市政府列入“三思三创”破解难题项目，并列入市政府年度社会救助工作目标管理考核内容，核对机制建设全面铺开。按照“四个一”工程建设目标，居民家庭经济状况核对机制建设涉及领域广、部门多、专业性强等特点，市委、市政府高度重视，成立了由市政府领导任组长的居民家庭经济状况核对工作领导小组，涉及部门32个，民政部门负责牵头，并设立了核对工作领导小组办公室，基本形成了“党委领导、政府主导、民政牵头、部门协同”的工作机制。2013年，全市实现对新申请低保、住房保障家庭的经济状况100%应用核对信息平台开展信息比对，对已享受低

保家庭的经济状况100%应用平台开展复核，“双百”工作目标已被宁波市政府列入对县（市、区）2013年社会救助工作目标管理考核内容。2014年至今，核对信息类别扩大至特困人员供养、医疗救助、社会扶助证、重度残疾人证、残疾人基本生活保障证等5类救助对象，使核对类别增加至7类，同时11个县（市、区）实现了居民家庭经济状况核对平台与社会救助管理平台100%对接。

（二）强化核对工作的制度支撑

按照“统筹规划、整合共享，分步实施、稳步推进，突出应用、强化服务，加大投入、规范管理”的总体建设要求，在鄞州区、慈溪市试点工作任务的基础上，为确保核对工作顺利推进，与人社、公安、住建、人行、保监、证监等相关部门和金融机构沟通协调，强化规划指导，着眼当地实际，分阶段确定发展目标明确部门职责、时间节点、落实分工及法律责任，制定了《宁波市居民家庭经济状况核对机制建设实施方案》和《宁波市居民家庭经济状况核对办法（试行）》等规范性文件，从而在制度上为开展居民家庭经济状况核对工作提供了政策保障和操作依据，保证核对工作的顺利开展。

（三）建立健全核对工作机构

进一步加强人力物力，突出制度建设，规范核对流程。市委编办专门落实编制，成立了宁波市居民经济状况信息中心；各县（市、区）相继成立核对中心，落实编制人员，并明确将工作经费纳入同级财政预算管理。同时，健全机构工作管理制度和保密守则，使核对工作适应信息化建设发展要求，满足社会群众需求。

（四）构筑跨部门信息共享核对平台

按照总体建设要求，坚持先易后难、逐步推进实施的原则，提出了“四个统一”，即统一规划规范，统一网络平台，统一技术标准，统一基础支撑，防止盲目铺摊子、建系统，影响市、县（市、区）、乡镇（街道）三级信息化网络作用的发挥。因此，在规划规范统一上，按照市统一部署和标准规范实施；在网络平台建设上，通过政府采购方式委托杭州思税网络有限公司开发居民家庭经济状况核对信息系统；在技术标准统一上，加强数据整合，与民政社会救助信息平台进行数据对接，规范操作规程，打造高度共享的综合信息平台；在基础支撑方面，加强流程整合，打破部门信息分割，确保信息建设完整统一。经过近几年的持续努力和推进，目前共整合民政（婚姻、殡葬）、人社（社保、就业）、公安（户籍、车辆）、住建委（公积金、房产）、工商（工商信息）、国税（涉税信息）、地税（涉税信息）、国土（土地信息）、海洋渔业（船舶信息）9 个部门 13 类信息资源，实现 24 小时数据采集、自动比对，在社会救助对象认定的准确性和公正性上发挥了传统工作不可替代的作用。

二、居民家庭经济状况核对平台的运行特点

（一）横向信息共享

当前市级平台集中整合了 9 个部门 13 类信息，实现数据通过前置服务器自动交换比对。市本级核对信息数据交换平台托管于发改委数据机房，同时，县（市、区）级平台也与本地横向部门建立了数据交换平台，实现一点采集，全系统共享。如宁波市居民家庭经济状况核对信息平台工作流程图所示（见图 1）。

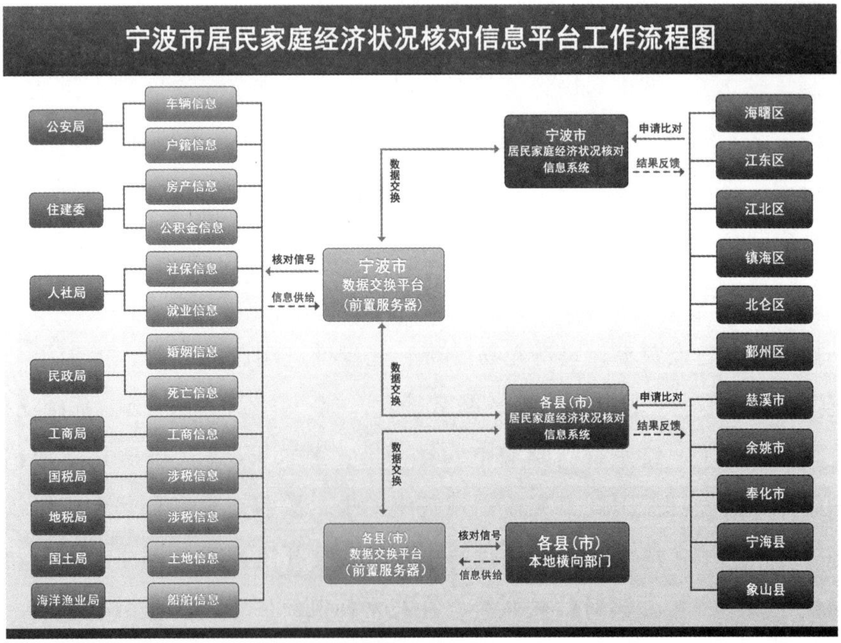

图 1

居民家庭申请的具体程序：居民家庭向乡镇街道提出申请，乡镇（街道）进行核查、录入并提交申请，县（市、区）民政部门接到申请，审核并委托核对中心核对，核对中心将信息提交、分流到市级平台或市县两级平台，比对信息按规定及时汇总，形成核对报告，再提交至县（市、区）专项社会救助部门，最后救助部门向申请的居民家庭反馈审批结果。如图 2 所示：

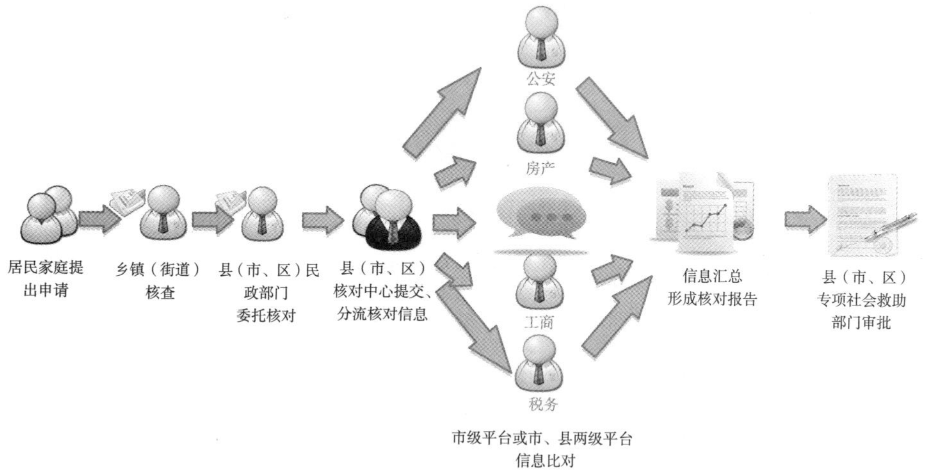

图 2

（二）纵向两级联动

市级核对平台作为中枢型平台，主要功能是整合部门资源，为县（市、区）级核对平台提供全市区域范围或市区范围内已经实现共享的相关信息，解决与居民家庭经济状况信息相关联的相关政府部门信息供给的问题，提高信息集约化程度和利用效率。县（市、区）级平台作为应用型平台，主要功能是各区平台与市级平台建立共享系统；各县（市、区）平台同时与市级平台、本区域部门建立信息的共享系统，开展信息比对操作。为落实纵向两级规范联动，制定了机构工作职责和工作制度，明确职责，理顺关系。如图 3 所示：

（三）信息风险控制

为保障信息安全，居民家庭经济状况核对信息系统主要从内部控制、权限控制、技术控制三方面综合控制风险。内部控制：只有在社会救助和住房

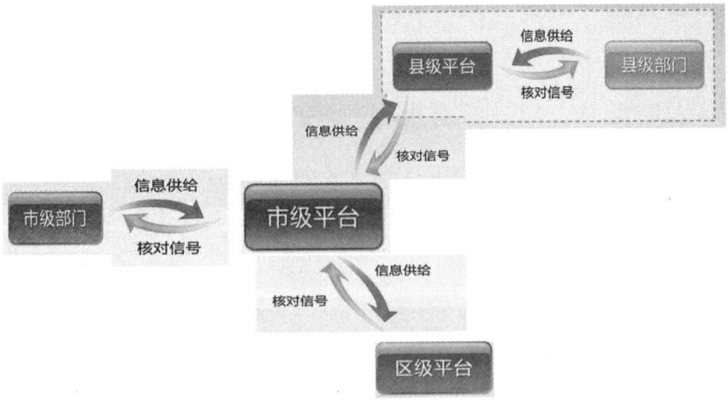

图 3

保障申请人承诺授权政府救助部门核查的前提下才能受理，各县（市）区层层签订保密协议，部门信息共享只针对申请家庭信息的提取与供给，从根本上确保信息安全。权限控制：系统中权限分配具有保密性和安全性，系统根据不同的角色，给予不同的权限。如市信息中心的权限是信息整合、平台维护、业务指导、动态监控，但无法录入、修改、删除信息。技术控制：通过用户名、密码和 USBKey 验证才能登录系统。如图 4 所示：

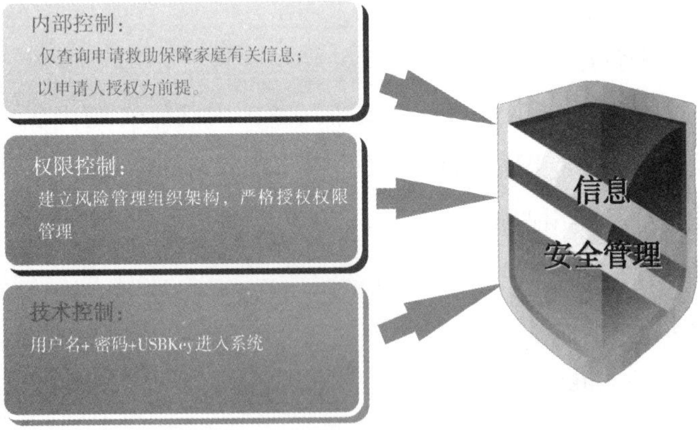

图 4

厦门市深入探索居民家庭经济状况核对工作

福建省厦门市居民家庭经济状况核对中心

居民家庭经济状况核对作为准确认定社会救助对象的关键环节，是社会救助体系建设的基础工程，也是推进社会救助工作规范化和管理科学化的重要手段。厦门市深入剖析困难群众认定难点，建立了“数据全、流程优、群众便”的核对工作模式，提升了社会救助对象认定准确性和困难群众的获得感。

一、持续推进信息共享，对接数据全面

（一）建立核对机制，政府各部门协同推进

数据就是核对工作的“生命线”。厦门市印发了《厦门市社会救助联席会议办公室关于调整市社会救助联席会议成员单位的通知》（厦救办〔2013〕1号）、《厦门市人民政府关于印发厦门市申请救助居民家庭经济状况核对办法的通知》（厦府〔2013〕251号），形成“政府主导、民政牵头、部门协作”的核对工作机制。定期召开协商会，分析问题、研究措施。每年在全市民政工作会议上通报居民家庭经济状况信息共享情况，促进部门间的协调配合。同时借力社会救助专项审计，进一步推动落实核对办法，促进信息共享。2014年厦门市居民家庭经济状况核对信息平台接入了6个部门的13类信息，其中自动比对的有：婚姻、殡葬、车辆、户籍、在职、养老退休、失业、个体经营等信息，半自动比对的有：个人所得税信息。2015年新增11类数据。其中自动比对的有：暂住证、医疗保险、医疗困难补助、公积金缴存与提取、贷款、低保、医疗救助等信息；半自动比对的有：房产登记信息。

（二）多方协调，形成金融资产核对合力

一是对接20家银行，实现存款等金融资产信息核对。在调研中了解到法院与各金融机构建立了查控专网，各金融机构设置了查控专员负责存款等金融资产的查询及冻结工作。经与厦门市中级人民法院、中国人民银行厦门市中心支行、中国银行业监督管理委员会厦门监管局协调，联合印发了《关于做好申请社会救助居民存款等金融资产信息核对工作的通知》（厦民〔2015〕101号），明确由厦门市民政局在查控专网上独立部署存款等金融资产信息核查系统，由查控专员负责配合查询、反馈存款等金融资产信息。利用法院查控专网，厦门市核对平台较快地实现了对存款等金融资产信息的核对，其中交通银行、兴业银行、民生银行、农商银行、光大银行等7家银行采取TXT文档传输、Webservice查询接口形式自动对接，中国银行、农业银行、平安银行、邮储银行等13家银行采取Excel表格批量导入的半自动查询方式。厦门市核对中心每周向各银行业金融机构发送两个批次查询名单，各银行在3个工作日内反馈查询结果。

二是因地制宜核对证券信息。通过厦门证监局协调，对厦门市门店多、客户量大的3家证券公司进行实地调研，最终确定由能够实现证券开户信息批量查询的本土证券公司长城国瑞证券有限公司，通过邮件收发电子邮件表格形式配合开展核对工作。厦门市核对中心每周通过邮件向该公司发送查询名单，该公司在业务系统批量查询开户情况后，通过邮件反馈查询结果，厦门市核对中心接收结果后导入核对平台。有证券开户信息的社会救助申请人自行提供证券账户的资金流水。

三是将支出纳入居民家庭经济状况核对范围。2017年修订《厦门市低收入家庭认定实施办法》（厦府办〔2017〕198号），将因病、因学自负费用纳入居民家庭经济状况核对范围，在核算工资性收入时扣除最低工资标准的30%的就业成本。核对平台对接了市医保局的医疗保险、门诊等支出信息。家庭收入扣除因病、因学支出及必要的就业成本后，低于低保、低收入家庭认定标准，且其他方面符合规定条件的，给予纳入低保或者低收入家庭认定。

二、前置基本信息核对，优化核对流程

厦门市核对平台于 2014 年投入使用，实行街（镇）、区、市三级审核审批。街镇审核申请人书面授权材料后录入核对平台，区核对机构对授权材料进一步进行规范性审查后提交市核对中心，市核对中心发起核对并向街（镇）出具核对报告。在这个一般流程里，经常会出现需要新增或者删减核对对象的情况。

2015 年核对平台审核审批流程进行优化。街（镇）录入申请人信息后，立即发起户籍、人口迁移、殡葬、婚姻等人口基本信息核对，挖掘是否瞒报高收入、高资产家庭成员，避免核对不存在家庭关系的人员，或者死亡人员。通过人口基本信息核对，街（镇）更准确地核实申请人家庭成员基本情况后，再逐级提交核对经济状况。通过流程的优化，减少了核对结束后重新发起核对的工作量，避免了困难群众因申报不准确而延长申请救助时间的事情发生。

三、健全数据共享机制，方便群众享受救助

经过多轮的居民家庭经济状况核对，厦门市民政局建立了健全、精准的特困、低保、低收入家庭名单，并定期向各部门共享，协调各社会救助部门取消困难群众证明。一是取消社会救助不必要的证明。目前厦门市核对平台已经对接了 24 类信息，并与 20 家银行建立了核对专线。凡是核对平台能够核对的信息，困难群众申请特困、低保、低收入家庭认定不再需要提交相关证明。二是取消困难学生证明。厦门市民政局、厦门市教育局等部门联合印发了《关于进一步加强和完善学生资助工作及资金管理办法有关事项的通知》（厦教办〔2017〕61 号），通过学生名册与困难群众名单的比对，对属于特困、低保、低收入家庭的学生由教育部门直接给予资助，不需要学生个人提出申请，有效提高了困难学生救助覆盖率，较好地保护了困难学生的隐私。三是实现医疗救助“一站式”结算全覆盖。通过困难群众名单与医保信息的比对，瞄准没有参加医保的困难群众落实资助参加医保。厦门市医保局接收困难群众名单后直接纳入医疗救助范围，缓解了困难群众先自付医疗费就医

的困难。四是取消其他不必要的困难证明。向住房保障部门、公房管理部门共享困难群众名单，困难群众可以直接参与保障房分配，或者享受房屋租赁补贴。

大连市核对工作发展报告

辽宁省大连市居民经济状况核对中心

一、大连市核对工作五年发展综述

（一）完成市级核对中心组建

随着社会保障制度由“补缺型”向“适度普惠型”转变，社会保障的项目和涉及群体正在不断扩容。为做好社会救助工作，准确识别救助对象，进一步推动大连市生活救助、医疗救助、教育救助、住房救助等各项民生政策的有效落实，根据民政部等11部委联合制定的《城市低收入家庭认定办法》的相关规定，2012年8月，经大连市编委批准，大连市居民经济状况核对中心（以下简称大连市核对中心）正式成立，为大连市民政局所属正处级事业单位。

（二）不断壮大核对机构队伍

五年来，大连市核对中心在完善自身队伍建设的同时，持续加快推进基层核对机构建设步伐。自2012年12月12日大连市首个区（县）级核对机构沙河口区核对中心正式挂牌成立起，大连市利用两年半的时间完成了全市核对工作机构布局，下辖的11个行政区（市、县）全部成立了居民经济状况核对中心，核对机构工作人员增至107人，机构建设日臻完善，核对业务全面铺开。同时，大连市核对中心构建了市、区（市、县）、街道（乡镇）三级核对模式，形成了核对工作“街道受理、区级核对、市级终审”的上下联动体系，加大了核对工作纵向覆盖力度，不断推进和完善大连市核对工作系统化、标准化、规范化发展。

（三）逐步健全核对法规体系

2013 年 9 月 9 日，《大连市居民经济状况核对办法》（大政办发〔2013〕48 号，以下简称《办法》）正式施行。《办法》明确了大连市核对工作的依据、范围、内容及方式，确立了核对流程，规范了核对程序，为大连市核对工作的顺利开展提供了政策依据。依托《办法》，大连市陆续制定出台了相关救助核对项目的实施细则，并制定了保密制度、信息安全、档案管理、人员培训、调查核实等方面的规章制度 10 余份，涵盖业务管理、核对流程、监督管理等各个层面，建立健全了科学严谨、结构合理的核对政策体系。

（四）顺利完成核对平台建设

建立核对信息平台，通过信息化手段实现申请救助家庭的经济状况核对，是居民经济状况核对体系建设的重要工作。2013 年，大连市核对中心采取市级统一开发，市、县级统一使用的模式，以民政部《低收入家庭经济状况核对交换信息数据标准》为依据，自主设计开发了大连市居民经济状况核对信息系统平台，该平台于 2014 年 4 月正式上线运行，全市各区（市、县）核对中心均可通过市级平台开展信息化核对业务。该系统平台的正式上线运行，标志着大连市居民经济状况核对工作在全省率先迈入了信息化核对的新阶段。由于前瞻性地采用了民政部信息系统数据标准，该系统后期可以很方便地实现与省、部系统进行互联共通。

（五）健全核对工作协调机制

加强政府各部门间的协作是核对工作推进的重点也是难点。为突破协调瓶颈，聚合发展合力，大连市立足实际，在原有最低生活保障工作领导小组基础上，进一步扩充成员、补充职能、明确分工，成立了由市政府相关领导任组长，34 个政府部门及相关机构组成的困难群众救助帮扶工作领导小组，定期召开联席会议，以整合资源为抓手促进社会救助帮扶水平整体提升。在领导小组的促进下，掣肘经济状况核对工作发展的信息共享难、部门协调难问题得到了有效解决。

二、大连市核对工作发展现状及成果

（一）核对工作规范化水平逐步提升

随着核对工作的深入开展，程序不规范、责任不明确、概念认识不清晰等问题逐步凸显，大连市核对中心敏锐识别风险，确立了“建规则、立规矩、抓规范”的工作思路，编制工作规划，在核对政策法规、人员岗位职责配置、人员培训管理考核、核对信息化建设、大数据分析等方面进行规范管理和创新提升，经过近年来的不懈努力，全市核对工作机制建设进一步完善，核对政策法规体系进一步健全，核对人员岗位职责进一步优化，逐步构建起了部门协同、职责明确、多级联动、上下贯通、资源共享的核对工作格局，核对工作水平全面提升。

（二）部门信息共享资源快速扩充

大连市核对中心成立以来始终致力于核对信息数据源的增点扩面，特别是2017年以贯彻落实党中央、国务院关于加强大连市与上海市对口合作的决策部署为契机，转变工作思路，全力推进核对工作信息化建设，仅一年时间就使全市核对信息增速扩容工作进入快车道。目前，大连市核对中心已经与民政、公安、国土、海洋渔业、工商、税务、住房公积金、残联、保险行业协会等9个市级部门及部分银行业金融机构实现了信息共享，通过网络专线交换等方式获取核对数据，社会救助家庭经济状况信息展现得更加全面、翔实和立体，有助于提升社会救助对象瞄准、认定水平。

（三）核对工作成效日益显现

一是为全市精准救助提供了数据支撑。自大连市核对中心成立以来，随着核对工作水平的提高，核对信息内容的不断拓展，核对信息平台的核查和震慑作用得到了充分发挥。五年来，大连市核对中心组织全市核对机构开展了最低生活保障、公租房、经济适用房、工会困难职工、残疾人“两项补贴”等社会救助项目的核对任务共计290个，累计核对新申请及在保人员90.3万人次，经测算，节省财政救助资金达到2.85亿元。核对工作的开展为全市精准救助，精准扶贫工作提供了有力的数据支撑，也为科学、准确认定社会救助对象奠定了坚实的基础。

二是培训管理水平进一步提升。五年来，大连市核对中心高度重视人才培训工作，紧紧抓住大连市核对干部队伍“学历高、年轻化”这一特点，合理制订培训方案，科学开发培训课程，培养出一大批综合素质高、业务能力强的优秀核对干部，为大连市核对事业发展夯实了人才储备。截至2017年年底，市核对中心共举办全市核对机构工作人员业务能力及综合素质培训32次，累计参训人数达2400余人。

三是基层核对能力建设进一步加强。五年来，大连市基层核对能力建设逐步提高，核对业务不断拓新。区（市、县）核对机构目前可独立开展低保、公租房核对及法律援助核对等业务。同时，为适应基层核对机构发展建设需要，掌握各地区核对工作发展水平，大连市核对中心创办了《大连市核对机构机制建设情况专报》，为制定我市核对工作发展政策、把握核对工作发展方向提供重要参考。

四是核对业务监管体系不断完善。5年来，为加强大连市基层核对机构的制度建设、业务建设、队伍建设及能力建设，强化核对环节及阶段的监督和管理，大连市核对中心建立了业务风险排查机制，特别是在制度保障、组织保障、工作保障、档案管理、电子数据管理、软硬件设备安全管理等方面对基层核对机构逐一检查、考核。业务风险排查机制能够及时纠正和处理核对工作中可能存在的各类违规行为，保证核对工作依法依规开展。

五是核对文化建设蓬勃发展。五年来，大连市核对中心始终坚持以文化建设为重要抓手，以人为本，全面提升员工综合素质。设计中心标识、创作经核之歌、确立质量方针、创办内部刊物、开展读书活动、举办经核讲坛、进行拓展训练、举办书画摄影展……凡此种种，无一不浸透了全体员工的智慧和汗水。大连市核对机构从无到有、由小变大，员工从青涩稚嫩变得稳重成熟。5年来，全体员工牢固树立“认真做好每一件事”的核心价值观，好学之风日渐浓厚，责任担当意识日渐增强，“细节意识”“团队精神”以及“高效执行力”也已经被全体员工转化为自觉的工作“新常态”，在各自岗位上创造辉煌的价值。

创新篇

精准核查认定　打造阳光低保

河北省邢台市沙河市低保核查中心

城乡低保工作是维护困难群众的生存权、体现党和政府温暖的民心工程，涉及人员广、影响面大、政策性强、群众关注度高。它既是一件利国利民的好事，又是一件难事，能否做好直接关系到党和政府的形象，所以必须认真贯彻、落实好低保工作。沙河市现有低保对象 8560 户、12472 人，其中城市居民最低生活保障对象 899 户、1370 人；农村居民最低生活保障对象 7661 户、11102 人。为从根本上破解低保对象信息“获取难”“核实难”问题，沙河市低保核查中心通过加强自身建设，协调多方力量，对信息比对工作进行积极探索。

一、领导重视是前提

信息比对工作是提高城乡低保工作水平的关键，如何科学推动该项工作，需要各级领导的重视和大力推动。为此，沙河市成立了专门的领导小组，领导小组由市委常委、市政府常务副市长担任组长，市政府主管民政工作的副市长担任副组长，市政府办公室副主任和市民政局、监察局、财政局、住建局、人社局、工商局、公安局、交警大队、住房公积金管理中心、工信局、统计局、审计局行政的一把手为成员的城乡低保信息比对联查机制领导小组，领导小组下设办公室，办公室设在民政局。领导小组定期或不定期召开联席会议，通报工作情况、研究工作措施、协调解决相关问题，确保联查机制真正发挥作用。联席会议由联查领导小组组长或副组长牵头召集。在各级领导和上级民政部门的关心帮助下，2012 年在行政办公中心开展对城市低保新增对象的信息比对；2013 年 6 月筹建沙河市低保核查中心，经市编办批准为沙河市民政局直属事业单位，共分为3个核查小组对城乡低保进行全员信息比对的核查中心。

二、科学合理的机制建设是关键

在全国各地加快探索建立家庭收入核对机制和信息系统的形势下，沙河市于2012年6月21日启动城乡低保信息比对联查机制，市政府办公室出台了《关于实施城乡低保信息比对联查机制的通知》（办字〔2012〕61号）。为进一步公正、公平地落实城乡低保政策，在全省信息比对平台尚未建立的情况下，沙河市依托政府的积极协调，自行构建了涵盖财政局、住建局、人社局、工商局、交警大队、住房公积金管理中心6个部门的人工信息比对平台，建立起“政府主导、民政牵头、部门配合”的部门协调比对机制。沙河市低保核查中心前后抽调精干人员13名，成立了3个核查小组，对全市13个乡镇和9个低保单位进行分包管理，每名工作人员都要详细掌握所分包的乡镇和低保单位的城乡居民低保基本情况，并对信息比对及核查中出现的问题负责到底，有力地提高了服务水平。信息比对业务也由开始时只对拟新增城市低保对象进行信息比对，到现在对全市拟新增城乡低保对象和城乡在保对象及其近亲属六个部门的信息比对。沙河市低保核查中心无论在人员配备上，还是在比对范围上都取得了很大进步，改变了以往“比对速度慢”“申请时间长”的状况，有力推动了信息比对进程。

三、核查中心队伍能力建设是保障

核对机制的建立，对民政部门工作人员提出了更高的要求，不仅要准确掌握低保政策，还要具有多方的能力。核查中心在队伍建设上，一是提高调查研究能力。申请城乡低保对象信息比对完成后，核查中心结合比对信息对申请城乡低保的对象进行入户调查，通过逐人逐户的实地查看、调查核实、邻里走访等方法进一步核实所上报各类信息的真实性与完整性，掌握拟申请城乡低保对象的家庭收入及财产情况，作科学核定、认定。几年来，核查中心深入基层入户走访达7600余人次。二是提升协调配合能力。核查中心要能够最广泛、最充分地调动一切积极因素，参与和支持民政工作。实际工作中积极协调基层村（居）、乡镇（街道）多级互动，确保入户走访、低保听证等工作有序顺利开展，几年来共顺利召开村民代表、老党员、低保人员、乡镇（街道）工作人员参加的低保听证会230多场次。三是提升解决问题能力。民政工作是具体实在的，经常遇到困难和矛盾，要善于在困难中寻出路，找办法，善于在矛盾中讲协调，求化解。对群众举报和来访反映的低保问题，核查中心详细记录，认真倾听，通过走访调查和信息比对方法有效化解了各种矛盾，妥善处理上访举报事件50余起。

5年来，沙河市不断推进核对机制的建设，核查中心在实际工作中积累了一些有益经验。针对“申请人数多”问题，核查中心抽调人员分组分片进行管理，13名工作人员负责分包全市13个乡镇办和9个低保单位，并对拟申请低保对象的信息比对表采取现报现送方法。核查中心在接收到各乡镇办和低保单位报送的拟新增低保对象信息比对表后，由每组整理核对信息，并将信息比对表交予负责财政局、住建局、人社局、工商局、交警大队、住房公积金管理中心六部门的专管人员，最后由六个部门专管人员将信息比对表送至各个比对部门。针对“核准慢”问题，一方面，各部门专管人员需将信息比对表统一格式后再报至各个比对部门，由于各个乡镇办和低保单位民政负责人上报的信息比对表格式不够规范统一，给负责信息比对的部门带来了极大的不便，经汇总统一格式后，有效减少了各个比对部门的比对环节，为加快信息比对争取了时间；另一方面，通过领导的积极协调，民政工作人员配合比对部门协助查询比对，例如，工商局、交警大队、住房公积金管理中心三部门，有效缩短了比对时间，提高了比对效率。针对“信息不完整”问题，核查中心及时与乡镇办和低保单位民政负责人沟通，了解信息上报不完整的原因，并深入基层督促信息补报工作，讲解低保政策，提高了信息的完整性，也促使一些故意隐瞒信息、心存侥幸的低保申请者自动放弃了低保申请。

在省民政信息比对平台未投入运行，各部门信息无法联网互通的情况下，核查中心通过市政府协调6个比对部门，依靠人工分别自行比对的办法，重点对城乡新增低保对象和城市在保对象进行信息比对，中心运行以来共比对32388人，其中城乡拟新增低保对象23439人；比对在保对象13450人，发现有异议并调出2813人。尤其在省民政信息比对平台投入运行后，核查中心有效化解了低保居民信息“获取难”“核实难”问题，减少了“错保”“漏保”现象的发生。

太原市救助申请家庭经济状况信息核对系统建设及应用

山西省太原市救助申请家庭经济状况核对中心

太原市救助申请家庭经济状况信息核对系统于2014年11月上线运行。3年多来，在民政部、山西省民政厅、太原市人民政府以及各相关部门的大力支持帮助下，系统功能日臻完善，部门联网数量日益增多，核对范围不断拓展，已成为太原市各项社会救助业务收入、财产认定的主要手段。为堵塞“骗助”漏洞，确保社会救助的公平公正发挥了重要作用，取得了较好的社会效益和经济效益。截至目前，已实现部级1个、省级4个、市级11个部门的信息共享，涉及信息30项。2014年11月至今，已接受信息核对委托537761户次、1059994人次，出具核对报告486565份，出具复核报告88份。在2017年3月北京举办的大数据产业峰会上，该系统荣获“政务大数据应用优秀案例奖”。

一、创新思路，技术引领

2013年10月，太原市财政拨付资金860万元用于建设市救助申请家庭经济状况信息核对管理系统，2014年11月开始试运行，2015年3月通过验收。一是实现了太原市救助申请家庭经济状况信息核对管理系统与太原市社会救助信息管理系统的无缝对接。社会救助信息系统进行信息采集、材料初审后，向信息核对系统提交核对请求；核对信息系统在进行材料初审后，向各联网部门发送信息查询请求并将查询结果形成核对报告后反馈社会救助信息系统，为社会救助的审批提供依据。通过两个系统的无缝对接，提高工作效率，减少信息的重复采集、录入。二是建起了民政数据交换共享平台。通过数据交换共享平台实现与各相关部门的信息交互，达到了信息即时核对的效果。以100条数据为例，各部门反馈信息最快的为3秒，最慢的为3～5分钟。三是建立了复核功能。针对查询结果中群众有异议的信息，建立了复核功能，畅通了群众诉求通道，缓解了矛盾。

二、政府支持，部门联动

太原市信息核对系统在建设初期，得到了市领导的高度重视和大力支持，本着全市一盘棋的原则，以推进全市电子政务“五共享”为抓手，由市政府办公厅进行综合协调，负责网络连接、信息安全、数据协调，民政部门负责建设信息核对平台，各部门配合提供相关数据。各司其职，各负其责，共同推进信息核对管理系统的建设。经多次反复沟通，2014年11月，确定了信息化基础较好的公安、人社、房管、工商、公积金、残联、客运办、运管局8个部门先行联网进行信息核对，共涉及个人收入、财产信息等19项。2015年12月，再次协调将财政、国税、地税、民政（殡葬）4部门5项数据列入核查范围。2016年11月，在民政部的大力支持下，实现了与证券财产的信息核对。2017年10月，实现与省级核对平台3部门5项数据的对接。核对系统的建成，打破了部门间的信息壁垒，也使本项目成为太原市电子政务“五共享”的典型和样板。

三、业务扩面，提档升级

在核对系统建设过程中，根据太原市各相关委（办、局）数据主要集中在市级机构的情况，仅在市级层面建设了核对系统，由市级核对机构对需要核对的救助申请家庭进行核对。2017年，信息核对系统在原城市低保、农村低保的基础上，增加了公租房、危房改造、精准扶贫、医疗救助、五保供养等信息核对子系统，进一步完善统计分析、数据交换等功能，加强了社会救助信息系统与信息核对系统的联动，在城乡低保子系统中增加了审批不通过的原因，提高信息核对检出率的准确性。如：2017年11月核对系统升级后，已检出新申请低保对象147户、349人，堵塞了救助漏洞，为提高政府公信力，织密扎牢社会救助保障网提供了强有力的技术支撑。

构建教育培训体系，促进核对工作长效发展

上海市居民经济状况核对中心

居民经济状况核对是一项基础民生工作，在推进社会诚信、确保政府公共政策公平公正实施中具有重要作用。核对工作队伍是推进核对事业发展的生力军。核对工作政策性和技术性强、涉及部门多、信息安全要求高，培养和造就一支专业化的核对工作队伍，是做好核对工作的重要基础和保证，教育培训则是增强核对员个人能力、提高整体队伍素质的有效途径和重要举措。2012 年，上海在全国率先推行核对员岗前培训与资格考试，率先建立核对员继续教育培训制度，率先培养核对业务课程内部讲师，为实现核对业务的持续快速发展提供了强有力的队伍支撑，为核对业务的专业化、标准化、规范化提供了机制保障。

一、核对员教育培训工作的发展阶段

上海的核对员教育培训工作随着机构建设、队伍建设和业务发展不断推进，主要经历了三个阶段：

（一）组建核对员队伍阶段

2006 年底，按市政府要求，上海民政部门开始探索核对工作、筹建核对机构、建设信息系统。2007 年 7 月，时任上海市常务副市长杨雄对核对工作提出要求：认定工作必须由专业队伍去做，才能越做越细，越做越有经验。2008 年，市民政局与市财政局、市房管局联合下发《关于加快基层收入核对专业队伍建设有关事项的通知》，提出核对工作专业队伍建设的基本要求，各

区（县）应按照每个街道（乡镇）不少于两名工作人员的要求建队伍，并落实人员经费，工作人员须经专业培训和考核，实行持证上岗，明确由市民政局负责相关培训考核工作，以确保核对工作的专业性。2010 年尝试开展了首次核对员上岗培训考核，覆盖全市各个区（县）的核对工作队伍基本建立。

（二）规范持证上岗和继续教育阶段

在建立工作队伍的基础上，上海开始规范和完成核对员上岗考核制度。2012 年，市民政局印发《上海市居民经济状况核对员岗位培训考核管理细则的通知》，明确从事核对工作的人员须参加市核对中心统一组织的上岗考核，通过核对政策业务知识、信息系统操作技能两项考核，取得岗位培训证书后方可上岗工作。建立了分级、分类培训指导体系，由市核对中心负责对各区（县）中心主任、业务骨干进行培训，每年举办全员继续教育和上岗考核，区（县）核对中心承担本辖区内核对员的业务培训和新进人员的岗前培训。同时，开设培训师专题培训班，建立和培养了一支内部讲师队伍，在继续教育培训专业课程讲授中发挥重要作用。

（三）推行绩效考核促进职业发展阶段

在核对工作队伍日趋稳定的情况下，上海把教育培训的侧重点落在人员绩效和职业成长上，全方位建立绩效考核评价体系。2017 年，将培训考核管理系统开发纳入核对信息系统建设计划，通过人员综合管理模块，全面、系统地记录每位核对员的上岗考核成绩、培训参与情况、课程学习情况、日常绩效评价、各类奖惩记录等，形成其在核对员岗位上的个人档案、业务履历，实现核对员管理的信息化和智能化，为保障和提升核对工作质量与工作效率提供有力支撑。

二、教育培训体系建设的创新做法

经过不断探索，上海核对员队伍教育培训工作逐步完善，从制度、资源、运作等层面搭建了教育培训体系框架（见下页图）。

（一）科学搭建制度框架

建立健全队伍建设、培训管理、绩效考核等方面的规章制度，明确各级

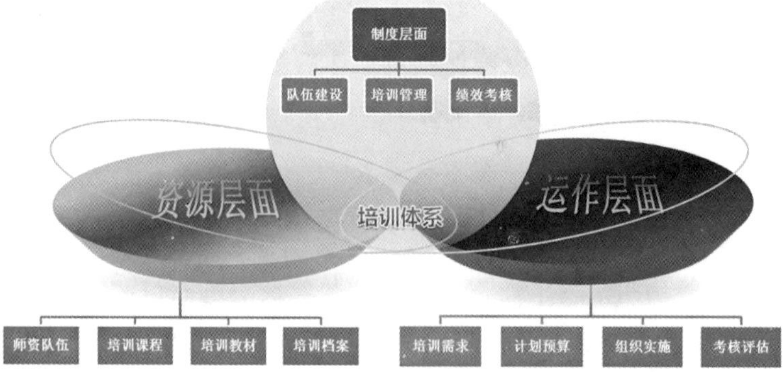

核对机构在教育培训工作中的管理职能及核对员任职资格要求。队伍建设方面，谋划核对队伍专业化和人员职业化发展思路，明确核对员任职资格要求和人员管理模式；培训管理方面，规范培训需求分析、课程开发、计划预算、组织实施、反馈改善等环节，促使培训效果落地；绩效考核方面，建立核对员培训考核、激励、奖惩制度。

（二）多渠道完善师资体系

建设内部讲师和外聘讲师相结合的师资队伍。一方面，通过开设专题培训班、组织开展“我是好讲师”“我有好课程”大赛，选拔和培养内部讲师，重点钻研核对业务相关领域，讲授贴合实际的经典案例，分享核对工作方法和经验。另一方面，建立外聘专家师资库。与部低收入家庭认定指导中心、高校、信息交换单位和教育培训相关专业人士建立合作关系，与重庆、广西、宁夏、浙江、大连等地加强合作交流，共享培训资源。

（三）针对性开发培训课程

按照核对工作人员职能类型整合课程需求，梳理通用管理、专业素质、职业素养三大类课程模块共 84 项课程，以实战为目标，以需求为导向，为新进人员、基层核对员、培训管理人员、机构领导等分设相应的必修课与选修课，并根据课程内容选择授课形式，选用课堂讲授、案例讨论、情景模拟、体验式培训等不同方法，最大限度贴合学员的工作实际。在此基础上，进一步转换思维、转变方式、融合资源，动员内部讲师开发网络微课，深化探索

"互联网 +" 时代核对员教育培训的模式创新。

（四）体系化编写核对教材

核对工作标准化需要依托相对完备的教材体系。上海市立足核对工作实际，系统梳理专业知识，分类设计和编写了包括《基础知识》《政策汇编》《案例汇编》《审核实务》《业务问题解答》等在内的一整套培训教材，为核对员了解、学习业务知识，提高业务能力提供实用的工具书。其中，《上海居民经济状况核对工作典型案例》作为全国首部正式出版的核对员教育培训教材，通过案例形式传播、分享核对工作经验，受到一致好评。

（五）建立绩效考核评价体系

制定《上海市居民经济状况核对工作综合考评标准》，对各区（县）核对中心的机构建设、制度建设、业务管理、工作成效等方面进行全面评价。建立每位核对工作人员的绩效档案，通过对其工作质量、工作效率、教育培训的记录与考核，促进自我认知、自主改进，激励其通过交流和实践提高业务水平，实现个人发展。建立内部讲师选拔和激励制度，为优秀讲师提供从初级讲师、资深讲师到首席讲师、讲师督导的晋升通道，不断给核对员的教育培训工作输送源头活水。

提前介入，事前监督，确保闵行核对工作实效

上海市闵行区居民经济状况核对中心

为便于申请受理、审核阶段各项工作的有效衔接，更好地服务于各民生保障项目审核一盘棋的中心工作，尽可能地将产生的问题解决在萌芽阶段，经过认真总结前期核对业务的经验后，区核对中心及各街道（乡镇）核对部门在后续工作中及时落实以下各项措施，以期能通过调整工作思路、改进工作方法，使核对流程环环相扣，与同级委托机构及相关部门密切协作、形成合力，确保工作实效。

一、街镇核对员提前介入，切实提高核对工作效率

在共有产权保障房和廉租住房项目核对中，街道（乡镇）核对部门与同级住房保障机构加强联系，主动做到工作前置，街道（乡镇）核对员与窗口受理人员一起参与到集中咨询、材料预检工作中。在咨询受理阶段提前介入，配合窗口受理人员对申请人提交的相关材料，按照经济状况核对的要求认真核查，使申请家庭更全面地了解政策并统一、及时告知其需补充的证明材料，避免申请人多次来回奔波，进一步提高工作效率。

每个街道（乡镇）核对部门与核对员都始终坚持耐心、细致、公平、公正、依法办事的工作原则，最大限度地为申请对象服务，将错误率降到最低；本着“以民为本，为民解困、为民服务”的民政理念，以认真负责的态度、仔细谨慎的工作作风，平稳有序地开展核对工作。例如：

江川路街道针对咨询受理阶段工作量集中、人手有限的情况制订了以下各项前期准备工作和紧急情况预案。

1. 设立多个咨询受理窗口，街道居民经济状况核对人员全员积极投入，街镇房管、核对部门分工协作、密切配合，大大提高了咨询服务的质量与效率。

2. 提前制作发放给申请对象的号码牌，动员街道各居委会的民政干部和社保中心的安保人员共同维持现场秩序、发放并回收号牌，充分利用采取“发号叫号”的措施，使得拥挤的人流得到了控制，等待队伍井然有序，现场秩序良好，获得服务对象的一致好评。

3. 在咨询受理过程中，街镇核对员对每位来咨询的人进行简单登记，重点对遇到的特殊情况详细记录下来，既方便日后的数据统计分析，有利于对整个咨询受理情况的汇总小结，又能及时就特殊情况向区核对中心反映，寻求解决方案，为申请对象直接开始准备材料提供方便，省去了重复奔波的时间，为后续核对的顺利开展做好准备工作。

二、区核对中心事前监督，及时督促现有问题改进

为全面了解全区申请家庭经济状况核对工作的完成情况，确保审核业务的准确性、核对流程的规范性、证明材料的有效性，保障后续核对工作的有序、平稳推进，区核对中心会在每个批次的集中受理、审核结束后对各个街道（乡镇）进行核对业务抽查。结合每批次的抽查工作，对各街镇（乡镇）核对工作质量进行评价，并反馈在绩效评估量化指标中。通过绩效评估我们认为，抽查属于事后监督，虽然能够发现问题，查漏补缺，但是如果发现定性问题，难免会使工作陷入被动。

针对以上现象，并结合申请家庭经济状况核对抽检中出现的一些问题，在经济状况核对进程中，区核对中心提前介入抽查，在街道（乡镇）核对部门接受委托时就先到部分街道（乡镇）核查申请材料的完整性、有效性及准确性，做到事前监督；并把事前监督发现的问题直接在核对结果中体现出来，更好地促进和维护经济状况核对工作的准确性和权威性。对抽查发现的问题，区核对中心及时与各街镇核对部门进行了沟通，要求各街镇核对部门对能及时改进的问题及时改进，不能及时改进的问题在今后的核对工作中加以重视，逐步规范，不断完善。

在今后工作中区核对部门将继续引导街镇核对部门适当延伸核对工作，

不断“前伸”和“后送”，与上一个流程和下一个流程的牵头部门互相配合好、交接好，与相关委托机构形成合力，有的放矢地开展核对工作，切实服务好各个民生项目和申请对象；区核对中心将继续加强对街道（乡镇）核对工作的业务指导和监督检查，提高预判能力，尽早发现可能发生的问题并及时改进，为共同推进居民经济状况核对工作而努力。

探索人员管理新模式　创造优质服务新品牌

上海市宝山区居民经济状况核对中心

宝山区地处上海北翼，位于长江、黄浦江、蕰藻浜三江交汇之处。8年来，上海市宝山区居民经济状况核对中心（以下简称区核对中心）坚持“民政为民、民政爱民”的工作理念，秉承“始于传承，志在创新”的精神，在健全完善核对工作机制的基础上，并结合地区特点，通过探索建立起一个具有区域特色的核对人员管理新模式，以创建优秀服务品牌为抓手，打造一支高素质、专业化、有作为的核对人员队伍，着力推进核对工作更好更快发展。

一、新时代探索新模式

宝山横向区域跨度大，特殊群体分布极不平衡，针对这一特点，区核对中心深入基层走访调研，在倾听各方意见建议的基础上，探索出一套独具宝山特色的核对人员管理新模式，并印发了《宝山区街镇居民经济状况核对员管理办法》，进一步明确核对人员实行“统一招聘、统一派驻、属地管理、统筹安排、分级考核”的模式，为加强核对工作队伍建设和业务开展提供了制度保障。

统一招聘。区核对中心根据基本任职条件，按照“公开、公平、竞争、择优”的原则，统一向社会招聘核对人员，确保核对人员具有良好的基本道德素养。

统一派驻。核对人员作为文职雇员（项目用工），由人力资源服务机构以劳务派遣方式派遣到区核对中心，再由区核对中心统一派驻到各街镇社区事务受理服务中心，确保每个街镇常驻两名核对人员。

属地管理。区核对中心与街道（乡镇）社区事务受理服务中心签订《核对人员委托管理协议》，街镇社区事务受理服务中心与核对人员签订《岗位目标责任书》和《保密协议》。街镇社区事务受理服务中心具体负责核对人员的日常管理，并将核对人员纳入街镇社区事务受理服务中心民政工作体系。

统筹安排。区核对中心根据各接诊核对工作任务量的变化以及核对人员的具体情况，可采取跨街镇交流、调动、临时借调等方式对核对人员进行全区统筹安排。区核对中心核证管理员实行分片包干制，对所负责的街镇核对业务进行审批和指导，做到层层负责、责任到人。

分级考核。区核对中心与街镇社区事务受理服务中心根据管理层级及权重分别对核对人员进行考核，即区核对中心的考核则侧重核对人员业务绩效方面的表现，街镇社区事务受理服务中心的考核则侧重核对人员日常工作态度等方面的表现。综合区核对中心与街镇考评情况，提出最终考核意见并对核对员实施相应的奖惩。

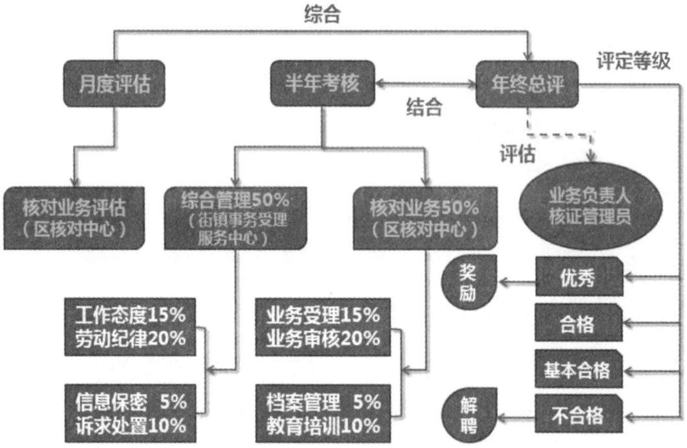

绩效考核分析图

通过 8 年的实践，宝山区核对人员管理新模式呈现三大优势：一是进一步形成有效激励机制。人事派遣是一种新型、全面的人事管理服务方式。建立灵活多样的用工模式，既促进了就业，同时又打破了传统的“铁饭碗”，有利于形成有效的工作激励机制，提高服务质量和工作效率。二是及时掌握服务对象第一手信息。核对人员被纳入街镇社区事务受理服务中心管理体系，在确保完成核对任务的前提下，统筹安排核对人员协助做好其他民政相关工作。核对人员真正融入基层，了解民生民情，熟悉服务对象基本情况，预先了解核对对象可能存在的漏报、瞒报等情况，为开展核对工作提供了技术之外的辅助手段，从而降低核对成本，提高政府公信力。三是统筹均衡各街镇核对工作任务量。作为城乡结合地区，宝山核对工作量呈现“南多北少”极不均衡的特征。区核对中心主动发挥管理、协调职能，制订相应人员调配应急预案，在时间紧、任务量大的情况下，抽调业务量较少的街镇核对人员到业务量大的街镇帮助开展工作，适时采取“早晚两班”工作制，按时保质保量完成核对任务。

二、新时代创立新品牌

体制是基础，服务是灵魂。由于经济状况核对结果直接关系到群众能否享受到保障性住房、最低生活保障、医疗救助等民生政策，随之产生的矛盾隐患也较为突出。区核对中心在充分发挥人员管理新模式的基础上，经过多年工作实践的积淀，探索出心理服务新办法，通过“跨前一步、沉入一线、分类疏导、破解难题”，诠释了“和谐方舟”① 心理服务的品牌理念，让真正有生活、住房等困难的群众实现安居乐业的梦想，也为提升政府公信力，确保政府公共政策公平公正实施发挥了重要作用。“和谐方舟——经济核对心理服务”服务品牌，也荣获了上海市民政系统第四届十佳服务品牌。

跨前一步知民情。将心理服务时间由出具核对报告后提前到申请受理阶段，第一时间对收入财产介于准入线上下、家庭成员复杂、经济来源特殊的居民进行重点排摸研判，力争做到“早预防、早发现、早处理”。在与群众沟通时，把核对政策的“专业术语”翻译成“听得懂”“听得进”的家常话，让后续服务更为顺畅。

沉入一线解民忧。派驻街镇的核对人员有时还要担负起心理服务者的职

① “和”与“核”谐音，“方舟”取“诺亚方舟”，寓有济贫帮困之意。宝山地处东海之滨，蕴含着区核对中心作为一只和谐之舟，积极弘扬“民生为本、政通人和”的宝山民政精神，倡导“专业奉献、构建和谐、公正诚信”的服务理念，通过有效开展经济状况核对调解服务，为建设现代化滨江新区、维护社会公平正义保驾护航。

责。对有矛盾激化倾向的，要主动变“坐访”为“下访”。曾有一户申请家庭对核查的收入不认同，多次扬言要进京上访。区核对中心联合街镇经过耐心解释、分析利弊，最终取得了居民的理解并主动退出了申请。

分类疏导化民怨。针对居民的不同诉求，实行“三种分类”，即要让真正困难的群众受益：第一种是对于符合政策的，应尽快予以解决落实；第二种是对于不符合政策，但确有实际困难的，引导居民通过其他救济途径妥善处理；第三种是对于既不符合政策也不合情合理的，将政策讲明说透，不让浑水摸鱼者得逞。

破解难题得民心。经济核对既关系到个人隐私，又涉及金融知识，群众最担心自己的信息是否会被泄露。核对人员以细致的心理疏导和专业化服务技能来消除老百姓的疑虑。对“疑难杂症”，准确把脉、对症下药。曾有一位申请者收入超标，但自己连声抱怨收入没有这么高，工作人员一边耐心安抚，一边极力寻找破解方法。最终，该居民通过劳动仲裁解决了难题，拿着重新出具的经济核对报告，对我们的服务连连称谢。

8 年来，宝山区累计接受住房保障项目核对委托 1.3 万余户，社会救助、社会福利项目核对委托近 14 万户，检出不符 2000 余户。其中开展心理服务 6000 余人次，服务对象满意率达到 100%。无一例有责信访事件，有效杜绝了“开宝马车吃低保”的不诚信行为，保障了政府公共资金的有效利用。工作质量和群众满意度始终保持在全市前列，并获得了多项荣誉称号。一封封表扬信，一面面锦旗，更是群众对宝山核对工作的肯定与嘉许。

新时代担当新使命，新时代展现新作为。传承民政精神，谋求创新发展。宝山区核对中心将一如既往，秉承成功的经验和做法，在实践中不断总结、不断探索、不断完善，推动全区乃至全市居民经济状况核对工作永续发展。

实现申请救助对象金融资产信息查询全覆盖 为“精准救助”保驾护航

江苏省常州市申请救助家庭经济状况核对中心

社会救助制度是一项保民生、托底线、救急难、促公平的基础性制度安排。以大数据为基础，构建申请救助家庭金融资产信息查询系统，准确认定救助对象，实施“精准救助”，事关困难群众的切身利益，事关社会的公平正义，事关政府的公信力。2015 年以来，常州市认真贯彻落实《社会救助暂行办法》和《江苏省社会救助办法》，常州市民政局会同人民银行常州市中心支行、金融办和银监分局等部门，组织全市 25 家银行业金融机构齐心协力，在全省率先建成覆盖全部银行机构的金融资产查询系统，实现申请救助对象金融资产信息查询全覆盖，为“精准救助”保驾护航。

一、高位推动，率先在全省建成全覆盖的金融资产查询系统

（一）明确会战目标

2015 年 6 月 19 日，在全市金融资产核对工作协调推进会上，时任常州市常务副市长韩九云、副市长张云云要求全市各个相关部门以高度的社会责任感，举全行之力，确保在当年 9 月 30 日前建成低保申请救助家庭金融资产信息查询系统。会后，常州市民政局会同相关部门，及时召开辖内各银行机构专项工作部署会，要求树立全局“一盘棋”的理念，将查询平台接口开发和测试工作作为“一把手工程”，把系统建设各项工作要求落实到具体部门和人员。在充分调研的基础上，制定出覆盖全流程和各业务环节的路线图和时间表，即 7 月 20 日前各银行机构必须向省行汇报并获得开发授权；7 月底前确保服务器、网络等硬件设施配置到位；8 月初进入设备调试阶段；9 月 1 日前

完成接口程序开发；9 月 28 日前完成第一次数据模拟测试；9 月 30 日前正式上线。

（二）加强组织协调

建设申请救助家庭金融资产信息查询系统伊始，常州市民政局就牵头召开部门协调会，联合金融办、财政局、人民银行和银监分局发出《关于建立申请社会救助家庭经济状况信息查询工作平台的通知》，明确各自工作职责，加强分工协作。其中，市民政局负责建设查询服务平台，包括民政部门内部查询核对的发起、审批、汇总、反馈、备案等功能；金融办负责指导全市证券业金融机构做好申请家庭从事证券交易和获利等信息的核对和反馈；市财政局做好查询服务平台所需经费保障；人民银行常州市中心支行指导各银行业金融机构依法提供申请和获得社会救助的家庭成员的相关银行账户信息，协调各银行金融机构根据民政部门查询需求开发数据接口，通过专网与服务平台对接，实现网络自动查询核对功能；常州银监分局指导、督促辖内银行业金融机构依法提供申请和获得社会救助家庭成员的金融资产信息，对违规行为进行监督整改和处罚。为畅通联络协调渠道，常州市还建立专项联络员制度，通过搭建 QQ 群、微信群等信息互通平台，组织各部门负责人和技术人员定期交流，及时通报工作进度，共同就工作中遇到的重难点问题进行集思广益、联合攻关。

（三）强化督导执行

在整个系统建设实施过程中，常州市先后召开 7 次工作推进会，按计划分时段督导，定期总结评估阶段性工作成效并部署下一阶段目标任务。对未按时完成时间表节点任务、工作推进速度较慢的机构，约见其领导面谈，要求其第一时间严格落实相关整改措施，加快实施进度。此外，常州市民政局坚持系统开发与制度建设并行，在搭建网络专线，协调开发查询接口程序的同时，就开始会同相关部门制定《常州市申请救助家庭金融资产信息查询实施细则》和相关保密协议，对查询工作的原则、流程和保密责任等进行明确，实现查询工作的规范化和制度化。经过三个多月的不懈努力，常州市在全省率先建成并上线运行了金融资产查询系统。

二、积极创新，形成“五个一”金融资产核对常州模式

常州的金融资产查询系统具有以下特点。一是“覆盖最全”。查询系统一次性将全市所有银行机构纳入核查范围，避免了个别低保申请者利用核查空白区域进行资产转移。另外，查询项目不仅涵盖了储蓄类存款账户，还包括理财、基金、债券及第三方托管账户等所有银行金融资产信息；不仅包括查询日的余额信息，还包括查询日前的账户异动信息。二是“速度最快”。在建设速度方面，从立项实施至系统正式运行，仅用了短短的 3 个多月时间；在查询速度方面，系统实现了对查询结果实时比对、即时反馈，极大提升了工作效率。三是“成本最低”。查询系统依托各银行机构间搭建的“代收付业务”专线，不仅避免了重复建设，更提高了数据传输的安全性和可靠性，实现了“一线多用、一线多能”的集约化目标。

凭借金融资产查询这一新型载体，常州市积极创新，形成了“五个一”的金融资产核对常州模式。一是建立了一个系统。同步完成 25 家银行金融机构的总行授权、专线联网、程序开发、测试演练等任务，成功搭建一个功能完善、运转高效的查询系统，在全省率先实现对所有银行机构金融资产信息的联网查询、电子比对。二是搭载了一个网络。在人民银行常州市分行放置查询前置服务器，依托与各银行机构间先期建立的业务数据专线，发送并接收数据，实现查询数据在线实时交互，既提高了线路通信的安全性和高效性，又确保了数据的真实性和可靠性。三是创设了一项制度，在系统建设过程中，各相关部门及时总结提炼工作经验，梳理业务流程，参与制定查询系统管理办法、实施细则和保密制度，为金融资产查询工作提供了制度保障。四是培养了一支队伍。通过甄选、抽调各业务骨干和技术骨干参与接口程序开发和模拟测试工作，边研发、边培训、边实践、边提高，在完成系统建设任务的同时，培养了一支热情高、能力强、善于创新的人才队伍，为金融资产查询工作的持续开展提供了有力的人才保障。五是引入了一项机制。将加入金融资产查询系统作为对在常新设银行机构开业审核的前提条件，形成机制化安排，确保查询系统动态覆盖全市每一家银行。

2016 年，在省民政厅发布的全省现代民政建设十大创新成果通报中，常

州市全面实现申请救助家庭金融资产核对查询已然在列。常州市民政救助核对部门主动作为，高位推进，思路清晰，成效明显，在全省率先实现了申请救助对象金融资产信息核对全覆盖，为“精准救助”提供了保障。

三、持续跟踪，构建精准救助的金融资产查询长效机制

常州市还在持续跟踪评估系统数据，为构建精准救助的金融资产查询长效机制努力。

一是抓紧做好存量社会救助申请对象金融资产信息查询准备工作。常州市民政局将和各家银行组织开展系统压力测试和承载力测试，评估系统运行的可靠性和稳定性，逐步对全市 4 万余户存量申请社会救助家庭银行金融资产状况进行全面核实比对。

二是加强金融信息的数据沉淀分析。提供信息化保障服务，对社会救助制度进行量化评估，为社会救助提供辅助决策功能。

三是优化查询流程。坚持从教育、检查、制度、技术多方入手，严格控制知密范围，有效防范恶意入侵和人为泄密，确保系统稳定、高效运行，保障各方当事人合法权益。

四是健全金融资产常态化查询工作模式。通过联络员制度和相关实施细则的落实，并进一步完善调整相关数据结构、范围，扩大银行授权查询范围，保持该项工作长期进行，不松懈。

从精准识贫到精准扶贫
从“最多跑一次”到“不用跑一次”

浙江省嘉兴市民政局

2018年以来，嘉兴市民政局通过便民服务领域改革，大力推进“智慧民政”建设，首次尝试建立社会救助家庭经济状况“一键核对”平台。平台整合了民政、社保、公安、国土、公积金、市场监管、国税、地税、统计、残联、银行11个部门信息，在取得个人授权、保护隐私的前提下，对申请救助对象的家庭收入、支出、财产信息进行自动比对。目前，核对平台在市本级试运行，计划年内在五县（市）全面启用。

平台的建立，为快速、准确认定社会救助家庭经济状况，最大限度排除人为因素影响，实现精准识贫、精准扶贫提供了技术支撑。一是助推部门观念认同，工作协同更有效。打破了信息孤岛和数据壁垒，将信息技术与政务工作深入融合，实现跨行业、跨部门、跨领域的数据汇集与共享，建立起统一、高效、有序的工作机制。二是助推部门职能转变，救助成效更明显。核对时间从20天缩短为半天，将救助工作人员从大量烦琐的核对工作中剥离出来，腾出更多的时间充分撬动社会资源，深入开展社会救助项目，切实为困难群众做“加法”。三是助推救助流程优化，政府办事更高效。从被动式的依申请受理向主动发现转变，有利于发现更多困难群众。从封闭式向开放式转变，有利于困难群众求助有门。从人工协同向智能协同转变，实现了核对流程自动化，救助对象自动识别，有利于提升救助时效。

一、坚持需求导向，建立“三张清单”

坚持政策告知制度，编制政策宣传册，使工作人员熟悉救助政策，使困难群众了解救助政策。一是建立政策准入清单。梳理救助政策，明确申请救助的类型，单项救助类型的准入条件，救助范围，解决哪些人可以申请救助的问题。二是建立申请流程清单。简化申请手续，明确申请、审核、公示、审批等环节，解决如何申请救助的问题。三是建立救助内容清单。整合救助资源，明确纳入救助范围后，享受的相关救助政策，解决可以享受哪些救助的问题。

二、坚持服务导向，畅通“三条通道”

建立互联网申请平台，畅通网络、社会工作者和部门救助通道，打造“一证通办”申请模式，即申请人凭一张身份证即可申请社会救助。一是建立网络申请通道，实现救助申请“不打烊”。申请对象通过“互联网 + 掌上App”智能网上通道，录入基础信息并授权后进入模拟核对。二是完善社会工作者介入通道，实现救助受理“无前台”。在乡镇（街道）全覆盖配备专职救助社工，对模拟核对通过的，救助社会工作者通过主动上门，开展入户调查，协助提出救助申请。三是健全部门救助通道，实现救助服务“全入驻”。困难对象向村（社区）提出救助申请，经民主评议、公示，乡镇（街道）初审后上报核对机构。核对机构通过核对平台比对，形成核对报告，符合救助条件的，纳入救助范围。

三、坚持创新导向，力推“三大助跑”

以最多跑一次为核心，创新核对工作机制，努力让困难群众“少跑路”或“零跑路”。一是让数据跑。民政等 7 个部门通过网络或电子介质方式，将部门信息汇总至大数据中心。国土不动产信息通过政务云平台，建立与大数据中心的信息通道。银监等 3 部门通过建立与大数据中心的数据接口，三种方式实现信息共享。二是让救助社会工作者跑。救助社会工作者通过了解、掌握、核实辖区居民困难情况，主动发现有救助需求的家庭，及时采集录入核对系统，协助提出救助申请，做到早发现、早救助、早干预。三是让快递员跑。推出证照快递服务，对符合救助条件，完成救助审批的困难家庭，委托快递员上门送达有关证件和告知材料。

打破常规　大胆创新
因地制宜推进阜阳家庭经济状况核对平台建设

安徽省阜阳市核对中心

当今社会，以电子信息技术引领的新一轮技术革命已经来临，“互联网 +”和“智能化”已深深融入我们生活，云计算、大数据、物联网、人工智能等新技术，颠覆性改变着我们传统生活工作模式。以民政工作中社会关注度较高的城乡低保对象家庭财产核查为例，传统入户调查模式费时费力、受人为因素影响大、调查结果不准确等弊端一直存在，因此改变传统模式，建立以“互联网 +”和“大数据”为基础的新型智能化核对模式势在必行。近年来民政部、安徽省政府多次安排建设省级、市级核对平台，力争尽快从根本上解决困难群众家庭财产核定难的问题。

一、常规方法建设市级核对平台系统存在问题

核对工作的基础就是核对信息化平台的建设，经了解外地市级核对平台建设常规做法是：市级民政局申请市财政拨款，用于建机房、购买服务器、建数据传输专线、核对软件开发及安装、后期的维护保养；与各个业务单位协商对接，尽快实现数据互联互通，信息共享。

但这种做法却存在以下困难：（一）核对工作需要查询人口、房产、车辆、社保、婚姻、公积金、税务登记、工商登记等诸多个人信息，牵扯到十多个业务单位，在当时国家及省级层面仅仅协商对接个别业务部门信息数据的大背景下，以阜阳市民政局一家之力协调市级十多家业务单位对接数据困难很大，阜阳市前期协商结果也印证了此点。（二）建设核对平台及维持日常运行成本高。市级平台建设各种费用达百万元以上，后期常态化运行维护费

用也很可观。（三）其他困难还包括专业技术人员不足、设备老化等。

二、阜阳市核对平台系统建设方法及特点

经过详细考察了解，我们认为如按部就班，以常规模式建设阜阳市核对平台系统很可能出现花大钱买了设备睡大觉，出现不能正常工作的“开张不能开业现象”，或者数据上下不能对接的“孤岛现象”。如何进行我市核对平台建设呢？正在进退两难之时，我们从市电子政务办了解到阜阳市是全国“智慧城市”“互联网＋政务服务信息惠民”双试点城市，几年前已建成市级政务服务平台（社管平台），2015 年就对接 10 个政府部门、69 类、上亿条政务信息资源，近年来各单位政务信息数据一直在汇聚和补充到政务服务平台，整个政务服务平台信息量和功能以几何级数不断增长和完善。经与市电子政务办、浪潮公司多次沟通，我们认为应打破常规，大胆创新，采取依托市政务服务平台的设备、网络和数据库资源建设市级核对平台的方法较为合适。具体做法是在阜阳市政务服务平台上加挂核对模块，使用政务服务平台的机房、服务器、数据资源和政务外网等，县级核对中心不需建自己的平台，直接登录使用市级核对平台，抓取所需数据信息，及时形成核对报告。阜阳市核对系统核对流程主要分三步：乡镇（街道）级录入申请困难群众人口学信息及授权书；县级核对中心接受救助部门委托后，负责通过核对平台查询困难群众信息；市级核对机构负责指导协调、汇总上报及分析数据等，市、县、乡镇（街道）三级核对机构分工合理、职责清晰、责任明确。

此种建设方案符合阜阳市实际，切实可行，经多次汇报协调有关部门，陈述利弊，反复争取，最终获得通过。

阜阳市核对平台建设模式省时省力、节约开支，有以下三大特点：

（一）使用阜阳市政务服务平台的数据资源，彻底解决与业务单位逐个对接数据资料的难题。

（二）利用市政务平台强大的信息化设备，节省了建机房、购买服务器及网络的投资。

（三）购买社会化服务，解决专业人员不足的难题。

阜阳市民政局与安徽晶奇电脑公司达成社会化服务协议，安徽晶奇电脑

公司负责核对系统的售后技术保障和解决核对日常业务难题，阜阳市民政局根据工作情况按合同定期给予相应的酬金。按照这个思路，全市核对平台于2016年10月顺利建成，并投入运行。

三、优化整合核对平台系统设置及功能

阜阳市核对平台系统2016年底开始试运行后，市核对中心及时跟踪运行情况，针对工作中出现问题，对核对平台系统项目设置、报表内容做了多项调整优化，增加核对申请类型、打印信息设置、使用新版核对报告、合并审核并发送等，取得很好效果：如增设“申请类型”项目，且为必填项目，乡镇（街道）工作人员在录入时，不填此项，不能继续录入其他内容；打印情况设置可以实时了解核对报告的打印详情。阜阳市核对平台系统报表数据，如核对户数、人次，预警户数、预警人次，新增户数、人次等均与全国核对统计报表平台对应设置，所有数据均可从核对系统直接读取，直观准确简便，减轻了手工劳动强度，体现出信息化核对的巨大优势。

四、目前阜阳市核对平台系统运行情况

阜阳市家庭经济状况核对系统平台2016年10月底建成，对接省民政厅数据库及市级业务部门数据库，能快速获取政务服务平台数据，及时反馈信息，形成核对报告，并可根据工作需要，进行系统升级，总体设计科学合理，功能强大。运行一年半来，核对平台运行正常，数据反馈及时，报表统计准确。核对成果可用于城乡低保、医疗救助、临时救助、住房救助等社救工作，也能用于扶贫对象、困难职工等群体核对，今后可延伸到为公安、社保、组织人事等其他政府部门提供核对服务，日益发挥出核对系统“面向低保、服务其他部门”的巨大社会效能。

目前阜阳市已实现“新申请社会救助对象100%核对、已享受社救对象可随时复核筛查、核对项目和范围逐步扩大和多样化”的目标。截至2018年6月底，市核对平台系统接口调取数据次数累计达数千万次，全市累计核对12.79万户，33.69万人，其中预警2.9万户、3.9万人，为低保、住房保障、精准扶贫等各类救助对象的认定提供了重要参考依据，促进了社会救助公平、公正和健康发展。

全面推进低保申请核对政务信息共享成果惠及困难群众

福建省救助申请家庭经济状况核对中心

2017年10月底，国家发改委在全国9个省份开展政务信息系统整合共享应用试点，“低保申请核对”作为福建省试点项目之一。福建省民政厅将提升困难群众的获得感和满意度作为试点工作宗旨，按照中央“放管服”改革、“互联网+政务服务”和加快推进政务信息共享的要求，通过与有关联需求的政务信息系统实现互联互通、业务协调、信息共享，做到让数据多跑路、困难群众少跑腿、好办事，使政务信息系统整合共享的成果惠及困难群众，极大提升了困难群众的获得感、幸福感、安全感。

一、良好的工作基础是做好试点工作的前提

福建省是较早在全国率先建立广覆盖的最低生活保障制度的省份之一。近年来，福建省在打赢脱贫攻坚战中充分发挥低保的兜底保障作用，着力于低保精准识别和规范管理，提高了保障标准和保障水平，已形成一整套措施相对完善、标准逐年提高、操作比较规范、资金保障到位的低保制度。与此相适应的，开发部署了面向省、市、县、乡四级救助工作人员的低保信息管理系统。

2013年底开始，福建省又开始探索建立跨部门、多层次、信息共享的救助申请家庭经济状况核对机制，通过汇集各部门信息对救助申请人家庭的收入、财产进行核查，作为各救助部门审批的参考依据。这一机制有效解决了救助对象认定难的问题，确保了社会救助制度公平、公正实施。目前开发建成了福建省救助申请家庭经济状况核对平台（以下简称省核对平台），涵盖城

乡低保、保障性住房、医疗救助、临时救助等各项核对项目。

二、整合共享政务信息使试点工作取得显著成效

通过改造、双向打通低保信息管理系统和福建省救助申请家庭经济状况核对平台，融合低保审核审批和核对工作流程，开展低保业务网上申请试点工作等做法，建立起跨部门、多层次、信息共享工作机制，打造便捷高效的办事程序，使困难群众申请低保的满意度大为提升。

（一）打造便捷高效的办事流程，提升困难群众满意度

一是开展低保业务网上申请试点工作，支持困难群众申请低保“最多跑一趟”。在现有的低保信息管理系统基础上，对其前端进行改造，使之与福建省网上办事大厅、闽政通 App 进行业务对接。低保申请人可使用电脑或手机在线预约登记个人信息，后台自动将数据提交至低保信息管理系统，申请人只需要在登记后的 5 个工作日内到乡镇人民政府（街道办事处）或行政服务中心进行确认，即可完成低保申请工作。如有行动不便的老人或残疾人申请低保，乡镇人民政府（街道办事处）工作人员还可上门为其办理确认手续。目前此项工作已在福州市晋安区开展，下一步将根据试点情况在全省逐步推广。

二是实现低保办理所需证明材料电子化，大幅精简低保申请材料。通过与省级政务信息共享平台进行对接，获取相关部门的电子证照，将困难群众申请低保所需提交的户籍、婚姻、房产、失业、残疾等十余种证明材料进行大幅度删减。现在低保申请人只需携带身份证、户口本原件，并在现场签署家庭经济状况授权核查委托书就可申请低保，避免了困难群众申请低保时为搜集“证明”来回跑路的麻烦，基本做到了“无纸化办公”，也解决低保管理过程中低保对象“一个人的档案就有一叠”的问题，节省基层人员档案管理所耗费的时间，提升了工作效率。

三是改造低保审核审批程序，大幅缩短低保审核审批时间。试点前，困难群众申请低保需由乡镇人民政府（街道办事处）窗口受理，并经入户调查、民主评议、乡村两级公示等环节，再上报县（市、区）民政部门由工作人员

将申请人信息录入至省核对平台并发送各横向部门进行核查，核对结果反馈后，县级民政部门按30%的比例入户核查，最终确定是否符合低保条件，整个流程要持续2—3个月，且基层工作人员要在低保信息管理系统和省核对平台重复录入申请人信息。试点后，通过双向打通低保系统与核对平台、改造低保审核审批程序，融合核对工作流程等做法，缩短了低保审核审批时间。现在只需在现场确认后，低保申请人的信息可直接通过省核对平台发送至各横向部门核查，既节约了基层工作人员重复录入的时间，提高了工作效率，又缩短了申请人等待审核审批时间，及时获得救助。

（二）实现“阳光、透明”的低保救助模式，促进社会公平公正和谐

低保救助管理过程中需要对低保申请人的家庭经济状况进行核查，而相关信息分散在公安、工商、税务、人社、住建、国土、银行等十几个部门，传统的入户调查、邻里访问、民主评议等方式无法避免虚假收入证明等问题，无法科学核算出申请人家庭收入，从而出现了一些“开着宝马领低保”等“骗保”“瞒报”现象。通过政务信息整合共享，打通各部门间社会救助相关信息的孤岛，即协同整合各部门的救助力量，实现了精准高效救助，又能使各级各部门和群众能共同在线监管，提升了低保救助工作的“阳光、透明”、维护了政府公信力、促进了社会公平公正和谐，同时也提升了救助申请人诚信申请的意识。

（三）依托大数据为抓手，提升低保对象精准识别能力

习近平总书记多次强调要坚决打赢脱贫攻坚战，确保到2020年我国现行标准下农村贫困人口实现脱贫。做好精准识别，是打赢脱贫攻坚战的重要前提和基础。为进一步发挥低保兜底保障作用，全省从2016年开始连续三年依托政务信息整合共享平台，开展了全省低保对象全面复核认定工作。通过与民政、人社、公安、工商、银行、国税、地税、国土、住建、保监、农业、交通、海洋与渔业、高院、残联15个部门政务信息共享交换，对我省低保对象的家庭经济状况进行全面核查，杜绝了全省“错保”“乱保”“骗保”等现象，提升了精准化水平，确保了有限的公共财政资金用在真正困难的群众身上。在此次试点开展过程中，安徽省进一步扩大政务信息整合共享的内容和

范围，通过省级政务信息共享平台，实现了与税务、残联等部门间信息的实时自动交换，有效提升了低保对象精准识别能力。

三、试点工作展望

党的十九大报告提出，坚持在发展中保障和改善民生，按照兜底线、织密网、建机制的要求，全面建成覆盖全民、城乡统筹、权责清晰、保障适度、可持续的多层次社会保障体系，做到弱有所扶。习近平总书记在打赢脱贫攻坚战中提出实施“五个一批”工程，低保是“社会保障兜底一批”中的主办重点项目。低保申请核对事关民生冷暖，是方便困难群众，精准识别保障对象的重要措施和手段。全省将继续探索创新，加大同相关部门的沟通力度，进一步打破部门间数据壁垒，探索通过大数据扩大掌握低收入人群的分布及构成，在社会救助工作中实现主动发现、主动核对、主动审批、主动救助，织密编牢民生保障网，使困难群众获得感、幸福感、安全感更加充实、更有保障、更可持续。

做好“五抓好”和“对推逼”大力推进核对信息共享

江西省宜春市居民家庭经济状况核对中心

近几年来，江西省宜春市紧紧抓住作为民政部居民家庭经济状况核对试点城市的契机，克服各种困难，乘势而上，开拓创新，狠抓核对机制建设，全面推进常态化居民家庭经济状况核对工作，取得了突破性进展。就如何开展好实质性核对工作，更好地推动核对信息系统与其他业务信息系统有效衔接，实现互联互通，信息共享，我们有以下主要做法。

一、做到“五抓好”，为信息共享打基础

（一）抓好核对机构建设

自2013年以来，市、县两级先后各自成立居民家庭经济状况核对领导小组及其办公室，成立了居民家庭经济状况核对中心，定编2—6人不等。

（二）抓好核对制度建设

在市政府出台了《宜春市居民家庭经济状况核对工作制度》（宜府办发〔2012〕22号）后，各县（市、区）也相应出台了相应的核对工作制度，明确核对的对象、核对的内容、核对的方式以及各相关部门职责。同时，市、县两级民政部门相应制定了“核对工作操作规程”，解决了如何实施核对的问题。

（三）抓好核对工作经费的落实

市、县两级每年安排核对工作经费2万—6万元。2015年，市政府还安排了首批15个网络对接单位，硬软件建设经费52.5万元。

（四）抓好协查单位的落实

市政府在召开的核对工作领导小组会议上以及相关的会议上，明确要求市房地产管理局、市公安局、市住房公积金管理中心、市国税局、市地税局、市教育局、市人保局、银行、证券等25个单位为首批居民家庭经济状况核对协查单位，必须按照核对工作有关要求主动承担社会责任，及时无偿提供协查数据。

（五）抓好核对信息保密协议的签订

为了规范核对工作行为，履行各自的信息数据保密义务，市局先后同各个信息协查单位或部门签订了核对信息保密协议，落实保密责任，确保数据安全。

二、采取“对推逼”，为信息共享筑新高

实质性开展核对工作没有现成经验可借鉴，为适应核对工作开展需要，加快推进网络数据交换，建立两两合作、多层次的信息共享快速查询协作机制，宜春市结合本地实际，采取“对推逼”三个办法，有力推动了核对信息共享，从而进一步推进了核对工作。

（一）“对接”

（1）市政府和市民政局出台有关核对制度和操作规程，与市级成员单位先行沟通协调，然后采取“上下联动、分期分批、逐个对接”的方法，以市核对工作领导小组的名义召开全市核对工作会议，积极同有关单位进行横向系统对接开发，签订核对信息保密协议，建立与相关单位的数据交换和业务协同机制，不断完善全市核对系统平台。

（2）市财政按每家1.5万元标准，为首批15家协查单位安排了前置机和显示器购置经费，同时为开发接口的协查单位提供2万元的开发经费，包干使用。

（3）截至目前，我市核对平台通过省“数字民政”平台与市工商局、市公安局（户籍、车辆）、市地税局、市民政局（婚登、殡葬）、市教育局的信息系统实现了信息自动交换。纵向专网连通了省、市、县（市、区）民政部

门的操作平台，横向通过政府内网、前置机与市房管局、公积管理中心、工商银行、建设银行、农业银行等单位进行对接，与其他单位信息管理系统的对接尚在协调中。

（二）“强推”

开展好核对工作，需要各数据共享单位的支持和配合。在与各协查单位进行对接的基础之上，宜春市采取了以下措施进一步推动与协查单位的沟通联系：

（1）建立联系人制度。以核对领导小组办公室的名义要求各协查单位每年报送分管核对的领导、负责协查的科室负责人和具体负责协查的工作人员名单及其联系方式。

（2）适时召开工作会议。每年在适当的时候以核对工作领导小组办公室的名义召开由协查单位的科室负责人和具体工作人员参加的工作会议，总结工作经验，部署工作任务，提出工作要求，明确工作责任。

（3）建立 QQ 和微信核对群。市核对中心通过核对群发布协查通知等信息，调度协查进展情况。通过 U 盘交换信息的协查单位协查工作人员在接到通知后，要求到市核对中心领取需要提供信息的 U 盘，并在规定的时间内送回载有反馈所需数据的 U 盘。

（三）“紧逼”

（1）下发了《关于常态化开展居民家庭经济状况核对工作的通知》（宜核组发〔2015〕1 号）及《关于调整居民家庭经济状况核对工作时间节点的通知》（宜核办字〔2017〕1 号），对各县（市、区）核对机构和各协查部门就核对工作开展的日期、完成时间、工作目标提出明确要求。

（2）建立考核评比制度，每年底以市居民家庭经济状况核对工作领导小组办公室名义，对各协查部门、单位工作情况进行考核评比，对先进单位和个人予以表彰，对工作不到位的单位予以通报批评，并及时下发了《2015 年首批居民家庭经济状况核对工作情况通报》《宜春市居民家庭经济状况核对工作情况通报》（宜核办字〔2016〕3 号）、《2015—2016 年度居民家庭经济状况核对工作先进单位和先进个人的通报》等文件。

（3）召开由各协查单位参加的常态化核对工作会议，传达常态化开展核对工作的文件精神，通报年度核对工作情况，部署阶段性居民家庭经济状况核对工作任务。

以“五抓手”为基础，通过“对推逼”的方式，宜春市在跨部门查询信息上面走在了全省的前列，平台建设不断推进，核对管理日趋规范，呈现出依法、安全、有序开展核对工作新常态。

开展金融资产核对　披露隐形资产“见光”

江西省吉安市核对中心

银行业金融资产核对是居民家庭经济状况核对工作的重要组成部分，是精准识别社会救助家庭隐形收入的重要抓手。2015年以来，江西省吉安市主动作为，积极攻坚金融资产核对工作，开展了中国银行、建设银行、工商银行、农业银行、邮储银行、交通银行、江西银行、九江银行、赣州银行、上饶银行、吉安农商行、浦发银行、华夏银行、吉州珠江村镇银行14家银行的金融资产核对工作，成效突出。主要做法是：

一、充分准备，增加金融资产信息对接“筹码”

（一）准备对接依据

依据《社会救助暂行办法》（国务院令第649号）、《民政部、中国银监会关于银行业金融机构协助开展社会救助家庭存款等金融资产信息查询工作的通知》（民发〔2015〕61号）、《江西省人民政府办公厅印发关于贯彻落实〈社会救助暂行办法〉实施意见的通知》（赣府厅发〔2014〕57号）和《吉安市人民政府办公室印发关于全市居民家庭经济状况核对工作办法的通知》（吉府办发〔2013〕16号）当中涉及核对工作相关条款、说明，确定核对工作开展的法律、政策依据。

（二）争取领导重视

主动向领导汇报开展金融资产核对工作的依据和设想，说明让隐形资产“见光”、推进社会救助公平正义的重要意义，争取领导对金融资产核对工作的重视和支持。

（三）周密安排会谈

一是反复研读对接相关文件，牢记内容，深刻理解文件精神，为洽谈时说服对方做准备。二是深入调查研究，拟草《吉安市社会救助家庭金融资产核对操作规程（征求意见稿）》。三是预先电话沟通，简要说明情况，请银监部门对《吉安市社会救助家庭金融资产核对操作规程（征求意见稿）》提出修改意见，约定会谈时间和地点。

二、精心会谈，赢得金融资产信息对接“共识”

（一）加强沟通协商

通过多次上门与各银行金融机构会面积极宣传申请社会救助家庭金融资产信息核对工作开展的重要意义，对国家、省、市要求开展核对工作的政策进行讲解。同时从当前工作形势要求、加强作风建设等方面，对信息共享工作开展与否的利弊进行分析，积极争取金融机构对信息共享工作的支持。

（二）建立长效机制

及时将会谈“共识”转化为长效机制，吉安市民政局、吉安市银监分局会签、印发了《吉安市社会救助家庭金融资产核对操作规程（试行）》，明确双方的工作职责与任务、核对内容和方式、核对时限和要求，强调银行业金融机构要根据民政部门的查询要求及时反馈查询结果，为推进金融资产核对工作提供机制保障。

（三）助推机制落实

建立机制后，迅速与银行业金融机构沟通联系，说明查询法律依据和查询的重要意义，推动开展社会救助家庭金融资产信息查询工作。

三、信息查询，披露隐形金融资产信息“见光”

（一）健全工作制度

一是明确了“五个统一”。印发了《关于同步做好介质核对与网络核对的通知》（吉市民字〔2018〕78 号），统一发起核对请求。各县（市、区）核对中心在接到救助部门委托任务后，在每月 1—12 日前初审、复审、发起核对请求。统一发起协查。市核对中心接到核对请求后，统一在每月 13—15 日发起协查；金融资产、住房、社保等信息采取介质方式核对的，从核对平台导出名册，送往相关部门和各银行业金融机构。统一信息获取。采取网络核对的从核对平台中获取查询信息；采取介质核对的，各相关部门（单位）和银行业金融机构在每月最后一个法定工作日内完成查询任务，并将查询结果送回市核对中心。统一反馈信息。次月 1 日前，市核对中心将金融资产、住房、社保等介质查询信息结果导入核对平台，与同批次网络核对信息同步完成协查任务。统一出具核对报告。次月 3 日前，县（市、区）接到查询结果后，及时出具核对报告。二是建立了"三上墙"制度，即《核对工作人员职责》《核对工作人员保密职责》《核对工作流程》，在办公场所上墙，警示和规范工作人员的工作行为。三是出台了《吉安市核对工作操作规程》，着重对对象授权书进行研究讨论，还研制了对象法律责任声明书，经市局法律顾问审定后印发。

（二）厘清工作思路

为进一步有效落实各项核对工作要求，根据工作开展实际，2018 年出台《吉安市居民家庭经济状况核对工作管理办法》，内容涵盖对核对工作机构、人员、档案、信息、工作运行、跨部门衔接等方面的管理内容。同时，进一步加强了信息安全管理和档案整理，重新分类整理了档案，特别注重生成报告的安全管理教育，确保核对对象的信息安全。

（三）核对成效显著

目前，全市核对平台对接了户籍、婚姻、车辆、个税、工商、教育、殡葬等信息，市级层面手工对接了住房、国税、社保、住房公积金 4 个部门、14 家银行，启动了核对平台与"智慧城市"对接事宜。2018 年 1—6 月，全市金融资产核对社会救助家庭 34546 户 103345 人，其中：有银行账户 14549 人，小于 5 万元的 10432 人；5 万—10 万元（含 10 万元）的 870 人；10 万—20 万元（含 20 万元）的 549 人；20 万—50 万元（含 50 万元）的 313 人；50 万—100 万元（含 100 万元）的 36 人；100 万元以上的 16 人；个人最高存款额度 643.73 万元，查出率 11.82%。有效杜绝和清理了隐瞒家庭存款的情况，核对清了求助或受助低保、医疗救助、临时救助、住房救助、教育救助、工会救助等对象，促进了社会救助公平正义。

资产申报与比对相结合　力推社会救助精准保障

江西省吉安市吉州区居民家庭经济状况核对中心

吉州区是吉安市政治、经济、文化中心，区域面积425平方千米，户籍人口36万人，辖4镇7街，89个行政村、41个社区，现有城乡低保对象10584户17727人。近年来，吉州区充分发挥江西省“数字民政”社会救助系统和核对平台的作用，将主动申报与信息比对工作相互结合，力推社会救助精准保障。2017年以来，全区共计对21278户70888人进行了精准识别，查出不符合条件的对象1424户，检出率为7.84%，为精准救助提供了重要依据。

一、自主申报，调查核实，把好识别第一关

救助对象的精准识别是救助工作的重点和难点，社会救助“五步骤”工作法中，入户调查与信息核对又是精准识别的关键环节。入户调查必须做好以下工作：一是自主申报。对象在提出申请救助时，必须申报家庭经济状况，填写《居民家庭经济状况申报表》，内容包括每位家庭成员基本情况、收入、财产情况，并要求签订诚信承诺书。二是实地调查。乡镇（街道）、村（居委会）两级民政专干联合入户实地调查，通过上门查看，邻里访问，调查取证，了解对象实际生活状况。三是出具核查表。乡镇（街道）根据实地调查情况核实对象自主申报情况是否真实，填写《家庭经济状况核查表》，调查人与被调查人签名。案例：古南镇街道桃树下社区龙某，在申报家庭经济状况时反映家庭无房，借住在跃进路27号3栋1单元401房。在入户调查中发现龙某并不在该地居住，以此躲避对其家庭真实情况的了解。龙某存在明显欺骗行

为，街道办事处对其下达了《最低生活保障终止办理决定书》。

二、规范操作，依法核对，把好识别第二关

凡申请救助，未经核对，不允许进入民主评议环节。一是必须翔实提供信息。《居民家庭经济状况核对授权书》家庭成员信息必须完整、真实。在收集对象资料时，要求共同生活家庭成员的户口簿、身份证必须一个不落地收集齐全，特殊情况下还要求提供非共同生活成员的有关资料。如老年人的子女及其配偶，单亲离异家庭孩子的父母双方。二是必须依法授权。个人依法授权是开展核对的前提，未经授权不能开展核对。授权时，需详细清楚地告知对象应提供什么资料、核查什么、为什么要授权等。在指导对象授权签字过程中，至少确保两名以上工作人员在场。家庭所有成员必须当工作人员面在《居民家庭经济状况核对授权书》上签名按手印共同签订，确保签名人与手印一致。对因事不能到场亲笔授权的家庭成员应委托其家庭经办人授权，提供《居民家庭经济状况核对法律责任声明书》，无民事行为能力的申请人要求由其法定监护人代为授权及签名，且要有授权时间。社区、乡镇要购置专门的档案柜保管和存放授权资料，身份证、户口簿扫描件要放入专用U盘由专人保管。三是必须严格审核。对核对平台接收的核对申请及相关申请材料，都要一一仔细审核，严格按照操作规程中“审核次数不少于两次，且审核人不为同一人”的要求进行初审和复审，审核内容包括：授权书是否规范，成员信息与授权书填写是否一致，户口簿与身份证是否完整，姓名与身份证是否一致，身份证是否有效，成员关系是否正确等，确保信息准确无误。

三、规范使用，合理利用，确保救助实施精准

一是查看核查报告的完整性。经系统生成的核查报告，要认真查看是否完整、是否存在缺项。如有缺项，应及时向上级核对机关反映，重新生成核查报告。二是规范使用核对报告。核对报告内容涉及大量个人信息和单位信息，仅是作为救助审批的重要参考依据，不允许下发给乡镇（街道）及个人。报告反馈的信息数据，要一一进行整理、汇总，再下发给乡镇（街道）。下发《家庭经济状况信息核对结果通知书》时，其间的内容描述均使用“货币财产

或家庭财产不符合相关救助政策家庭财产状况规定”等字段，而不能将对象的具体信息直接表述，确保信息不泄露。三是客观利用报告信息。对核对报告反馈回来的信息，首先要求乡镇（街道）与对象本人核实是否真实、准确，如果对象提出异议，将通过调查、取证甚至再次发起复查来核实，只有信息核准了才能进行审批。案例：刘某，男，68 岁；妻子周某，65 岁。夫妻俩生有一儿一女，都已成家，在本地打零工。刘某夫妇俩均是吉州区永叔街道光明社区退休居民，2018 年刘某因患上消化道出血、脑梗等多种疾病自付医疗费达到6 万余元，于2018 年4 月12 日提出临时救助申请。刘某提供的《吉州区居民家庭经济状况核对申报表册》信息符合临时救助条件，但经核查，刘某妻子名下存款4 万余元，其儿媳名下存款23 万余元。该家庭故意隐瞒，没有如实申报家庭货币财产信息，且家庭货币财产也已超标，不符合临时救助政策。区救助局下发了《家庭经济状况信息核对结果通知书》，作出了不予救助的决定。对有些特殊的情况，还是要具体问题特殊处理，案例：古南镇街道保太巷社区低保对象邓某，男，9 岁，患有脑瘫，长期进行康复治疗。父亲无单位，在本地打零工。母亲无业，在家照顾儿子。经 2018 年 4 月核查出，邓某父亲名下拥有一辆小货车，于2017 年购买，属二手车，用于装货维持生活。经区、街道、社区三级再次评定，给予保留该家庭低保待遇。

搭建四个平台　实现五级贯通
全面开展居民家庭经济状况核对工作

山东省潍坊市低收入家庭经济状况核对指导中心

近年来，潍坊市低收入家庭经济状况核对指导中心（以下简称市核对中心）围绕民政部和山东省民政厅关于核对工作制度化、规范化、精细化的具体要求，积极搭建四个平台、推动五级贯通、落实“1 + N”核对机制，不断提升信息核对工作科技服务水平和工作效能，确保了救助秩序的公平公正。

一、核心业务平台

潍坊市城乡居民家庭经济状况核对系统于2015年建成并投入使用，历经三次升级扩建，先后投入资金合计180余万元，建成了上下“五级贯通”、涵盖八大社会救助类别的家庭经济状况核对系统。

“五级贯通”是指部、省、市、县、乡镇（街道）核对系统五级互联互通，具体包含两个层面的内容：一方面是部、省、市三级数据贯通，实现数据共享，为家庭经济状况核对工作提供数据源支撑；另一方面是市、县、乡镇（街道）三级业务办理贯通，根据社会救助家庭的申请，开展核对业务出具核对报告。

市级核对中心是核对系统五级贯通的中心节点，具有承上启下的重要作用：一是对接共享部级、省级数据源，丰富核对数据项；二是协调本地数据共享单位，为市级核对系统提供基本数据支撑；三是依托市级核对平台，指导县、乡镇（街道）两级开展核对工作。县级核对中心主要审核监督镇街核对工作的规范性、合法性，指导乡镇（街道）正常使用核对平台。乡镇（街道）民政部门利用高拍仪、身份证读卡器等设备，主要承担信息采集上报、发放核对报告等工作。

二、数据共享平台

自核对系统上线运行以来，市核对中心始终将数据共享互通作为核对工作的生命线，不断丰富市级核对项目，积极搭建数据共享平台，落实“1 + N”核对机制。

（一）共享部级、省级核对数据

市核对中心主动配备专用服务器，积极对接调试，率先实现了省市核对平台的互联，现已对接调试完成部级核对数据 1 项、省级核对数据 15 项。

（二）完善工作机制建设

新修订《潍坊市城乡居民家庭经济状况核对办法》根据《潍坊市关于建立社会救助家庭经济状况核对机制的实施意见》，积极落实 18 部门联席会议制度，为市级层面数据共享提供了政策保障。

（三）扩宽市级数据共享渠道

联络协调市直各部门，依托市智慧办政务信息云平台，搭建核对数据共享交换平台，现已实现市级 42 家单位 48 项数据的共享交换。

三、安全保密平台

核对工作涉及众多个人敏感隐私信息，系统安全、数据保密工作十分重要，市核对中心利用技术防范、软件保护、意识提升等多重手段，打造全方位的安全保密平台。

（一）建设数字证书和电子签章系统

全市 151 个乡镇（街道）的社会救助窗口、17 个县（市、区）社会救助审批部门、30 余家市级各协查单位均配备了数字证书 USBKey，确保了系统的登录安全，各级核对系统操作人员同时绑定了电子签章，可以实时打印加盖市级核对中心业务公章的核对报告，进一步加强了核对报告的合法性、规范性、时效性。

（二）强化网络安全

一是电子政务网全覆盖，依托市智慧办电子政务网，全市核对系统及所有业务节点均在电子政务网内进行数据传输，保证数据传输的安全高效；二是开展系统等保三级测评，聘请第三方专业人员针对核对系统开展测评，根据测评报告进行整改维护；三是安装网络版卡巴斯基杀毒软件，利用政务网优势，核对系统网络内所有计算机均安装网络版卡巴斯基杀毒软件，定期定时由市级管理控制中心推送病毒库升级、电脑杀毒、安装补丁包等任务。

（三）签订核对工作保密责任书

召集各协查单位和市、县、乡镇（街道）三级的社会救助管理部门的核对系统操作人员，开展网络安全法培训并签订保密责任书，提高操作人员保密意识。

四、培训宣传平台

核对工作是民政新业务，技术需求强、准确度要求高、协调单位众多是当前核对工作的显著特点，尤其是在当前基层干部和群众对核对工作认知程度较低的现实情况下，市核对中心通过搭建核对干部的培训平台和面向基层的宣传平台，努力创造核对工作新局面和良好社会氛围。

（一）强化业务培训，建设骨干队伍

核对系统运行三年以来，市核对中心坚持每年组织不同类型的交流培训，召集各级民政工作人员、各类救助主管部门工作人员、市直各协查单位数据负责人员，搭建培训交流平台，共同研究学习核对工作，强化每位工作人员业务素质和保密意识。

（二）广泛宣传核对业务及有关政策

编制印发了各类宣传小手册、海报，其中宣传小手册分发到各级社会救助窗口摆放，供申请社会救助人员随时取阅，核对业务海报发放至全市各村（居）委会，统一张贴在村（居）务公开栏，供全体村（居）民学习了解。

（三）充分利用网络新媒体和自媒体平台

人人都是宣传员，人人当好宣传员，鼓励基层民政工作人员通过 QQ 群、微信群、朋友圈、微博等形式，主动宣传核对工作，让广大民政干部和群众真正做到认识核对、相信核对、依靠核对。

截至目前，潍坊市共核对城乡低保新申请及复查、经济适用住房、廉租房、医疗救助、临时救助、建档立卡贫困户、残疾人“两项补贴”、老龄补贴、退役士兵家庭经济状况等832650人次，出具核对报告511395份。

居民家庭经济状况核对工作推进了社会救助工作制度化、规范化、精细化，保护了申请人享受社会救助的权益，也杜绝了个别申请人妄图骗取社会救助待遇的现象，真正促进了社会救助工作的公平正义。

精心搭建核对平台　推进核对工作创新发展

河南省商丘市低收入家庭认定指导中心

近年来，河南省商丘市把健全和完善核对机制作为民政工作的重要任务，着眼社会救助和民生保障工作的整体发展趋势，精心搭建社会救助家庭经济状况核对信息平台（以下简称核对平台），依托电子政务外网和数据资源共享中心实现跨部门数据实时共享，有力推动了居民家庭经济状况核对工作创新发展和社会救助公平公正实施。

一、坚持高起点谋划

商丘市高度重视核对平台建设，将其作为核对工作的重中之重进行安排部署。按照全市“一盘棋”思路做好整体规划和设计，立足服务社会救助工作、兼顾其他社会服务需求，借鉴上海、郑州等城市经验，并结合本地实际，留足系统拓展空间，确保核对平台建设起点高、凸显长远发展特色。

（一）立足长远，实现三级互联、两级独立核对

核对平台通过民政部基础平台进行本地化开发，依托电子政务外网实现跨部门数据对接，市、县（区）、乡（镇、办）三级互联，市、县（区）两级独立核对。对已建成县（区）核对平台充分利用现有设备进行无缝对接；对未建平台的县（区）通过虚拟化平台服务器和配置前置服务器统一搭建，县级可独立对接数据，开展核对工作，这样既实现了逐级核对要求，又避免市级数据出现特殊情况不能核对时对县级产生不必要的工作影响，从整体上确保了全市核对系统高效运行。

（二）整合资源，建设多领域核对大平台

商丘在考虑核对业务时不仅将八大社会救助全部纳入，还增加了慈善救助，将“8+1”救助模式全部体现；同时因工作需要，开发了残疾人信息、扶贫对象和孤儿救助信息的数据接口，从而形成了多领域核对大平台，既加强了社会救助各项制度之间的有效衔接，又强化了部门间的协同联动。

（三）着眼未来，增设大数据分析功能

通过建设大数据挖掘平台，深入开展数据挖掘探索，实现申请家庭经济状况和数量预测、救助申请人诚信度判定、低收入人群需求定位等大数据挖掘分析应用，为党委政府开展工作、制定政策提供决策参考。

二、坚持高质量建设

核对平台是开展核对工作的重要载体，也是核对工作发展的基础。2015 年 7 月，商丘市核对平台立项建设；2016 年 12 月招标，中标价为 296 万元；2017 年 9 月顺利投入运行。建设过程中选择最佳施工单位，严格按照民政部《居民家庭经济状况核对标准》实施建设，并聘请监理单位全程对项目质量严格把控。

（一）公开招标，选择最佳服务

建设过程中，项目方案经市财政局信息科评审后，通过招标办进行公开招标。招标时，为确保核对平台安全易用，对系统软件、硬件和安全设备都进行了严格要求。

（二）聘请监理，确保工程质量

为了确保核对平台建设质量，与河南省信息电子工程监理中心签订监理合同，对项目硬件设备、软件系统、施工、调试和验收阶段进行全程监理。

（三）深挖需求，确定核对流程

通过多次调研和召开座谈会深挖本地化开发需求，最终确定符合全市实际的工作流程：乡（镇、办）录入→通过电子政务外网加安全认证→县（区）救助部门初审→县（区）核对机构核对并出具核对报告：一是采用本级跨部门数据进行比对；二是需要复核或将有疑问的提交市级核对机构经数据资源共享中心进行跨部门数据核对。

三、坚持高效率推进

商丘市以“马上办抓落实”推进工作机制为保障，加快完善核对平台本地化开发，借力政务云平台对接跨部门数据。

（一）借力政府，实现信息实时共享

按照“整合资源、协作共享”原则，核对平台所采购的硬件设备及软件系统等基础资源纳入市政务云平台共用，同时依托市政府数据资源共享中心实现跨部门数据实时共享。提交所需字段进行技术开发后，便可实时获取政务平台已对接好的部门数据。目前核对平台实现了与国土、公安、公积金等12个部门14类数据的全自动对接，反馈信息时间最快5—10秒，最慢3—5分钟，基本满足居民家庭经济状况信息的精准核对要求。

（二）边建边改，优化本地化开发功能

平台建成后，为确保系统的安全性、稳定性、易用性和跨部门数据真实性，一方面，有针对性地选定试点进行试运行，根据核对程序，开展信息核对工作；另一方面，对市委巡查办比对过的低保数据进行二次核对，测试核对系统接入数据的真实性。针对核对试点出现的部分功能不易用、数据有偏差等问题，重新进行了本地化开发和优化。

（三）两手准备，加快数据对接速度

一是纳入政务云平台的跨部门数据直接通过电子政务外网实时获取。二是未纳入的信息共享单位通过召开社会救助工作联席会议协调解决，本着先易后难的原则，协商对接方式，配备前置服务器，做好数据对接准备。

2017年9月核对平台运行以来，共核对各类救助信息55.94万人次，54.19万户次，核查出涉嫌问题信息4.47万人次，4.32万户次，检出率为7.99%，通过商丘市政务数据资源共享交换中心核对的数据量高达830多万条。核对效果初步显现，救助对象认定精准度大大提高，节约了大量财政资金。商丘市的居民家庭经济状况核对工作逐步得到了困难群众和相关救助部门的认可和肯定。

搭建数据交换平台　实现银行金融资产全面核查

湖北省武汉市居民家庭经济状况核对中心

存款、理财产品等银行金融资产是家庭财产的重要组成部分，准确认定银行金融资产对精准救助、促进公平公正具有重要意义。银行金融资产信息对接有两大障碍，一是商业银行管理制度，商业银行不能私自或随便查询、泄露客户的相关财产信息，仅司法机关等少数部门在办案过程中凭有效证明有权到商业银行查询办案对象的财产，民政不是有权部门，协调银行的难度很大；二是商业银行数量较多，武汉市含外资银行在内共有商业银行30家，部分银行本地没有数据，提供数据时需要向上级部门申请，获取数据的难度较大。武汉市通过在中国人民银行武汉分行建设社会救助申请家庭银行资产联网核对数据交换平台，通过武汉金融城域网一举对接商业银行21家，实现了银行金融资产的实时在线核查。

一、银行金融资产信息对接基本情况

2014年底，武汉市试验性地对接了3家银行查询119户家庭的存款、理财等信息，发现有8户家庭超标，其中一户有高达26万元的存款及理财产品。2015年11月，联合中国人民银行武汉分行印发了《武汉市民政局　中国人民银行武汉分行营业管理部关于银行业金融机构协助开展社会救助家庭存款等金融资产信息查询工作的通知》(武民政〔2015〕95号)，明确了各商业银行协助开展经济状况核查的工作要求。次月采取介质交换数据方式，试验性核查1000余户家庭8家商业银行金融资产，核出资产超过5万元家庭106户，其中1户家庭银行资产超过100万元。两次实验性核查均取得明显成效，但规模很小，核查时间很长，要实现救助对象全面核查只能采取实时在线查询方式。经单一来源采购，民政局和武汉市银行电子结算中心于2016年8月18日签订“社会救助申请家庭银行资产联网核对数据交换平台”项目合同，合同总价款183万元。2017年12月数据交换平台建成并投入使用，目前通过数据交换平台与21家商业银行实现对接，其中直连行19家，间连行2家。银行资产联网核对数据交换平台上线以来，各区积极组织实施社会救助申请家庭银行资产信息核对，累计核查救助对象银行金融资产信息15630人次，为精准识别救助对象夯实了基础。

二、业务流程及主要功能

（一）业务流程

1. 采集图像资料。按要求完整填写授权书，扫描身份证、授权书等原件形成图像资料，确保信息完整。按照核对授权书格式，准确填写姓名、身份证号等信息，社会救助申请家庭中全部成员应在申请窗口当面签字并按手印，对不便到窗口签字按手印的对象，应组织网格员上门当面收集手印。不具备民事行为能力的家庭成员，可由户主或代理人代签代按手印。具备民事行为能力，但因故无法按手印的，经公证机关公证委托后，可由受托人代签字按手印，并上传公证后的委托书。手印采集人应在授权书上签名，确保授权真实有效。图像资料完整采集后上传核对平台。

2. 交换核查数据。核对平台发起核查申请，将核对授权书、有效身份证明图像资料自动发送到数据交换平台。数据交换平台将核查请求转发至各商业银行，各商业银行在收到核查请求后在行内系统中抽取低保申请人家庭的相关财产信息，并定时发送至数据交换平台。数据交换平台按查询对象进行归并处理，在日终后对商业银行反馈的数据进行计算，并根据民政部门的标准进行判断，将核对结果回复给民政部门核对系统。整个过程无须人工干预，数据准确及时，每日最多可核查2000人，可以做到救助对象的全面核查。

（二）数据交换平台主要功能

数据交换平台具有完备的用户管理功能、便利的系统扩展功能、灵活的权限分配功能以及集中的参数维护功能，具体功能有：

1. 与核对系统的数据交换功能。接收核对系统发起的数据申请报文，并解析数据报文。查询对应的数据，并按照一定的业务规则进行计算处理，将核查结果反馈给核对系统。向核对系统转发商业银行发起的数据申请报文。接收核对系统对商业银行数据申请报文的回复，并解析数据报文。

2. 与各商业银行系统的数据交换功能。向商业银行转发核对系统发起的数据申请报文。接收商业银行对核对系统数据申请报文的回复，并解析数据报文。接收商业银行对系统发起的数据申请报文，并解析数据报文。根据商业银行的数据申请查询对应的数据并组装成格式报文，将格式报文回复给商业银行。对于无法直接连接的商业银行，交换系统通过间接连接方式供商业银行将查询结果上传数据交换平台。

3. 数据汇总存储功能。存储的数据主要包括：商业银行的查询请求、核对平台的查询请求、核对平台查询请求的各种要件影像、商业银行向数据交换平台的回复数据、核对平台向数据交换平台的回复数据、数据交换平台计算出的核对结论及其他数据等。

4. 影像数据查询查复功能。商业银行通过数据交换平台查询社会救助对象相关资料，民政部门应将核对授权书等影像资料通过数据交换平台回复给商业银行。

5. 统计功能。主要有：按时间段统计商业银行返回的数据量，按时间段统计核对平台的查询请求，商业银行的回复率，核对授权书等影像资料的查询率以及其他统计等

6. 查询功能。查询功能主要包括：对核对平台的查询请求状态进行查询，对商业银行的回复状态进行查询，对商业银行返回的数据量进行查询，核对平台对核对结果的相关明细进行查询以及其他查询等。

7. 数据录入功能。部分商业银行（如：村镇银行、农村合作银行、不能自动查询业务数据的银行等）不能通过计算机自动根据核对平台的查询请求进行数据查询，只能通过手工方式查询，将查询结果手工通过导入或录入的方式与数据交换平台进行数据交换，需要为这些通过间接方式连接的银行提供手工查询并下载查询请求，手工上传或者录入查询结果等功能。借助武汉

市金融城域网及现有资源，通过武汉市银行电子结算中心自身的优势，在各商业银行的配合下对全市申请低保的居民财产进行联网核查，降低人工审核的难度，节约行政经费，提高工作效率。

金融服务民生　助力社会救助

湖南省湘潭市低收入家庭核对中心

近年来，随着国家社会救助资金投入的大幅增加，以及针对低收入家庭保障性住房、最低生活保障、医疗救助、教育救助、临时救助以及附加在救助政策上的水电燃气价费减免等专项救助制度的不断完善，社会救助“含金量”不断提高。如何核查救助对象的财产状况，特别是银行存款等隐形财产状况，准确认定救助对象，已成为社会关注的焦点、群众反映的热点、政府实践的难点问题。在社会救助工作发展的新形势下，湘潭市勇于创新、大胆实践，探索并建立了居民家庭金融资产查询机制。

一、主要做法

（一）领导重视，建立了金融资产核对的联动机制

湘潭市积极争取市委、市政府的支持，成立了由市长任组长、常务副市长和分管副市长任副组长，市政府金融工作办公室、人民银行湘潭市中心、银监会湘潭监管分局支行等26个政府部门为成员的市城市低收入和城乡低保家庭认定工作领导小组，多次召开领导小组会议，研究部署工作，全力推进银行存款等金融资产核对。相继出台了《湘潭市城市低收入和城乡低保家庭认定办法（试行）》（潭政办发〔2011〕32号）、《湘潭市城市低收入和城乡低保家庭经济状况核对部门职责》（潭民发〔2011〕15号）以及《湘潭市城市低收入和城乡低保家庭金融资产查询操作细则》（潭政金办〔2011〕18号）等多个文件，规范了金融资产核对的程序和标准，明确了人民银行、银监局、政府金融办及民政局等部门的工作职责，逐步建立起了金融资产核对机制。

（二）授权核对，破解了金融资产核对的法律壁垒

当前金融机构对客户信息的保密需遵从《中华人民共和国商业银行法》等法规，除本人外，只有公检法、监察等部门在出具统一制式的查询通知、介绍信和身份证明后才能协查客户金融资产状况。湘潭人民银行、银监局、政府金融办配合民政局提出了“授权委托查询方式”，申请社会救助的对象，须提供由本人出具的授权委托承诺书（本人签字、按手印）作为民政部门核对银行存款等金融资产的依据，破解了民政金融资产核对没有法律支撑的难题。2012 年，《金融时报》以“金融服务民生的湘潭探索”为题向全国宣传和推广了湘潭社会救助对象金融资产查询的相关做法。2017 年 7 月，人民银行武汉分行在工作简报中再一次推介了湘潭的做法。

（三）明确责任，保证了金融资产核对的信息安全

数据安全是开展金融资产核对的生命线，是金融机构愿意长期配合的前提。一是签订了数据保密协议。湘潭市民政局与各银信机构签订了信息查询保密协议，约定双方数据交换的责任，明确了民政部门数据保密的义务，对因银行存款信息泄露而产生的法律责任，由市民政局承担相关法律责任，打消了金融机构的顾虑。二是限定了信息使用范围。核查机构获得的金融资产信息仅限在社会救助对象认定过程中与申请人申报情况进行对比，严禁扩大适用范围；银行存款信息在核对报告中不直接体现具体金额，仅对存款信息是否超出设置的标准进行判断；严格存款信息知晓范围，仅限于市核对中心专职工作人员核对时使用，除当事人可携带身份证核实外，其他任何人无权过问或者查询相关信息。三是完善了核对工作流程。在核对过程中，首先对委托查询对象的人社、工商、税务、公积金、养老、房产等信息进行核对，符合认定条件的再进行金融资产信息的核对，避免过多过滥核对个人金融资产信息。

二、工作成效

（一）节约了社会救助资源，实现了核查结果“零异议”

2016 年以来，共计核对救助新申请对象 8512 户，其中新申请城乡低保对

象5798户，检出率20.1%；申请廉租住房3231户，合格2714户，检出率16%；年审20余万人次，年审退出专项救助1万余人次。核对检出对象中因检出银行存款超标信息而未纳入低保或保障住房等专项救助约占总检出户数的21%，且金融资产核查结果准确率达到了100%，核对对象没有对金融资产核对结果提出过异议，有效地提高了救助的准确率。在没有大幅提高财政投入的情况下，城乡低保的保障标准线分别提高了19.2%、91.6%，月人均补差救助水平分别提高33.3%、84.2%；在没有大规模增加保障性住房建设项目的前提下，住房保障范围由低保、低收入家庭扩大到中低收入以及外来务工人员家庭，有效地节约了社会救助资源，确保有限的社会资源更多、更公平地惠及困难群众。

（二）维护了社会公平正义，实现了信息保护“零纠纷”

在结合入户调查、邻里访问等传统资产核对的基础上，对申请家庭的收入和财产，特别是银行存款等隐性收入和财产的核对，有效地避免了虚假申报收入和财产等传统方法难以杜绝的核对难题，减少了“人情保”“关系保”等社会救助审批过程中存在的制度漏洞。2016年以来，向各金融机构发送协查信息7.5万多条，共检出有效金融资产信息20余万条。通过严格执行科学有效的信息保密制度，所有信息没有发生过泄露情况，无一例纠纷。

（三）促进了社会诚信建设，实现了制度震慑“零容忍”

社会救助对象居民家庭经济状况机制的建立，向社会公众释放出政府部门全面掌握救助申请者家庭经济状况特别是金融资产等隐性财产状况的强有力信号。2016年以来，湘潭市共开展了60余批次的居民家庭金融资产核对，每批次有近30%的申请人在了解金融资产状况查询机制后，主动退出申请；对隐瞒财产和收入，骗取社会救助的对象，除对其取消资格、追回款物外，还通过跨部门的信息共享机制，将其失信行为与全市金融机构进行共享，进而影响其家庭成员申请银行贷款、办理银行卡等金融活动，还将视情况纳入失信人员名单，极大地促进了救助申请人的诚信意识。

认定信息平台建设与管理的探索和实践

湖南省常德市低收入家庭认定中心

常德市低收入家庭认定信息平台（以下简称认定平台）于2016年3月立项，9月开始建设，2017年5月上线运行。认定平台整合了省、市16个部门数据，实现了省、市、县、乡四级实时联网，覆盖面广，运行效果良好。2017年，在全市城乡低保、社会保障兜底脱贫对象和特困人员认定清理整顿工作中，全面运用认定平台进行信息核对，城乡低保清退率均超过55%，清理了不符合条件的“错保”人员，将应保未保的“漏保”对象按程序纳入保障范围，提高了政府公信力，增强了制度的严肃性，提升了资金绩效，得到了市委、市政府的充分肯定。截至2018年6月底，认定平台共核对社会救助申请对象76186户193066人次，检出有效信息258756条。我们主要有以下做法。

一、依托政府资源，平台建设起点高

常德市政府将认定平台列入全市重点民生工程，纳入智慧常德建设项目。市民政局提出建设需求和建设方案，市政府电子政务办全程参与，根据全市情况整合、配置资源，协调建设进程。认定平台建设部署起点高，投入少，效果好。

（一）将认定平台部署在常德云计算中心

常德云中心整合了全市政府各部门的相关数据，配置了专业的服务器、存储器、防火墙等后端设备。认定平台部署在云中心，可以无偿使用其后端设备，避免重复建设。常德云中心与专业公司合作，运维团队24小时运行。认定平台部署在云中心，安全维护、运行管理全部由云中心负责，专业高效，市民政局只需专心做好信息对接和核对、认定工作。

（二）认定平台依托常德电子政务外网运行

为规范操作程序，认定平台按照市、县、乡三级管理模式，分别授权。乡镇主要负责录入和查询，县（市、区）重点负责核对和审批，市里负责发起核对。将平台终端放到乡镇，减轻了县（市、区）的工作压力，保证了录入准确、查询快捷。常德电子政务外网覆盖全市各级各部门，已经部署到所有乡镇（街道）办事处及部分村、社区。认定平台依托电子政务外网运行，避免了民政专线只到县市区民政局，既不能联通信息共享的其他部门，又难以部署到乡镇（街道）办事处的窘状，既省时省力，又安全便捷。

（三）认定平台具有低收入家庭认定功能

信息核对是核实居民家庭经济状况的重要手段，是社会救助审批程序的一个重要环节。随着社会发展，低保对象逐年减少，而因支出型贫困导致的临时救助、医疗救助及教育、住房、就业保障等社会救助将逐步向低收入群体辐射，认定低收入家庭将是大势所趋。为此，认定平台设置了低收入家庭认定功能模块。该模块根据各县（市、区）低收入家庭认定标准，设置条件。在对居民家庭经济实施核对后，需要进行认定的，通过系统提交，系统将按照相关标准自动计算，符合条件的予以认定。

二、共享各级信息，平台数据覆盖广

数据精准是信息核对的根本，要保证数据精准，共享数据越多越好，核对信息越全面越精准。认定平台落实信息共享，我们重点做好三个方面工作。

（一）全面协调市级各部门信息，为平台提供基础数据

全面协调市级各部门信息，市政府召开专题协调会，各部门主要负责人向市政府领导递交责任状，部门数据限期移交常德云中心，按政策予以共享。市民政局联合市公安、财政等多部门出台《常德市居民家庭经济状况核对办法》，指导全市信息核对工作。目前，认定平台整合了市公安、交警、财政、

房产、工商、地税、公积金、民政、人社、残联10个部门的相关信息。

（二）全力对接省核对信息平台，为跨区域核对提供保障

2017年3月15日，省民政厅与常德市政府签署信息共享合作协议，厅市信息共享合作打通数据瓶颈，加速民政数据与政府公共数据资源的融合。市民政局把握时机，顺利打通省、市两级核对平台对接通道。市级平台所有信息及时发送到省核对平台，通过省级平台6个部门逐一核对后反馈结果，部分跨区域的信息得以核出。

（三）全方位开放县级信息导入端口，为平台精准核对提供补充

住房、财政、农机具等信息目前在县级相关部门，不能通过市级部门对接，纳入平台实施核对。认定平台建设时，预留了各类信息存储端口，各地用移动存储设备获取的信息，经安全杀毒后可以导入认定平台系统，供平台随时查询。

三、落实工作制度，平台管理规范有序

安全、高效、精准是信息核对的生命所在，为推进信息核对有序开展，我们着重从三方面规范管理。

（一）落实全市低保、特困人员“先核对、再救助”的工作要求，解决了要核对的问题

市民政局将低保对象、特困人员的信息核对纳入全市民政工作考核责任目标，要求各区（市、县）新增低保对象、特困人员核对率100%，存量低保对象、特困人员核对率90%以上。为提升群众知晓度，市民政局制作信息核对专题片，在电视台滚动播放；各区（市、县）充分利用乡、村信息公开平台，大力宣传信息核对。广大居民群众对信息核对的具体内容和措施有了更深刻的理解，全市形成了“先核对、再救助”“无核对、不救助”的良好工作氛围。

（二）实行“三统一”工作制度，解决了怎么核对的问题

认定平台建成部署时，市民政局印发了《关于加强救灾救助信息化终端设备配套和管理的通知》，要求各地整合救灾、救助、核对平台终端设备，统

一标准、统一规格，确保兼容，综合运用，防止浪费。出台了《常德市低收入家庭认定工作流程》，对实行居民家庭经济状况核对和低收入家庭认定的程序、责任主体、工作时限和工作要求予以明确。为规范操作管理，制定了安全操作制度、保密制度、核对工作流程图，统一印制成操作手册，发放至乡镇（街道）。实现了终端设备统一、工作流程统一、操作规范统一，保证了全市核对工作“一盘棋”。

（三）加强业务培训与指导，解决了谁核对的问题

2016 年以来，市民政局每年都集中举办低收入家庭认定专题培训班，邀请省民政厅领导和认定平台开发技术人员对各区县市、各乡镇（街道）核对工作负责人、信息操作人员宣讲核对政策，传授信息平台操作知识。市民政局建立信息员联络制度，加强对基层核对工作人员指导、联系，建立技术指导 QQ 群、微信群，随时解决信息平台使用中的技术困难。

主动出击　密切配合　全力推进银行存款信息查询

广西壮族自治区低收入居民家庭经济状况核对中心

居民家庭经济状况核对工作是准确认定社会救助对象的关键环节，是社会救助体系建设的基础性工程，是社会救助工作规范操作的重要前提。银行存款直接反映了家庭的货币财产，银行账号的收入、支出数据也从侧面反映一个家庭的经济状况。经过艰苦努力，自治区核对中心从2016年起陆续与广西区域内10家银行签订了数据共享协议，并获取5家银行数据。我们的具体做法如下。

一、主动出击，加强与广西银监局的对接和沟通

2015年以来，自治区民政厅主动加强与广西银监局的对接和沟通，民政厅的分管领导多次带领社会救助局及核对中心相关人员与自治区银监局进行核对政策宣传和技术解释说明。一是从社会救助的业务层面，详细向对方阐述《社会救助暂行办法》（国务院令第649号）、国务院《关于进一步加强和改进最低生活保障工作的意见》（国发〔2012〕45号）等文件精神，说明银行数据对社会救助对象准确认定的重要性及数据交换的法理依据。二是从信息安全层面，详细向对方介绍了广西低保系统及核对信息平台，整个社会救助的申请审批流程，核对数据的“五岗三审制”等，从方方面面介绍我们对需要查询银行数据的对象都是经过严格审核把关的，没有授权的恶意核对是进不来的。三是从技术对接层面，自治区核对中心精心总结几年来与各部门对接的经验，为银行提供最为安全的数据交换方案，以“专线 + 文件交换”的方式取得各银行技术部门的认可。经过艰苦努力，我们终于与广西银监局就全区核对信息平台与区内银行信息核对查询的内容范围、核对查询时限、

实施方式、信息安全和数据保密等问题达成共识，并于2015年9月由自治区民政厅与广西银监局联合下发《关于银行业金融机构协助开展社会救助家庭存款等金融资产信息查询工作的意见》（桂民发〔2015〕51号）。

二、密切配合，共同推动银行数据交换协议签订事宜

《关于银行业金融机构协助开展社会救助家庭存款等金融资产信息查询工作的意见》下发后，自治区核对中心与广西银监局共同谋划推动银行数据共享工作。2015年11月24日，自治区核对中心以自治区民政厅和广西银监局的名义，召集全区16家商业银行召开社会救助家庭金融资产信息查询工作座谈会，就核对信息平台与银行数据联网共享进行讨论和部署，与各银行就数据共享的查询对象范围、查询时限、实施方式、信息安全和数据保密等问题达成共识，明确了银行数据共享工作步骤。

三、逐个击破，先易后难

在召开社会救助家庭金融资产信息查询工作座谈会后，自治区核对中心一家一家地与各银行进行单独沟通协调，先易后难逐步推进，对共享方式无修改意见或修改内容可以接受的银行，就正式行文与之签订协议。对于修改意见需要沟通完善的银行，及时跟进说明有意见的条款设立的初衷和用意，提出自治区核对中心的修改方案给对方参考，如此反复直至达成一致。同时，还通过季报的方式，将银行数据共享工作进展告知银监局，请银监局居中协调，共同推进。经过努力，自治区核对中心陆续与10家银行签订了数据共享协议。

四、协议条款订立经验

《数据交换和信息共享合作协议书》的条款订立主要依据以下原则：一是明确职责和责任。如：查询的真实性和合法性由查询发起方负责。二是无法明确细化的内容往大方向、大原则上靠。如：协议中仅明确数据类别，不涉及数据字段，对接方式另行商定等。因为在实际操作中发现，数据字段写得越细，协议商定的时候反复就越多，就越难签下来。三是通过多个条款组合迂回实现数据共享的目标。如：协议中不明确数据返回的时限，却有加强联

系沟通的条款。

总之，通过不懈努力，自治区核对中心与全区10家银行签署了数据共享协议，并与5家银行实现实时在线数据交换。

《数据交换和信息共享合作协议书》条款模板

第一条　甲乙双方同意在确保查询信息安全、合法的基础上，根据业务需求共享信息数据。

第二条　乙方同意根据甲方的社会救助申请家庭经济状况核对工作需要，依法通过部门间信息共享平台向甲方提供社会救助申请对象银行账户余额、账户交易信息、理财产品交易信息和贷款信息。

第三条　甲方同意根据乙方的实际工作需要，依法通过部门间信息共享平台向乙方提供系统中的婚姻登记信息、社会救助人员信息、行政区划代码等信息。

第四条　甲乙双方分别负责审核已方所提交的查询申请的真实性和合法性。甲方应确保在向乙方提交查询申请前，已取得救助申请人及其家庭成员的授权。

第五条　信息数据的对接方式和具体操作模式由甲乙双方的信息部门和相关业务部门对接，提出具体实施意见。

第六条　树立社会公众诚信意识，建立社会诚信体系，甲乙双方将通过建立不同层面的定期磋商机制和联络员制度，加强经常性的沟通、交流，更新协作方式、拓宽协作内容、完善协作机制、提高协作质效。

第七条　甲乙双方应严格按照国家有关法律、法规和相关政策进行管理，依法依规对对方所提供数据予以保密，违反国家法律和相关规定，发生失泄密行为时，由当事方承担责任。

第八条　本协议未尽事宜，双方将本着相互谅解、相互支持长期友好合作的原则，予以友好协商解决。

第九条　协议一式四份，双方各执两份。协议自甲乙双方签字盖章后生效。

第十条　本合同签署后，如国家对本合同涉及的数据交换和共享方式另有规定的，按照新的规定执行。

创新工作，智能化开展入户核对手机 App

广西壮族自治区来宾市低收入居民家庭经济状况核对中心

一、开展入户核对 App 试点工作意义

开展入户核对手机 App 是通过 App 软件与核对信息平台、低保系统的互联互通，把自治区、市、县、乡镇、行政村五级信息数据互联和全覆盖、形成多维一体，进一步简化基层采集信息的程序，准确、高效获取社会救助对象的家庭财产状况，方便工作监管、保护基层干部。

二、开展入户核对手机 App 试点工作主要做法及成效

2017 年 3 月，来宾市被广西壮族自治区低收入居民家庭经济状况核对中心（以下简称自治区核对中心）纳入全区开展入户核对手机 App 试点城市，经过 4 个月的组织实施和强力推进，2017 年上半年全面完成了试点工作任务，所有县（市、区）都做到凡是新申请的社会救助对象乡镇工作人员必须通过 App 入户定位核查后再进行核对。

（一）领导重视，迅速启动试点工作

2017 年 3 月中旬下达来宾市为试点城市后，局领导十分重视试点工作，召开两次专题会议，审议实施方案，来宾市不等不靠，快速行动，3 月底就立即召开了市、县、乡分管领导和工作人员动员会，也就是全市第一期核对（低保）业务培训会。通过统一思想，提高认识，把开展入户核对手机 App 的目的、功能、作用、操作流程进行传达，变被动开展为主动开展，为全市顺

利完成试点工作打下了坚实基础。

（二）制定政策，为县乡两级开展入户核对手机 App 提供依据

2017 年 4 月，通过一个月时间到所有县（市、区）和部分乡镇开展前期调研，找准工作的切入点和突破口，2017 年 5 月，以主管局名义下发《来宾市民政局关于开展入户核对手机 App 试点工作的通知》，明确开展工作时间、工作方法，为完成工作任务进行了全面部署。

（三）投入资金，为基层解决入户核查必备工具

开展 App 试点工作，关键是解决手机这个必备的工具。在前期开展调研工作时，基层干部普遍反映下乡入户核查使用个人手机进行核查有不妥之处：一是部分基层人员手机内存少、屏幕小；二是入户使用定位核查需要一定的流量，使用个人手机不方便充值；三是使用个人手机容易被误解；等等。鉴于以上问题，各县（市、区）民政局积极向当地党委政府汇报并解决设备和流量等的资金。据统计，来宾市 6 个县（市、区）共投入 36.272 万元购买了 181 台平板电脑，确保每个乡镇至少有两台平板电脑。如此，为顺利开展入户核对手机 App 提供了物质保障。

（四）统一指导，为县乡解决技术核心问题

通过争取自治区核对中心主任朱冰带领技术团队深入到各县（市、区）及部分乡镇进行面对面指导，解决技术核心问题，并针对开展推广工作中出现的问题进行再培训，使县乡两级所有操作员都掌握了 App 的操作和运用。

（五）技术创新，基层普遍反映好

来宾市兴宾区迁江镇采取手机 App 定位加纸质核查材料的方式，全方面掌握城乡低保对象的生活生产情况，真正做到“应保尽保、应退尽退”。通过运用手机 App 进行定位核查工作，发现了不少问题：一是低保户生活水平提高，明显超出最低生活保障线：家中有房产、有空调等高档家用电器，家庭全部成员长期在外务工，在闹市区购买有商品房或商铺，等等。二是无其他明显致困原因，比如：家庭成员身体健康并在劳动年龄阶段不从事劳动生产，子女因学致贫而现在已全部毕业参加工作，等等。三是有其他违法违规现象：家庭成员长期赌博、吸毒或违反国家规定的其他情况。

（六）成效明显，积极推广开展入户核对手机App经验方法

在取得成效的同时，及时总结推广。一是推广硬件设备和流量的解决办法。及时推广各县（市、区）在解决硬件配备和流量安排（按一个乡镇配备2台平板电脑和每台平板电脑安排20元流量）的经验做法。如忻城县在采购硬件设备的主要做法是，经县政府批准并通过县纪委审批同意后才组织实施等做法。二是在新闻传媒推广。2017年7月，分别在《中国社会报》和《广西日报》《来宾日报》等媒体宣传推广，以《App系统助力精准识贫》《来宾低保“入户调查”信息化规范化》《来宾市App智能识别确保低保入户核对准确规范》为题推广来宾经验。三是通过举办培训班进行推广。2017年8月底，来宾市以推动后进单位为目的，及时举办第二期核对（低保）业务培训会和开展入户核对App试点工作推进会，会上安排工作进度快、成效明显的合山民政局、凤凰镇、迁江镇进行经验介绍，并通报进度缓慢的县（市、区）和部分乡镇。四是在区内推广运用。2017年9—10月，邀请来宾市核对中心主任韦兰红到桂林市和贵港市介绍入户核对手机App的主要经验做法；11月27日，在全自治区核对业务培训班上，韦主任在培训班上再次介绍并推广来宾市开展入户核对手机App的经验。五是在区外推广运用。2017年8月底，上海市核对中心举办全市核对业务培训暨核对趋势展望论坛会，邀请核对工作成效显著的浙江、重庆、来宾、北海等地作经验介绍。会上，来宾市以“互联网+”精准救助，重点介绍来宾市跨部门联网工作和开展入户核对App工作的经验和做法，得到上海和与会地区的充分肯定和认可。

截至2018年7月，全市通过App定位开展入户核对共15239户41775人，其中：兴宾区2907户8724人；象州县1775户4106人；武宣县5451户16401人；忻城县3024户7234人；金秀县1026户2714人；合山市1029户2596人。为全市精准核对、精准救助和精准扶贫助推力量，为全自治区下一步推广入户核对App工作打下了基础，积累了经验，得到民政部和自治区民政厅领导的充分肯定和赞扬。

发挥核对信息平台作用　精准识别救助对象

广西壮族自治区北海市低收入居民家庭经济状况核对中心

北海市低收入居民家庭经济状况核对中心（以下简称市核对中心）自2013年成立以来，努力践行“民政为民、民政爱民”的工作理念，着力以推进居民家庭经济状况核对信息平台的优化升级改造为重要抓手，充分发挥核对信息平台在社会救助工作中的作用，为精准救助精准脱贫奠定了基础。

一、加快推进核对信息平台优化升级，实现核对工作高效精细化管理

北海市核对信息平台投入使用后，成为社会救助工作中一个不可或缺的工作手段，取得显著的成效。为充分发挥核对信息平台作用，2015年，北海市对全市核对信息平台进行升级改造，着力构建高效安全的核对信息平台。

（一）重点抓好核对信息平台一、二、三期项目建设

一是建设核对信息平台无成功经验可以借鉴。2013年2月，北海市核对中心正式组建后，克服人员少、无专业技术人员、经费少、办公场所不固定等困难，加强沟通协调，加强请示汇报，于2014年4月在广西率先建成投入使用核对信息平台。平台建成投入使用后，部门信息共享是核对工作的关键。市核对中心采取主动对接、先易后难的方式，在2014年1月第一个与市公安局进行了车辆信息共享，标志着全市的核对业务正式步入电子比对阶段；同年6月陆续与市公积金、市房产、高院、农机、渔政、人社、地税、婚登、残联、农信社、建行等部门共享。现可运用的信息数据量不断增加，包括人口信息、车辆登记、渔船登记、渔船油价补贴、房产等101项核对字段数据

信息，为社会救助精准识别和认定提供了客观、可靠的依据，提高了社会救助的精准度，结束了全市核对工作“人工”核对的历史。二是结合北海市实际，制订了《北海市居民家庭经济状况核对信息平台二期建设项目实施方案》，明确建设目标、建设内容、责任分工、实施方法和步骤及保障措施。狠抓督促落实，采取每月上报项目建设进度，及时掌握基层动态。2015 年 5 月底完成了核对专用硬件设备的采购、安装、调试、技术对接及系统测试，共投入 82 万元采购中心机房的 UPS、恒温空调、前置服务器和县区节点防火墙、网络安全入侵检测、数据交换机、专用电脑等设备。2015 年 7 月初，核对信息平台二期设备全面投入使用，系统优化升级后，核对对象的基础信息通过身份证读卡器直接读取，信息准确、图像清晰，解决了原来高拍仪扫描附件资料模糊难辨别的难题，不但减轻了乡镇经办人员填写录入救助对象信息工作量，也完全避免了信息录入出错，从而提高了核对工作的效率。三是 2017 年又投入 10.5 万元资金，给各个乡镇（街道办）配备了 1—2 台入户核查 App 软件的平板电脑，在低保入户核查环节运用手机 App 开展入户核查。入户核查手机 App 投入使用后，基层乡镇受理低保户的材料到县区民政局审批原来全靠人工报送纸质材料，耗时费力，工作效率低，通过投入使用手机 App，将法院、农机、渔政、人社、地税、涉农、公安、房产、公积金等 18 个部门涉及的信息全部纳入，与无纸化网上审批系统、低保系统、核对系统“三位一体”实现资源整合、数据共享，并实现各业务系统的无缝对接。原 1 个月办成的事现缩短至当天就办结，原出具核对报告时间需要 15 个工作日缩短至 7 个工作日，既减轻了基层工作压力又提高了工作效率，切实做到“让群众少跑腿，网络多跑路”，真正起到了事半功倍的效果。还实现手机 App 入户核查功能与核对系统的低保监测功能的联动，率先在全区启动低保动态监测管理工作，通过一个多月的时间，全面完成全市在享受城乡低保对象 4.75 万人的首次经济状况复核工作任务，其中城市低保 3738 户 6836 人、农村低保 19156 户 40683 人。通过市、县区、乡镇三级联动，对在享受低保对象进行动态监测，真正实现了低保应保尽保、应调尽调、应退则退的动态管理。还通过导航定位功能，解决了原来入户核查需村干部带领入户的问题，保障了 100% 入户核查率，工作量只占原来工作量的 6.29%，大幅度减轻了基层工作压力。并及时将经济状况好转人员清退出低保，共节约财政资金 212.99 万元。

（二）加强沟通协调，部门信息共享数据不断增多

信息共享是开展居民家庭经济状况核对的基础性工作。2015 年，市核对中心从年初的仅与公安、房产、住房公积金等 5 个部门建立信息共享，到年末已扩展至高院、农机、渔政、人社、地税、涉农等 18 个部门，可运用的信息数据量不断增加，包括人口信息、车辆登记、购机补贴、农机登记管理、渔船登记、渔船油价补贴、养老保险、失业保险、个人所得税、车船使用税、缴纳（领取）商业保险、缴纳（提取）公积金及余额、房产以及涉农补贴等 80 多项数据，为社会救助精准识别和认定提供了客观、可靠的依据。

（三）狠抓核对信息平台的安全管理，确保信息安全

居民家庭经济状况核对涉及个人隐私，核对工作中保护对象的个人信息安全尤为重要。对此，采取多项措施保障核对信息安全。一是严格执行保密制度，实行核对系统人员实名制管理，确保账号专人专用。对离开核对岗位的及时注销其核对账号。二是完善部门数据交换制度，明确专人负责，部门之间一对一传输数据，确保数据及时交换、安全保密。三是县（区）各节点核对专网内的电脑都安装了专网杀毒工具，安装了防火墙并定期开展核对网络线路检查，进行系统病毒入侵检测。禁止核对专网内的电脑连接互联网，特别是不允许应用一体机、网线联内网、WiFi 联互联网，保障全市各级核对终端设备安全运行。四是规范核对操作程序。核对工作严格执行“无委托不核对，先授权后核对”的原则，授权书、身份证、户口簿等附件资料提交齐全后才进入核对程序，严格执行“五岗三审制”，杜绝与社会救助无关的委托核对和“恶意核对”。

二、不断扩展核对信息平台应用范围，形成大救助大核对工作新格局

2015 年完成核对信息平台优化升级后，平台功能由低保覆盖至特困人员供养、临时救助、医疗救助、教育救助、住房保障、困难职工等各类专项社会救助项目，实现核对工作从基本型向精细化管理转型升级。目前北海市开

展的核对业务项目有城市低保、农村低保、特困人员供养、临时救助、医疗救助、住房救助、教育救助、困难职工救助共 8 个核对项目，现除了主要服务于民政部门之外还给住建、工会两个部门提供服务。实现核对项目从单一到繁多、服务范围不断向民政之外拓展的大救助大核对工作新格局。

三、充分发挥核对信息平台精准识别作用，助推精准救助精准脱贫

核对信息平台投入使用以来，一是在全市实现了对新申请低保等各类专项社会救助对象的家庭经济状况做到“逢进必核”的目标，及时将不符合救助条件者筛选排除。二是加强农村低保制度与农村扶贫开发政策有效衔接，对全市现有建档立卡贫困人口 4. 38 万人进行家庭经济状况全面核对，筛选出符合低保条件的建档立卡贫困对象 1. 85 万人及时将其纳入了低保范畴，提高了全市脱贫户的精准识别。三是结合全国低保专项治理率先在全区制订了《关于开展全市在享城乡低保对象家庭经济状况复核工作实施方案》，对全市在享低保对象的经济状况进行每半年全面复核监测一次，将核对工作结果广泛运用到清理整治之中切实做到应保尽保、应退则退、应调则调的动态科学管理，做到低保精准救助。四是积极配合做好廉租住房和困难职工救助家庭的经济状况核对，为住建和工会部门做救助审批时提供准确的数据支撑。据统计，自 2013 年以来，北海市核对中心共接受各类社会救助项目委托核对 103492 户次 244553 人次，全市累计清退不符合低保条件者 1. 98 万户次 3. 6 万人次，通过大力宣传和清理整治，差异率逐年下降；及时将核对出的差异情况通报有关部门，对故意隐瞒者形成强大威慑力，促进了救助对象的诚信度，保障了救助对象的精准识别，提升了政府公信力。

达川区创新建立社会救助大平台救助信息核对实行网上统一办理

四川省达州市达川区民政局

为深入贯彻党的十九大精神，认真落实国务院《社会救助暂行办法》，四川省达州市达川区认真践行“以人民为中心”的发展思想，利用“互联网+”深化社会救助改革，创新建立社会救助大平台系统，将12个救助部门40项救助事项，以及27个信息核对部门的信息核对通过大平台进行联网运行，通过远程办理、系统交换、网络监督和微信互动，实现了群众少跑腿、信息“多跑路”，“进一家门，解所有难”，有效提高了社会救助效率和管理服务水平。

一、具体做法

社会救助改革由民政部门牵头，区委、区政府成立了社会救助大平台建设领导小组，建立了社会救助联席会议制度，加强了社会救助改革的组织领导。社会救助改革包括以下内容：

（一）开发大平台网络运行软件

开发设计了社会救助大平台网络运行软件，包括政策清单系统、一门受理系统、信息核对系统、业务审批系统。

（二）健全大平台管理运行体制

达川区社会救助大平台管理运行中心设在区社会救助服务中心，具体负责社会救助大平台组织实施、运行管理。在中心设立救助窗口，由12个救助部门派驻人员进行救助业务咨询、救助培训、互动回复和网络督办等工作。

各乡镇（街道）依托便民服务中心设置社会救助窗口，统一受理辖区内社会救助事项，通过社会救助大平台接件、上传资料及接收救助结果。各救助部门和信息核对部门指定专人负责救助事项审核审批和信息核对。

（三）规范大平台运行流程

申请人持申请书、身份证、户口簿到所在乡镇（街道）社会救助窗口提出救助申请，签署信息核对授权书。受理人员初始审核后登录大平台进行资料录入和提交；区社会救助服务中心收到申请，向信息核对部门发出核对申请，信息核对部门完成核对后，生成核对报告反馈社会救助服务中心；社会救助服务中心将救助申请资料和信息核对报告提交救助审批部门进行审核审批，审批结果反馈社会救助服务中心备案，同时通知乡镇（街道）社会救助窗口进行结果告知和实施救助。

（四）加强大平台运行管理

一是加强外部流程管理。①上墙公示。各乡镇（街道）对40项救助事项的责任部门、救助对象、救助条件（提交资料）、救助流程、救助标准、办结时限及整个救助事项的办理流程全部进行上墙公示。②规范告知。规范发放受理告知书、补正材料告知书、不予受理告知书、审批结果告知书，保障群众的知情权。③展示样表。方便群众填写。二是加强内部流程管理。①流程设置。根据40项救助事项的具体审批情况分别设置了二级、四级、五级流程，每种流程都实行一口进、一口出，以此实现大平台对所有救助的统计、分析和监管功能。②红色预警。大平台对每个救助事项的每个环节均设置了红色预警，在规定的办结时限内提前2—5天显示预警进行提醒。③超时通报。区纪监委、区社会救助服务中心每个季度对超时办理、超时未办的进行通报，并对情况严重单位相关责任人进行约谈。④适时查询。所有救助事项在软件运行中的每个环节都与大厅触摸屏、微信公众号同步连接，群众随时可以进行进度或结果查询。⑤在线举报。区纪委、监委将民生监督平台植入了社会救助大平台，方便群众对救助违纪违规的线上举报。⑥救助资金核拨监管。对通过大平台受理审批的救助资金，财政给予及时核拨，对未通过大平台体外运行的救助，财政不予保障。

二、集中核对信息事项

纳入大平台27个信息核对部门开展的信息核对事项包括：区公安分局负责户籍信息核对；市交警直属二大队负责车辆信息核对；区交运局负责车辆运营、船舶运营信息核对；区金融办协调银行、证券、保险等金融机构负责提供存款、证券、保险信息核对；区房管局负责住房、房改、产权交易信息核对；市住房公积金管理办公室负责公积金缴纳、贷款信息核对；区就业局负责就业、失业信息和失业救助信息核对；区社保局负责社保缴纳领取信息核对；区医保局负责医疗保险补偿信息核对；区地税局负责地税登记信息核对；区商务局负责个体经营信息核对；区财政局负责财政供养人员信息核对；区林业局负责林权交易、林业项目补助信息核对；区农业局负责土地承包、种植养殖业项目补助、农机补贴等信息核对；区教科局负责就学信息、助学信息核对；区民政局负责低保特困救助信息、婚姻登记信息核对；区惠民帮扶中心负责十大民生救助信息核对；区残联负责残疾人员信息、残疾救助事项救助信息核对；区总工会负责困难职工救助信息核对；区卫计局负责卫生扶贫救助基金救助信息核对；区妇联负责家庭困难救助信息核对；区司法局负责法律援助信息核对；团区委负责青少年救助信息核对；区红十字会负责困难群众医疗（人道主义）救助信息核对；区直工委负责困难党员救助信息核对。

三、取得的成效

社会救助大平台建立运行，将救助关口由部门前移至乡镇（街道），实现了求助者信息集中快速核对，降低了困难群众求助和政府行政成本，深化了政府服务改革，实现了困难群众的“便捷救助、高效救助、精准救助、全面救助、阳光救助、廉洁救助”。社会救助大平台自2017年7月在5个乡镇试点、11月在全区全面运行，全区通过社会救助大平台开展信息核对21.6万人次，办结救助事项14.5万件，发放救助资金1.3亿元，受益群众30余万人次。该做法被国务院办公厅秘书一局信息专报采用，被民政部评为“2017年度全国社会救助领域优秀创新实践案例”，同时作为民政部“数字民政”创新实践成果应邀参加由国家网信办在福州举办的首届数字中国建设成果展览会。《人民日报》《中国社会报》《中国新闻报》和“两会”专刊等进行刊载。2018年4月26日至27日，全省社会救助工作现场会在达川区召开，在全省推广达川区社会救助大平台经验。

着力构建核对平台　全力打造阳光救助

四川省乐山市低收入家庭认定中心

乐山市位于四川盆地西南部，是国家历史文化名城、中国优秀旅游城市、全国卫生城市，同时也是中国唯一拥有三处世界遗产的城市。全市辖 11 个区（市、县），总人口 320 多万人，现有城乡低保对象 18 万余人。为了确保全市社会救助审批的准确和高效，早在 2013 年，乐山市就出台了《乐山市城乡居民低收入家庭经济状况核对实施办法》，建立了"党委重视、政府主导、民政实施、部门协作"的核对工作长效机制；2014 年投入资金 100 多万元用于民居家庭经济状况核对平台的软硬件建设，建立起乐山市居民家庭经济状况核对系统；2014 年底，乐山市低收入家庭认定中心（以下简称市认定中心）正式成立，市认定中心依托居民家庭经济状况核对信息系统，对全市各类社会救助申请家庭的经济状况进行核对。目前，市认定中心已完成了与民政、人社、公安、工商、国税、地税、残联、房管、卫计、公积金、不动产 11 个部门的数据对接。核对工作的开展有力地推动了全市社会救助工作的科学化、规范化、精准化，为全力打造公开、公平、公正、透明的阳光社会救助提供了有效支撑。

工作开展几年来，我们不断反思和总结核对工作存在的不足、面临的困难，我们认识到建设一个科学合理的、适应当地救助工作实际的核对平台对于核对工作而言至关重要。我们主要从以下几方面搭建了乐山核对平台。

一、借鉴经验，科学制订核对平台建设方案

2013 年乐山市核对工作开展之初，我们对这个新的课题还知之甚少，为

了尽快建立起来，组织了多批人员到核对系统建设运行较好的地区学习、借鉴先进经验，形成核对工作推进方案，并带领技术人员到相关单位就方案的可行性、系统的对接方式进行探讨和论证，找准部门间居民家庭经济状况核对信息共享的结合点，按照“大救助”理念，结合乐山救助工作实际，初步制定了“标准统一、数据集中、服务延伸、资源共享、安全高效”的核对平台建设框架，确定了“三个统一”的建设思路，即统一开发软件。依托民政部开发的核对基础平台，由市本级统一安装部署，考虑到偏远乡镇加密网络使用的局限和数据的安全，系统平台最终实现市、县（市、区）两级覆盖。统一建设数据库。采用先进的“大数据、大集中”方式进行设计建设，考虑到数据基本都是向上集中的特点，我们基于核对平台在市级层面建立统一的数据库，有效提升数据的完整性和准确性。统一网络架构。为确保数据的安全传输和使用，核对平台通过电子政务外网、党政网与各比对部门建立专线实现数据对接，并通过电子政务外网加安全认证的方式实现市、县（市、区）两级互联。在此基础上，我们还为各个区（市、县）统一配置了核对平台专用电脑和高拍仪，进一步确保平台使用的顺畅和统一。

二、结合实际，做好核对平台的本地化开发

乐山市居民家庭经济核对系统是基于民政部核对基础平台进行开发的，但为了让整个系统平台更加实用、更加适应乐山实际，我们反复研究讨论，融入了大量的本地化元素。

一是在平台运行之初，我们就遇到了新增核对和大规模复核的报告如何出具的问题。新增核对数据量相对较小，采用核对报告的形式显示没有问题，但遇到以万计数的大规模的复核以报告的形式下发到各审批部门，各审批部门都反映量太大，很多报告没有数据，逐份查看太耗时间，不便于审批部门查询和使用。针对这个问题，我们与系统承建商反复研究，最终在平台上设计了两种不同的核对结果显示方式，新增核对以详细报告的形式显示，大规模的复核则采用设置关键数据的方式来进行筛查，最终的结果以Excel表格的形式进行显示，对查询无数据的自动剔除，有数据的重新导入系统平台后出具核对报告。这样就可以大大减轻大规模复核中无数据报告太多的问题，提

高各审批部门的审批效率。在这几年的工作中，我们还根据各个审批部门的建议和意见，在平台上开发了不同的数据导入模板和报告显示模板，灵活地为各类社会救助工作服务，得到了各部门的好评；二是在核对信息的录入方面，为了进一步确保导入数据的准确，我们为每个区（市、县）设置了两个账号，以及操作员和审核员，操作人员操作完成后要由审核员进行审核后才能进行上传数据操作，实现双人检查，最大限度降低原始数据出错的风险；三是在平台中加入了安全运行日志，每个区（市、县）下发的两个账号都由各区（市、县）固定人员上报市认定中心，当出现数据泄密安全事故时，系统平台可以实现责任倒查，及时找出泄密源头。

三、先易后难，做好核对平台的数据对接

核对平台建设的核心是加强部门协作，做好数据对接，实现信息共享。为推动该项工作的顺利开展，我们主动作为，对相关部门进行逐个调研，采取“先易后难、逐个突破、梯次推进”的工作方法，先行协商完成数据库权限归市本级的比对部门的数据对接；对数据库权限归市本级但对接有困难的部门，通过召开联席会议协调解决；对数据库权限归国家或省的比对部门积极沟通协商，成熟一个，对接一个，与每个部门的数据对接均签订了《数据交换共享保密协议》。

四、强化意识，做好核对平台的安全管理

平台搭建起来了，数据接进来了，如何确保核对平台的安全稳定运行，确保数据在核对平台交换的安全就成了当务之急，我们主要从三个方面来确保：一是由核对平台的承建商负责核对平台的正常运转和日常维护，在线客服随时解决核对平台出现的各种问题；二是由于市认定中心专业技术人员有限，我们将硬件维护交由本地有资质的专业网络公司负责，签署保密协议，他们每月对核对硬件设施设备进行检查，确保硬件设备的良好运行，遇到突发硬件故障及时上门解决和维修；三是对整个平台的运行引入了专业的安全等级测评，针对测评出来的问题提出解决方案，并购置了专业的安全防火墙，设置了严密的安全策略，最终通过了安全等保二级测评，确保整个核对平台

交换数据的安全。

自 2015 年 6 月正式运行以来，乐山市居民家庭经济状况核对系统平台共完成了全市新申请低保家庭 7 万余人的经济状况核查工作，完成了对全市所有低保在册人员每年的定期复核工作，实现了乐山低保救助的动态化管理。同时接受乐山市各级救助审批部门委托，完成各类社会救助核对和复核 80 余万人次。开展信息核对工作以来，我们从相关政府部门、机构获取的信息数据客观、真实，救助对象容易接受，“低收入家庭财产核对授权承诺书”对一些骗保人员形成了强大震慑，极大地减少了“骗保”“人情保”等现象，使各类社会救助“进出”成为常态。

小记核对路上二三事

陕西省安康市救助家庭经济状况核对服务中心

2017 年腊月的一天我打电话给关系最要好的小伙伴问候近况，她接了电话，传来一声气喘吁吁的调侃：“喂！您终于有时间慰问一下一线同志了啊。”我问道：“大冷天的你这个女村干部不烤火，在外面跑什么?”她又接着跟我打趣：“别提了，救助困难群众的公示名单刚贴出来就有群众反映某某的家里有超标的情况，我们入户多少次拿眼睛可真没法看出来。要不是有人举报，这又多一个骗保的。这一户在山里坐车加走路来回就得大半天，我基本上已经成了一个‘女山大王’。”还没等我接话，她又开着玩笑问：“咱们市里的核对平台到底啥时候能建好，我的当务之急就是提高工作效率去高度精准帮扶。能不能心疼一下你这个大龄未婚的女青年小伙伴……”

这样的对话春夏秋冬、白天黑夜我们之间都有过。这几年她太忙了，从一个爱美的小姑娘到一位奔忙在一线的村干部，已经无暇再去顾及太阳晒不晒，晒黑了还有没有男同学爱慕，只是一心扑在繁重的基层工作上。不过她满心期待何时能用上的家庭经济核对平台，也一直没停下过脚步，在逐步建成试运行中。

在省委、省政府高度重视下，先后出台了多种相关政策和相关制度，2017 年安康市居民家庭经济状况核对平台上线进入试运行。这意味着全市居民家庭财产、经济状况核对告别手工核查时代，代之以更高效、更快捷、更精准的部门传输数据核对机制建设，堵塞“关系保”“人情保”漏洞。这是向精准救助迈出的坚实步伐，是对传统申请救助家庭收入财产核查的一次重大变革，将在健全完善全市社会救助体制机制建设的历史上产生积极而深远的影响，是社会保障体系中“最后一道防线”。目前安康市平台以核对申请最低生活保障对象经济状况为主要功能，今后的核对范围将扩大到临时救助、医疗救助和大病医疗特殊救助等其他救助项目，以发挥社会保障资金的最大保障效益。新申请的救助对象将全部进入核对信息化平台进行家庭经济状况核对，对已纳入社会救助范围的救助对象，定期跟踪保障对象家庭变化情况，进行动态复查。

系统平台是建成了，可工作人员的操作使用还是个“老大难”问题。不仅仅使用，还有平日里的专业运行、基本维护工作都需要我们来做，还要配备高度专业的工作人员去做。现在人手紧缺只能对现有人员进行培训，分管领导胡局长亲自组织安排了好几次大型的培训，集中各个县（区）所有的工作人员进行现场培训。几次培训结束，大家都对系统运行有了一个更深层的认识，也抱有很高的期待。不过现场学容易，回去可就又犯了难，在现场有老师有大屏幕讲解，可这一回去面对陌生的系统实战操作新问题一波接着一波又来了。技术问题把各个县（区）本来就不太会用电脑的老同事们又生生绊住。绊住脚步我们不怕，就怕绊住了要一起建好系统的信心。

周一工作汇报例会上，我把这个问题提出来。胡局长问我有什么想法，我只能摇摇头说：“这么多县（区），总不能一个个去现场教学吧，况且工程师也很难有合适的时间一起去。”胡局长笑着反问我：“为什么不能去？这就像棵大树，平台的建设团队就是根基，团队技术不到位，根基就是虚的，没根的树还怎么向上长？工程师的问题去沟通，态度真诚地邀请人家来。有问题我来协调。”

突然被点拨一下，思路清晰，好像开朗很多。有的工作，牛角尖别去钻，换个角度去解决。要强壮根基，广撒肥料不够的话，那我们一棵棵树去“施肥、除草”。虽然心里不是那么有底，还是硬着头皮去做。出乎意料的是工程师接到我们的情况说明和邀请后，竟也非常认可这样的一对一现场突破式教学培训，表示愿意全力配合我们的工作。次日，我们便按照胡局长制定的培训路线带队一路向 11 个县（区）挨个前往。每到一个县（区），核对的同事都整理出了各自的问题，由工程师现场悉心解答。

每个县（区）的情况不一样，问题也是多种多样。问题少，不到一天就可以培训完成；问题多，就得停留两三天找问题的解决办法，保证到一处解决一处，不留基本问题。就这样历时二十多天，我们一起把每个县（区）的问题都解决了。由核对系统的专管同事现场操作试运行成功，才算培训合格。一位同事跟我们握手告别时还高兴地说道："心里的一块大石头终于落地了。这样我几个月都摸索不来的事情，三天就全解决了。"我们也是这样，一直困扰我们几个月的问题，就这么踏踏实实跟着领导出来走一回，新老问题就全都解决了，努力也算没有白费。回去的路上，路也好像不那么颠簸了，就连去时把我们摇吐了的盘山路，也被我们打趣称为卡丁车赛道。一路上风景无限好，心情也在飞。

在核对工作平台建设中，我们都是种苗育林的工人，倘若技术不过关，这片绿林也成不了什么气候。技术工人，不允许有任何一个人掉队。11个县（区）核对中心技术难题，我们各个击破，帮助不懂的学懂，帮助学懂的弄通，帮助优秀的更优。最后许下一个小小的愿望，希望尽我们全部的努力将核对平台作用发挥到最大，在提升工作效率节省工作时间的同时，让那些奔赴在一线最可爱的同志们能在休息日回家多陪陪孩子家人。

借道查控专网，实现存款等金融资产信息核对

福建省厦门市居民家庭经济状况核对中心

存款等金融资产是家庭财产的重要组成部分。厦门市居民家庭经济状况核对中心全力推进与各银行业金融机构的信息共享。在调研中了解到全市中级人民法院与各银行业金融机构建立了查控专网，各银行设置了查控专员负责存款等金融资产的查询及冻结工作。经与厦门市中级人民法院、中国人民银行厦门市中心支行、中国银行业监督管理委员会厦门监管局多次沟通协调，联合印发了《关于做好申请社会救助居民存款等金融资产信息核对工作的通知》(厦民〔2015〕101号)，明确由厦门市民政局在查控专网上独立部署存款等金融资产信息核查系统，由查控专员负责配合查询、反馈存款等金融资产信息。我们的具体做法如下。

一、核对方式

在厦门市核对中心与厦门市中级人民法院（以下简称市中级法院）之间建立一条核对专线，通过法院现有的查控专网，实现与20家银行的专线连接。在查控专网上部署一台服务器，独立安装一套存款核对系统。厦门市核对中心通过存款核对系统批量上传核对名单，银行业金融机构查询后，通过存款核对系统反馈核对对象存款等金融资产信息。目前交通银行、兴业银行、民生银行、农商银行、光大银行、厦门国际银行等7家银行采取TXT文档传输、Webservice查询接口形式自动对接，中国银行、农业银行、平安银行、邮储银行等13家银行采取Excel表格批量导入的半自动查询方式。

二、核对程序

申请或者已享受最低生活保障等社会救助项目和低收入家庭认定的本市户籍居民，经本人或法定代理人/监护人书面授权，厦门市核对中心通过存款核对系统送达核对对象姓名、身份证号码、核对编号等数据项，各银行业金融机构在3个工作日内将查询结果通过存款核对系统反馈至厦门市核对中心。

三、核对成效

通过借道法院查控专网，厦门市核对中心较快地与20家银行建立了工作联系，节约了专线建设资金，并且由专人负责高效反馈核对结果。开展存款等金融资产信息核对以来，各银行反馈了30多万条核对信息。部分申请人存款明显超标。例如，王某申请重度残疾人单列低保，经核对，其家庭存款达120万元，超过厦门市低保家庭财产标准（720元/人×3人×96个月=18.72万元），不能享受低保。

大事记

民政部低收入家庭认定指导中心大事记

2012 年

10 月 18 日，民政部低收入家庭认定指导中心经中央机构编制委员会批复（中央编办复字〔2012〕226 号）成立。

11 月 2 日，民政部党组任命王治坤兼任民政部低收入家庭认定指导中心主任。

12 月 13 日，民政部印发《民政部低收入家庭认定指导中心职能配置内设机构和人员编制方案》（民函〔2012〕403 号）。

2013 年

1 月 8 日，民政部党组聘任陈埙吹为民政部低收入家庭认定指导中心副主任，主持日常工作。

6 月，成功申请中国卫计委—盖茨基金会结核病防治项目二期子项目“结核病患者医疗救助可持续发展策略研究”（2013—2015 年）。

8 月，与社会救助司全体党员，赴河北省保定市易县梁各庄镇北百泉村和南百泉村走访困难群众，开展“千名党员暖千户”活动。

9 月，与社会救助司在浙江省杭州市联合举办“国发 45 号文件政策解读暨居民家庭经济状况核对工作培训班”。

10 月，编印“民政部低收入家庭认定指导中心简介”宣传册，这是中心对外宣传的第一份材料。

10 月 10 日，认定指导中心整体迁入位于王府井大街世纪大厦的办公室。

11 月，民政部党组聘任李卫东为民政部低收入家庭认定指导中心副主任。

12 月，在海南省琼海市召开“居民家庭经济状况核对工作发展规划国际研讨会”。

2014 年

1 月，认定指导中心官方网站正式上线（http://www. dsrrd. gov. cn/）。

3 月 6 日，认定指导中心召开全体党员大会选举产生了第一届党支部委员会。

3 月，派员赴巴西参加第五届南南学习论坛，论坛主题为“劳动力市场和社会保障制度的设计和经办”。

3 月，分别与中国社科院社会学所、南开大学、上海交通大学和上海市居民家庭经济状况核对中心开展“中国城乡低保标准的比较与评价”“低保、低收入家庭认定标准中的财产豁免问题研究”和“低保、低收入家庭经济状况特征研究”三个子课题研究。

4 月，民政部印发《关于居民家庭经济状况核对信息系统建设的指导意见》（民发〔2014〕83 号），明确了全国核对平台建设的总体规划。

7 月，中心全体党员赴河北省平山县西柏坡开展“新中国从这里走来”主题党日活动。

7 月，与财政部、世界银行签订协议开展 TCC6 子项目“社会救助瞄准与居民家庭经济状况核对体系研究”。该项目在山东省、湖南省和甘肃省开展核对信息化试点干预，通过试点完善居民家庭经济状况核对信息系统，创新核对工作流程，提高社会救助瞄准率和救助对象认定工作的效率。

8 月，组织 8 家公司及地方和行业专家，历经 6 个月完成居民家庭经济状况核对信息系统基础平台 1.0 版的开发。

9 月，与部社会救助司在青海省西宁市联合召开“全国居民家庭经济状况核对工作经验交流暨核对信息系统建设推进会议”。

10 月，与北京用友公司、北明软件股份有限公司、太极计算机股份有限公司、石家庄恒运网络科技有限公司、合肥晶奇电子科技有限公司、易讯科技股份有限公司、紫光软件系统有限公司共7家公司签署《居民家庭经济状况核对信息系统基础平台技术服务合作协议》，明确了居民家庭经济状况核对信息系统基础平台在推广过程中的合作模式。

11月，面向全国社会救助及核对系统启动“救助对象瞄准与核对体系建设”主题征文，共收到各地社会救助和核对机构人员投送论文80余篇并结集成书。

12月，与中国社会出版社合作编辑出版《中国社会救助发展报告（2013）》。

12月，在海南省五指山市举办“社会救助对象瞄准与核对机制建设论坛暨核对工作年会”。

2014年，分别在湖南湘潭、浙江杭州、辽宁大连、黑龙江哈尔滨、云南昆明、四川成都、福建福州、广西南宁等地举办“全国居民家庭经济状况核对业务培训班”，共8期。

2015年

1月6日，民政部副部长宫蒲光到认定指导中心指导工作。

1月，完成居民家庭经济状况核对信息系统基础平台1.0版本地化测试。

1月，在河南省郑州市召开“居民家庭经济状况核对工作统计平台使用研讨会暨核对信息系统基础平台本地化座谈会”，居民家庭经济状况核对工作统计平台正式上线使用。

2月，完成对居民家庭经济状况核对信息系统基础平台1.0版的计算机软件著作权登记。

3月，世界银行东亚与太平洋地区社会保护和劳动实践局局长Jehan Arulpragasam先生率代表团访问认定指导中心。

3月，受住房和城乡建设部委托，对下半年全国农村危房状况调查数据库中的农户经济条件类型是否属于五保对象或低保对象进行复核。此次复核工作是贯彻落实社会救助暂行办法的重要举措，为全国核对机构开展住房救助核对业务打下了基础，具有重要意义。

3月，分别与武汉大学、华北电力大学、北京师范大学开展“重特大疾病医疗救助对象的界定研究”“中国城市低收入人口瞄准机制研究”和“临时救助研究”三个子课题研究。

3月，与中国人民大学合作开展“低收入家庭生活状况监测项目”，选取吉林省、上海市、云南省和甘肃省四个省市作为项目试点地区。

6月，派员赴德国参加世界银行“城市社会保护的经办和劳动力体系”论坛。

6月，全体党员赴江西井冈山开展“瞻仰革命圣地，弘扬井冈山精神”主题党日暨“守纪律　讲规矩　促成长”主题团日活动。

7月，与国家信息中心合作开展核对平台基础环境研究，利用政务云搭建部级核对实验平台运行环境。

7月，面向全国社会救助及核对系统启动“社会救助对象瞄准与核对机制建设论坛”征文活动，共收到各地社会救助和核对机构人员投送论文50余篇并结集成书。

9月8日，民政部党组免去王治坤低收入家庭认定指导中心主任职务；任命刘喜堂为低收入家庭认定指导中心主任。

10月，受国家卫生健康委员会（原国家卫生和计划生育委员会）委托，执行并完成了“医疗救助与基本医疗保险、大病医疗保险衔接机制研究”项目。

11月，智利社会发展部社会互济与投资基金住房项目负责人 Rodrigo Hernández Allel 先生到访中心。

11月，配合社会救助司举办世界银行第六届南南学习论坛，承担了“社会救助领域国际合作（欧盟项目）专题宣传服务”项目，并制作展板在南南学习论坛会场宣传核对工作，得到国务委员王勇好评。

12月，与中国社会出版社合作编辑出版《中国社会救助发展报告（2014）》。

12月，完成联合国儿基会“城市低收入家庭儿童营养状况调查”项目，形成《湘潭、吉林两市低保家庭5岁以下儿童营养状况调查研究报告》。

12月，与北明软件股份有限公司开展核对系统功能设计研究，并研发完成部级核对实验平台。

12月，在广东珠海举办“社会救助对象瞄准与核对机制建设论坛暨核对工作年会”。

2015年，分别在广西北海、江苏苏州、云南普洱、湖南长沙、河南郑州、辽宁沈阳、宁夏银川、吉林长春、重庆等地举办“全国居民家庭经济状况核对工作培训班”，共9期。

2016年

1月，认定指导中心搬入中彩大厦七层办公区。

3月，开展低收入家庭经济状况监测项目，在前一年的基础上，增加江苏、湖南两省作为试点地区，扩大监测范围。

3月，分别与中国人民大学、南开大学以及广州市民政局开展“社会救助统筹整合研究”“精准扶贫背景下农户收入核算问题研究”和“支出型贫困家庭救助研究报告”三个子课题研究。

4月，派员赴华盛顿参加世界银行举办的社会安全网核心课程培训。

5月，组团赴巴西首都巴西利亚参加“第六届国际社会政策与发展研讨会”，并赴智利学习和交流社会救助瞄准机制与核对体系建设经验。

5月，确定北京、上海、广州等15个城市开展社会救助家庭成员证券财产信息查询试点工作。

6月，在北京举办“全国低收入家庭经济状况核对工作人员综合能力培训班”。

6月，成功申请中国卫计委—盖茨基金会结核病防治项目三期子项目“结核病患者医疗救助可持续发展策略研究”（2016—2018）。

7月，认定指导中心党支部赴贵州省黔东南苗族侗族自治州从江县开展“走百村、访千户、知民情、惠民生”调研实践活动。

7月，完成部级核对实验平台第三方测试。

8月，部级核对实验平台开始上线试运行。

9月，中欧社会保障改革项目第三项目组组长 Marzena Breza 女士率代表团访问民政部中心，来访人员还包括罗马尼亚的 Lăcrămioara Corches 女士、斯洛文尼亚的 Davor Dominkus 先生以及爱尔兰的 Mel Cousins 先生三名社会救助领域的专家。

9月，开展“2016年度社会救助领域创新实践活动”，评选出5个社会救助最佳实践成果。

10月，新加坡南洋理工大学连瀛洲纪念奖学金项目主任胡嵘先生等一行6人到中心访问。

10月，完成基础平台2.0的项目招标，正式启动核对基础平台升级工作。

10月，分别与广州市居民家庭经济状况核对中心、郑州市低收入家庭经济状况核对中心、河北中科恒运软件科技股份有限公司、合肥晶奇电子科技有限责任公司开展“社会救助申请人家庭经济状况核对业务规则研究”“低保和核对业务及系统对接流程优化研究”“民政部核对领域建模分析模型研究”和“医疗救助核对业务流程优化研究”。

11月，在福建省厦门市举办“全国核对工作会议暨社会救助创新论坛”。

11月，认定指导中心Logo正式发布并使用。

11月，与中国证券登记结算有限公司签署《社会救助家庭成员证券财产信息委托查询协议》。

11月，完成对山东省部分申请社会救助对象共计5968人次的基础信息查询，标志着部省联网核查工作正式启动。

11月，完成地方信息核对系统建设进度专项统计分析工作，了解各级核对机构信息核对系统建设和应用情况，为下一步实现核对信息部省对接、强化信息安全创造了条件。

11月，与中国社会出版社合作编辑出版《社会救助理论与实践》。

12月，按照国家信息安全等级保护有关规定，完成部级核对实验平台的定级备案。

12月，《民政部关于发布〈社区社会工作服务指南〉等5项推荐性行业标准的公告》（民政部公告第397号）发布，《居民家庭经济状况核对总则》《居民家庭经济状况核对数据元》《居民家庭经济状况核对数据接口》和《居民家庭经济状况核对档案管理》正式成为推荐性行业标准，从此填补了核对领域行业标准的空白，标志着核对标准化建设达到新的高度，为核对事业更加规范、协调、有序发展创造了条件。

2017 年

1 月，制定《数据交换管理试行办法》，规范了数据交换流程。

2 月 17 日，民政部党组书记、部长黄树贤，党组成员、副部长宫蒲光一行到中心视察。

2 月，取得国家人口库的查询授权，可自行查询身份证信息。

2 月，经与公安部有关部门沟通，在车辆、户籍信息查询协议的基础上，新增了出入境信息核查。

2 月，认定指导中心在部直属机关党委举办直属机关 2017 年迎“三八”健步走比赛中，荣获二等奖。

3 月，认定指导中心党支部走进北京大观园，开展了以“美化公园环境、弘扬历史文化、发扬志愿精神”为主题的学雷锋志愿服务活动。

3 月，开展低收入家庭经济状况监测项目。

3 月，分别与北京师范大学、华中科技大学和中国人民大学开展“贫困人口基础数据库研究”“医疗救助筹资需求测算与筹资机制完善策略研究”和“城乡居民最低生活保障标准的制定和调整研究”3 个子课题研究。

4 月，完成与国家工商总局“中央部门协同监管平台”对接，可为地方提供企业法定代表人、企业投资人、个体经营者等信息。

4 月，派员参加民政部加强基层民政工作第 24 组，赴宁夏回族自治区银川市灵武市进行蹲点调研，为期 8 个月。

5 月 2 日，中心党支部召开党员大会，选举产生了新一届支委会。

7 月，与中国证券结算登记有限公司就扩大证券财产信息查询范围、改进查询方式达成协议。

9 月，完成核对基础平台软件 1.0 到 2.0 升级，并通过了第三方测试，取得了软件著作权登记。

9 月，完成统计平台升级改造及数据收集分析，通过实施核对机制建设统计平台二期升级改造工作，使省、市、县三级核对机构各项数据收集汇总更加准确，为实时掌握全国核对工作动态奠定了基础，为完善核对机制建设提供了依据。

9 月，与中国社会出版社合作编辑出版《核对与救助政策文件汇编》和《研究成果汇编》。

9 月，开展“2017 年度社会救助领域创新实践活动”，评选出 10 个社会救助领域最佳创新实践成果。

11 月，与山西、重庆、山东、江苏、河北、内蒙古六个省（自治区、直辖市）签订《全国居民家庭经济状况信息部省联网查询协议》，明确部省工作职责、接入条件、查询流程等具体要求，实现省级核对平台与部核对实验平台对接。

11 月，制作完成全国核对信息系统建设宣传片和宣传页，宣传了全国核对信息系统建设理念和思路，提升了核对信息系统的影响力。

11 月，举办“全国核对系统政策法规网络知识竞赛”，全国 31 个省（自治区、直辖市）的 220 多个地市级核对机构，共 1700 余人参加了竞赛，达到了以赛代训、以赛促学的目的，形成了良好的学习氛围。

11 月，组团赴南非开展“结核病患者医疗救助可持续发展策略研究交流访问活动”。

12 月，围绕核对基础平台 2.0 维护保障及推广服务，重新评选合作伙伴，有 7 家公司入围。根据排名，确定了河北中科恒运科技股份有限公司、太极计算机股份有限公司、四川久远银海软件股份有限公司为“核心合作伙伴”。

12 月，在北京举办“全国核对工作总结交流会暨社会救助创新论坛”。

12 月，《居民家庭经济状况核对信息安全管理规范》正式成为民政部推荐性行业标准。

12 月，安徽省完成部省联网测试。

2018 年

1 月，云南省完成部省联网测试。

2 月，认定指导中心党支部赴河北省固安县第一民政事业服务中心开展“践行民政为民、民政爱民”工作理念，“送温暖、献爱心”活动。

3 月，对《数据交换管理试行办法》进行了调整，优化了数据交换管理流程，提高了工作效率。

3 月，首次启动“低收入家庭核对体系工作能力评价项目”。

4 月，与北京市民政局签订技术咨询服务合同书，为其提供“社会救助业务运行管理平台的建设及改造”项目的全过程质量和进度监管。

5 月，完成了与河北省民政厅签署的《技术服务协议》规定的内容，实现了河北居民家庭经济状况信息核对系统升级改造以及与部级核对平台对接，并顺利通过验收。

5 月，与太极计算机股份有限公司、河北中科恒运科技股份有限公司、四川久远银海软件股份有限公司、杭州思锐信息技术股份有限公司签订《合作伙伴协议》。

5 月，组织部分省市在四川省成都市召开核对信息系统部省联网座谈会。

6 月，根据《中国共产党巡视工作条例》《民政部巡视工作办法（试行）》规定，按照民政部党组安排，民政部第二巡视组对低收入家庭认定指导中心党支部进行巡视。

6 月，与北京用友政务软件有限公司签订《合作伙伴协议》。

6 月，与安徽省、河南省签订《全国居民家庭经济状况信息部省联网查询协议》。

6 月，派员参加民政部加强基层民政工作第 25 组，赴吉林省吉林市蛟河市进行蹲点调研。

6 月，中欧社会保障改革项目第三项目组组长 Marzena Breza 女士率代表团访问我中心，来访人员还包括罗马尼亚的 Olivia Rusandu 女士、比利时的 Jan de Coninck 先生等两名社会救助领域的专家。

7 月，联合民政部地名研究所党支部、海峡两岸婚姻家庭服务中心党支部赴天津市盘山烈士陵园开展“不忘初心、重温入党誓词”主题党日活动。

7 月，分别与广州市居民家庭经济状况核对中心、社会科学院、中国人民大学开展“农村社会救助申请家庭经济状况核对业务规则研究”“社会救助兜底脱贫政策研究”和“贫困人口数据库基础研究”三个子课题研究。

9 月，开展“2018 年度社会救助领域创新实践活动”，评选年度创新实践，评选出 10 个社会救助领域最佳创新实践成果。

9 月 11 日，国务院督查组到我中心进行实地督查。

9 月，全国低收入家庭经济状况核对业务骨干培训班在内蒙古自治区包头市成功举办。

10 月，组团赴斯洛文尼亚、捷克执行中欧社会保障改革项目，学习交流关于困难群体社会援助和社会服务的相关经验和做法。

11 月，联合社会救助司党支部赴北京市第一看守所开展警示教育活动。

11 月 7 日，中央脱贫攻坚专项巡视组到中心进行巡视，召开巡视座谈会。

11 月，组团赴埃塞俄比亚、坦桑尼亚执行民政部与中国国家卫生计划生育委员会—盖茨基金会“结核病患者医疗救助可持续发展策略研究”合作项目。

11 月，协助贵州跨地区查询低保对象的经济状况，标志着部中心组织协调下的省信息核查正式开启。

12 月，民政部办公厅印发《关于印发〈居民家庭经济状况信息部省联网查询办法（试行）〉（民办发〔2018〕32 号）的通知》。

12 月，开通了中国证券登记结算有限公司的专线查询，替代了互联网查询方式，大大提升了证券信息查询的效率和安全性。15 个城市的试点工作也随之结束，从此各省证券资产查询工作全部通过部中心统一开展。

12 月，公安信息查询取得突破性进展，通过公安部为北京市、内蒙古自治区和安徽省查询身份证、车辆和出入境信息。

12 月，2018 年全国核对工作总结交流会暨社会救助创新论坛在浙江省杭州市召开。